탄소가 돈이 되는 시대!
AI*ESG 비즈니스 트렌드

이승용·이현구·김현희·정기섭 공저

(주)광문각출판미디어
www.kwangmoonkag.co.kr

| 프롤로그 |

당신은 혁신의 파도가 몰아치는 시대의 한가운데 서 있습니다. AI가 우리의 상상을 현실로 만들고, ESG가 비즈니스의 새로운 표준이 되는 이 순간, 우리는 역사적인 전환점을 목격하고 있습니다. 기업의 ESG 경영은 정부 및 지자체, 공공기관의 탄소중립 정책과 깊이 연관되어 있습니다. 탄소중립 기본법에 따라 정부는 탄소중립 사회로의 이행을 추진하고 있으며, 이는 기업에 새로운 과제와 기회를 동시에 제시합니다. 세계는 AI와 ESG의 결합이 전례 없는 혁신을 만들어 내는 새로운 시대로 진입하고 있습니다. AI는 방대한 데이터를 분석하여 환경, 사회, 지배구조 전반의 복잡한 문제를 해결하는 도구를 제공하고, ESG는 기업이 장기적으로 지속 가능한 방향으로 나아가도록 이끕니다.

이 책은 AI와 ESG의 융합이 가져올 미래를 심층적으로 탐구하기 위해 다음과 같이 구성했습니다.

① ESG 트렌드: ESG 트렌드 분석 및 AI×ESG 융합의 필요성을 설명합니다.
② 지속 가능 경영보고서를 통해 본 DX 기반 AI, ESG 융합 트렌드: ESG 보고서를 중심으로 기업의 디지털 혁신 사례를 분석합니다.
③ AI로 수익을 창출하는 ESG 공급망 전략: ESG 공급망 관리와 AI 기술 융합을 통한 비즈니스 혁신 방안을 다룹니다.
④ AI×ESG 융합으로 여는 새로운 비즈니스 기회: ESG 각 분야에서 AI 활용 방안, AI를 활용한 ESG 전략 수립 및 수익 창출 기회를 제시합니다.
⑤ AI×ESG: 탄소 가치를 돈으로 바꾸는 혁신 전략: 탄소 배출권 거래, 탄소중립을 위한 정부 정책 및 이를 통한 수익 창출 전략을 제시합니다.

이 책은 기업 경영진과 실무자, 투자자, 학계, 정책 담당자 등 AI와 ESG의 트렌드에 관심이 있는 모든 분을 위해 쓰였습니다. 각 장의 저자들은 해당 분야에서 오랜 경험을 쌓은 전문가들로, 그들의 깊이 있는 통찰과 노하우를 독자들과 공유하고자 합니다.

2025년, AI와 ESG의 융합은 기업 경영의 새로운 패러다임이 될 것입니다. 이 책이 독자 여러분에게 의미 있는 통찰과 실질적인 도움이 되기를 진심으로 희망합니다.

저자 일동

| 목차 |

프롤로그   3

Intro.   ESG 트렌드

Part 1.   지속 가능 경영보고서를 통해서 본
DX 기반 AI, ESG 융합 트렌드

1. 지속 가능 경영보고서   15
2. 글로벌 ESG 융합 트렌드   22
3. 국내 산업 섹터별 ESG 융합 트렌드   30
4. DX 기반 AI, ESG 융합 트렌드에 대한 시사점   55

Part 2.   AI로 수익을 창출하는 ESG 공급망 전략

1. ESG 공급망 관리의 이해   65
2. ESG 공급망 관리 방법과 경영 성과   79
3. 글로벌 공급망 관리 트렌드 대응 방안   93
4. AI로 강화하는 ESG 공급망 관리   105

Part 3. AI×ESG 융합으로 여는 새로운 비즈니스 기회

1. AI와 ESG가 만드는 새로운 기회   117
2. AI로 혁신하는 ESG 경영   122
3. 생성형 AI의 ESG 활용   126
4. AI×ESG 융합을 통한 비즈니스 참여와 수익화 전략   151

Part 4. AI×ESG: 탄소 가치를 돈으로 바꾸는 혁신 전략

1. 탄소중립 위기에서 찾는 새로운 사업 기회   161
2. 탄소 배출권 거래 시장: AI 분석과 거래로 가치 창출   179
3. 디지털 ESG 동맹, 탄소 사업의 협력 가치 증대   187
4. 정부의 탄소중립 정책: 기업의 성장 재원 확보   190
5. 지역 기반 탄소 사업: 특화 전략과 경제적 성과   198
6. 기후 테크와 AI: 기술 혁신으로 신시장 개척   205
7. 신재생에너지: AI 최적화와 지속 가능 비즈니스   211

참고 문헌   219

Intro

ESG 트렌드

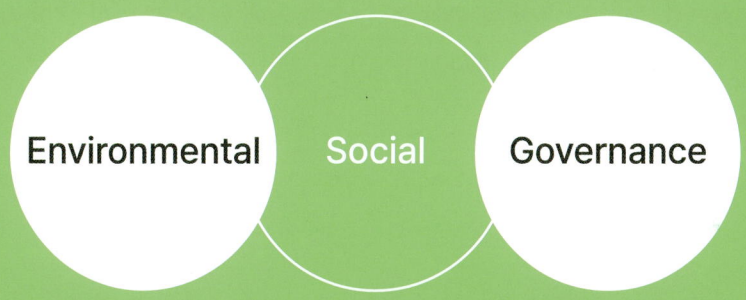

최근 ESG 분야의 주요 동향을 분석하고, 공저자들과의 트렌드 검토 및 전문가들과의 심층 토론을 통해 가장 중요한 ESG 흐름을 반영한 핵심 키워드를 정리했다.

1. 탄소중립 목표 이행 – NDC 2035

대한민국은 2035년까지 새로운 국가 온실가스 감축 목표(NDC 2035)를 수립하고 있으며, 이는 기존의 NDC 2030 대비 더 강력한 감축 목표를 포함하고 있다. NDC 2030은 2030년까지 2018년 대비 40% 감축을 목표로 했지만, NDC 2035에서는 더 큰 수준의 감축 목표를 설계하고 유엔기후 변화협약(UNFCCC) 사무국에 제출할 예정이다.

정부는 NDC 목표 달성을 촉진하기 위해 기업들의 적극적인 참여를 유도하고 있다. 탄소 감축에 기여하는 기업들을 위해 연구 개발비 지원, 세금 감면 등 다양한 인센티브를 제공하고 있으며, 목표 달성에 미흡한 기업들에 대해서는 규제를 강화할 방침이다.

2. 탄소 거래제를 통한 수익 모델 심화와 '탄소가 돈이 된다'는 의식 강화

2024년 11월 유엔기후 변화협약 당사국총회(COP29)에서 국가 간 온실가스 감축 실적 거래 지침이 채택됨에 따라, 국제 탄소 거래 시장이 본격적으로 활성화될 것으로 예상된다. 이는 곧 탄소 감축 노력이 단순한 비용 부담을 넘어 실질적인 경제적 가치로 이어질 수 있다는 인식을 사회 전반에 걸쳐 강화할 것으로 전망된다.

파리협약 제6조 이행 규칙이 마련됨에 따라, 국가들은 온실가스 감축 목표(NDC) 실적을 국제적으로 거래할 수 있게 될 것이다. 이에 따라, 재생에너지 발전, 산림 조성, 탄소 포집·저장·활용(CCUS) 등 다양한 탄소 감축 사업을 통해 확보한 감축 실적을 다른 국가에 판매하여 수익을 창출하는 것이 가능해질 것으로 기대된다.

이는 '탄소가 곧 돈(Money)이 된다'는 개념을 현실화하며, 각국의 적극적인 탄소 감축 투자를 유도하는 중요한 동기가 될 것으로 예상된다.

또한, 탄소 감축 기술을 보유한 기업들은 탄소 배출권 거래를 통해 새로운 수익을 창출하고 시장에서의 경쟁 우위를 확보할 기회를 맞이하게 될 것으로 전망된다.

자발적 탄소 거래 시장 역시 규제적 배출권 시장과 상호 보완적인 관계를 형성하며 그 중요성이 더욱 커질 것으로 예상된다.

이처럼 탄소 거래제의 심화는 탄소의 경제적 가치에 대한 인식을 새롭게 하고, 더 나아가 지속 가능한 성장을 위한 핵심 요소로 탄소를 관리하고 활용하려는 움직임을 가속화할 것으로 전망된다.

3. 공급망 ESG 리스크 관리 심화 - 자국 보호무역 강화

글로벌 공급망 불안정성이 심화되면서 기업들은 ESG 관점에서 공급망 리스크 관리 역량을 강화할 것이다. 협력사의 인권, 환경, 노동 관련 이슈들을 정기적으로 점검하고, 국제 규범 및 기업 자체 ESG 기준에 부합하도록 개선을 요구하는 것이 필수적인 프로세스로 자리매김할 것이다.

특히 글로벌 기업들을 중심으로 협력사 ESG 평가 시스템이 고도화되면서 중소기업들의 ESG 경영 도입이 가속화될 것으로 전망된다. 또한, 미·중 갈등 등으로 자국 우선주의 및 무역 보호주의 강화 추세에 따라 기업들은 공급망 다변화, 리쇼어링(Reshoring), 니어쇼어링(Nearshoring) 현상이 가속화될것으로 예상된다.

4. 지속 가능성 공시 속도 조절

ESG 공시 의무화가 글로벌 트렌드로 확산되고 있으나, 2025년 들어 주요 규제 기관들이 적용 범위와 일정을 조정하는 움직임을 보이고 있다.

EU는 '옴니버스 패키지'를 통해 기업 지속 가능성 보고 지침(CSRD)의 적용 대상을 축소하고 일정 유예를 추진하고 있으며, 일부 기업군은 보고 의무가 2년 이상 연기될 전망이다.

이러한 변화는 ESG 데이터 수집·보고에 따른 기업 부담, 데이터 품질 및 해석의 다양성, 정치적·지역적 온도차에서 비롯되고 있다. 기업들은 공시 체계 구축과 데이터 신뢰성 확보 노력을 지속하되, 각국 규제 동향을 모니터링하며 유연하게 대응할 필요가 있다.

5. 순환 경제 시스템

제품 생산, 유통, 소비, 폐기 전 과정에서 자원 효율성을 극대화하고 환경 영향을 최소화하는 순환 경제 모델이 확산될 것이다. 폐기물 감량 및 재활용, 제품 수명 연장, 공유 경제 활성화 등을 통해 지속 가능한 소비 및 생산 시스템 구축이 중요해질 것이다.

6. 기후 변화 대응 및 회복력

기후 변화로 인한 물리적 리스크와 전환 리스크 증가에 따라 기업들은 기후 변화 시나리오 분석, 리스크 평가 및 관리, 적응 전략 수립 등을 통해 기후 변화 회복력을 강화해야 할 것이다.

7. 사회적 책임과 형평성

기업의 사회적 책임 이행에 대한 이해관계자들의 요구가 더욱 강화될 것이다. 다양성, 형평성, 포용성을 갖춘 조직 문화 구축, 인권 보호, 사회적 약자 지원, 지역사회 공헌 등을 통해 사회적 가치 창출 노력을 강화해야 할 것이다. 또한, 사회적 책임 이행 성과를 투명하게 공개하고 이해관계자들과의 소통을 강화하는 것이 중요해질 것이다.

8. 지자체 탄소중립 계획 이행 점검 본격화 & 탄소중립형 공공 조달 확대

2025년부터 각 지방자치단체는 국가 온실가스 감축 목표(NDC) 달성을 위해 지역 특성을 반영한 탄소중립 계획 이행을 본격화하고, 투명한 성과 공개와 민관 협력을 강화할 것이다. 이와 연계하여, 공공조달에서도 친환경·저탄소 제품의 의무 구매가 확대되고, 입찰 시 기업의 ESG 경영 성과 및 공급망 전반의 탄소 배출량 평가가 핵심 요소로 작용하게 된다.

이러한 변화는 기후테크(Climate Tech) 등 혁신 기술을 보유한 ESG 우수 기업에게 새로운 시장 기회를 제공하며, 산업계 전반의 저탄소 전환을 촉진할 것이다.

9. 에너지 전환 가속화와 '국가 성장동력'으로서의 신재생에너지

이재명 정부는 신재생에너지를 기후위기 대응을 넘어 국가 핵심 성장동력으로 삼고 '에너지 대전환'을 가속화하고 있다.

이를 위해 '에너지 고속도로'와 같은 대규모 공공투자로 인프라를 확충하고, 파격적인 규제 개선과 세제 혜택으로 민간 투자를 유도하며, 태양광·풍력·수소 등 핵심 분야의 기술 국산화와 국내 산업 생태계 육성을 위한 정책 지원에 집중하고 있다.

이러한 정책 변화는 관련 기업들에게 전례 없는 기회를 제공하는 동시에, 기존 에너지 다소비 기업들에게는 저탄소 전환에 대한 강력한 압박으로 작용할 것이다.

이에 따라 기업들은 신재생에너지 조달 계획을 서두르고, 관련 기술에 대한 투자를 확대하는 등 발 빠른 대응이 요구된다.

10. 'ESG'를 넘어, '지속가능성'의 본질로

한때 글로벌 경영의 핵심이었던 ESG가 미국을 중심으로 정치적 용어가 되면서 '안티 ESG'라는 역풍을 맞고 있다. 세계 최대 자산운용사 블랙록의 CEO 래리 핑크가 "정치화된 ESG 대신 '프로젝트 파이낸싱'이라 부르겠다"고 선언한 것은 이러한 변화의 정점을 보여 준다.

하지만 이는 ESG의 종말이 아닌 진화이다. 핵심은 불필요한 이념 논쟁을 걷어내고 '지속가능성', '책임 있는 비즈니스'와 같이 기업 활동의 본질을 담는 용어로 돌아가자는 것이다. 이미 글로벌 기업과 투자자들은 이러한 변화에 발맞추고 있다. 이제 국내 기업들도 'ESG'라는 명칭에 얽매일 때가 아니다. 자사 비즈니스의 실질적인 지속가능성 확보와 가치 창출이라는 본질에 집중하고, 이를 위한 구체적인 전략을 수립해야 한다. 복잡다단한 지속가능성의 길을 헤쳐 나가는 데 인공지능(AI)은 가장 강력한 도구가 될 수 있다.

AI는 방대한 데이터를 분석해 누구도 보지 못한 패턴을 읽어내고, 혁신적인 솔루션을 제시하며 ESG 경영의 새로운 패러다임을 열고 있다. 바로 이 지점에서 AI와 ESG의 융합은 필연적이다.

이 책은 AI가 어떻게 기업의 지속가능성과 수익성이라는 두 마리 토끼를 모두 잡는 핵심 동력이 되는지, 그 구체적인 방법과 통찰을 제시한다.

Part 1.

지속 가능 경영보고서를 통해서 본 DX 기반 AI, ESG 융합 트렌드

1. 지속 가능 경영보고서

2. Global ESG 융합 트렌드

3. 국내 산업 섹터별 ESG 융합 트렌드

4. DX 기반 AI, ESG 융합 트렌드에 대한 시사점

1. 지속 가능 경영보고서

1) Why 지속 가능 경영보고서?

(1) 지속 가능 경영보고서 개념

필자는 2024년 9월까지의 폭염을 경험하면서 기후 위기는 먼 미래의 이야기가 아니라 바로 우리 삶에 성큼 다가와 있음을 느꼈다. 특히 한 기사에서 언급하기를 "1994, 2018, 2024 다음은? 주기 짧아지는 기록적 폭염" 글에서 1994년 폭염의 기록이 2018년 경신되기까지 걸린 시간은 24년이였으나, 2018년에 필적하는 2024년 폭염은 겨우 6년 만에 발생되어 산술적으로만 보면 4배 빠른 속도라는 것이다. 우리나라뿐만 아니라, 유럽, 미국, 중국 곳곳에서 이상 증후의 기후 변화는 잦은 횟수로, 그리고 과거보다 더 빠른 속도로 다가오고 있음을 알 수 있다.

이러한 기후 변화로 인해 ESG에 대한 관심은 지속적으로 증가되는 추세이다. 최근 'ESG' 관심도에 대한 구글 트렌드를 통해 확인한 바로는, 2019년 19.7에서 2021년 51.8, 2023년 79.3, 2024년 81.3 (9월 중순까지 데이터 기준)으로 매년 급격히 증가하고 있으며, 이와 연동해서 'ESG Report' 관심 수준도 2019년~2020년에는 거의 관심이 없거나 매우 낮은 수준에서 2023년 43.4, 2024년 60.6 (9월 중순까지 데이터 기준)으로 높아져 2021년 이후 급격히 상승되는 경향을 보이고 있다.

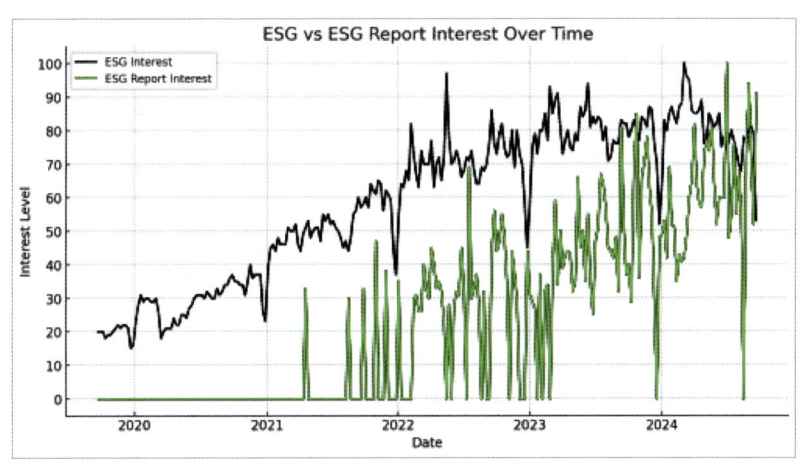

글로벌 2019년~2024년 ESG, ESG Report 구글 트렌드

이러한 ESG 관련 검색량의 꾸준한 증가 추이는 ESG가 글로벌 경제와 투자, 기업 경영에서 중요한 화두가 되고 있음을 여실히 증명해 주고 있다고 본다. 이제 ESG는 1990년대 기업들이 자율적으로 사회적 책임을 다하는 모습에서 벗어나, 2006년 UN의 PRI(Principles for Responsible Investment), '책임 있는 투자 원칙'이 등장하면서 ESG 개념이 확립되었고, 2015년 파리협정 및 UN 지속 가능 발전 목표(SDGs) 채택과 더불어, 현재 ESG 보고는 세계 각국의 규제와 기업의 의무로 자리 잡아 가고 있는 상황이다. 특히 유럽연합(EU)은 2017년 EU의 비재무 정보 공시 의무를 강화하였으며, 주요 국제 금융기관들도 ESG 요소를 투자 의사 결정의 핵심 요소로 고려하고 있다. 이처럼 ESG 보고는 점차 자발적인 활동에서 규제와 의무 형태로 발전해오고 있다.

그렇다면 현대 경영 시대에서 의무화되어 가고 있는 지속 가능 경영보고서 발행을 어떻게 이해하면 되는 것인가?

우선, 개념적인 측면에서 보면, 지속 가능 경영보고서는 기업의 환경(Environmental), 사회(Social), 지배구조(Governance) 성과와 영향을 이해관계자들에게 투명하게 공개하는 문서로서, 마치 재무제표가 기업의 재무 성과를 보여 주듯이, 지속 가능 경영보고서는 기업의 비재무적 성과를 보여 주는 '지속 가능성 재무제표'라고 이해하면 된다. 지속 가능 경영보고서는 기업의 '비재무적 성적표'로서 기업의 지속 가능성을 평가하는 중요한 도구이며, 이것은 마치 건강검진 보고서 결과가 개인의 장기적인 삶의 질을 예측하는데 도움이 되듯이, 지속 가능 경영보고서는 기업의 장기적인 성공 가능성을 보여 주는 좌표라고 보면 될 것이다. ESG 이해관계자들은 해당 기업의 ESG 보고 과정을 통해서 기업의 지속 가능 관련 잠재적인 리스크를 어떤 수준에서 얼마나 체계적으로 식별하고 관리해나가는지를 알 수 있는 것이다.

지속 가능 경영 ESG 보고는 기업의 지속 가능 여정에 있어서 환경, 사회, 지배구조 측면에서의 리스크 식별과 관리, 장기적 경쟁력 확보, 그리고 투자자들과의 신뢰 구축을 위한 필수적 도구로써 기업의 지속 가능 전략과 자원 운영의 방향성을 결정하고 이를 시장에 화답하는 활동이다.

현재, 우리나라의 금융위원회는 국내 준비 여건을 고려하여 ESG 공시 도입 일정을 2026

년 이후로 연기하였고, 구체적인 도입 시기는 관계 부처 협의 등을 거쳐 추후 확정할 것이라고 밝힌 상태이다. 이에 대한 준비 작업으로 한국회계기준원 산하 한국지속 가능성기준위원회(KSSB)는 작년 4월 ESG 공시 기준 공개 초안을 발표하였으나, 정부의 공시 기준 공표까지는 시간이 더 걸릴 전망이다. 명확한 것은, 상장기업들은 조만간 연차 보고서로서 한 쪽에는 사업보고서, 그리고 다른 쪽에는 지속 가능 경영보고서를 증권거래소 혹은 금융감독원에 의무적으로 제출해야 되는 상황이 다가오고 있음에는 변함이 없다는 것이다.

주요 국가 ESG 공시 의무화 일정

국가	공시일정	출처
EU	기존: 2025년(2024년 회계연도)부터 단계적 공시 의무화 최근: '25.2월 CSRD 개정안 발표로 의무공시 기준 완화 (직원 1천 명 초과 & 매출 5천만 유로 초과 기업만 의무화)	- '23.7월 ESRS 채택, ESMA - ESG경제('25.2.27)
미국	기존: 2026년부터 기후 관련 공시 의무화(시총7억$ 이상) 최근: SEC '25.3월 기후공시 의무화 포기, 변론중단 표명	- SEC '24.3월 최종안 채택 - SEC 규정 집행 잠정 중단
중국	2026년부터 대기업 단계적 공시, 2030년까지 확대 예정	- 재무무 ESG 보고지침발표('24.12)
싱가포르	2025년부터 기후 관련 보고 단계적 공시 의무화	- 재무부발표, ESG Today('24.2.28)
영국	2026년부터 ESG 공시 의무 계획('24, '25: 표준개발, 승인, 협의)	- Ashurst('24.5.22)
일본	2027년 이후 ESG 공시 단계적 의무화 검토('27년 3조엔 이상)	- Mayer/Brown('24.6.24)

(2) 지속 가능 경영보고서 필요성과 활용

필자의 경험에 비추어 볼 때, ESG 공시가 의무화되어 가고 있는 상황에서 기업들이 지속 가능 경영보고서의 진정한 의미를 이해한다면 ESG 보고 준비를 전략적으로, 경쟁적으로 해야 된다는 사실을 깨닫게 될 것이다. 지속 가능 경영보고서는 기업의 미래 가치를 충분히 보여 줄 수 있는 소통 도구이자 비즈니스 게임 체인저 역할을 해 줄 수 있는 좋은 기제가 될 수 있다.

최근에는 단순한 정보 공개에서 끝나지 않고 기업의 전략적 방향성을 제시하고, 투자자 및 이해관계자들에게 장기적인 가치 창출 가능성을 설명하는 중요한 활동으로서 재무적 정보와 ESG 정보를 통합하여 연계하는 전략적 접근을 보여 주고 있다.

- **투자자와의 소통:** ESG 요소는 이제 재무적 성과만큼이나 투자 의사 결정의 핵심 요소가 되었기에, 지속 가능 경영보고서는 친환경 경영, 사회적 책임 경영, 투명한 지배

구조의 ESG 관점에서 기업의 중장기 비전을 제시하고, 이에 대한 구체적인 실천 모습을 담아 줌으로써 지속 성장 가능성을 자신감 있게 보여 줄 수 있는 매개체이다. 투자자의 신뢰를 얻고 투자 유치 성과를 얻을 수 있는 '마법과 같은 비밀 병기'라고 생각해 보면 어떨까 한다.

- 규제 대응: ESG 공시는 전 세계적으로 법적 요구가 강화되고 있으며, 기업들은 이에 대비하여 투명한 보고 체계를 마련해야 되는 상황이다. 남들보다 한발 앞서 준비하여 미래를 선도하는 기업의 이미지를 심어 주고 기업의 평판을 높이는 브랜딩 활동으로 활용한다면 E, S, G의 위기를 '기회로 바꿀 수 있는 좋은 계기'가 되지 않을까 본다.

- ESG 성과와 기업 가치의 연관성: 연구 결과에 따르면, 높은 ESG 성과를 달성한 기업들은 장기적 재무 성과가 우수한 경향을 보인다고 발표하고 있다. 이는 지속 가능 경영보고서를 통해 사회적, 환경적 리스크를 체계적으로 관리할 경우 장기적으로 긍정적인 재무적 영향을 미칠 수 있음을 시사하고 있는 것이다. 진정성 있는 ESG 활동은 기업의 리스크를 사전에 식별하고 관리함으로써 총비용의 최소화, 경쟁 우위 강화, 궁극적으로 해당 산업에서 '지속 가능 성장으로 가는 티켓'이 될 것이다.

ESG 보고 활동은 위에서 열거한 내용들 이외에 기본적으로 이해관계자들에게 투명한 소통 기회를 제공하고, 기업 내부적으로 ESG 경영 전략을 점검할 수 있는 '지속 가능 선순환의 시발점'이 될 것이라고 본다.

보태기로, 각 산업 섹터별 기업의 특수성과 특이성이 존재하는 가운데, 지속 가능 경영보고서 작성에 있어서는 글로벌 가이드 라인이 제시되고 있어 이해관계자들과의 진정성 있는 소통과 기업의 책임 있는 행동을 독려하고 있다.

또한, 표준화된 가이드 라인을 통해 이해관계자들은 기업 간, 산업 간 ESG 성과를 일관되게 비교할 수 있으며, 명확한 가이드 라인은 기업이 실질적인 ESG 성과를 보고하도록 유도하며, ESG 그린워싱을 방지할 수 있기에 ESG 작성 가이드 라인에 대한 충분한 사전 이해가 필요하다고 본다.

ESG 공시 글로벌 가이드 라인

가이드라인	제정연도	목적
GRI (Global Reporting Initiative)	1997 (가이드 2000)	지속 가능성 관련 경제, 환경, 사회 전반 보고서의 국제 표준 가이드라인 - 가장 널리 사용되는 글로벌 표준, 전 세계 기업 및 조직
TCFD (The Task Force on Climate-related Financial Disclosures)	2015 (권고안 2017)	기후 변화 관련 재무 정보 공개 가이드라인 제공 - 주로 기후 관련 재무적 리스크 보고에 중점, 금융기관 필수
SASB (Sustainability Accounting Standards Board)	2011	산업별 ESG 정보 제공으로 지속 가능성과 재무 성과의 관계 공개 - 11개 산업군, 77개 세부 산업별 표준
CDP (Carbon Disclosure Project)	2000	환경 성과를 자발적으로 공개하여 기업의 지속 가능성 강화 - 환경 성과와 기후 변화, 수자원, 산림 분야 특화, 전 세계 기업
IIRC (International Integrated Reporting Council)	2010 (프레임워크 2013)	재무적 성과와 비재무적 성과(ESG)의 통합 보고 제공 - 재무적 성과와 ESG 성과를 통합해 장기적 가치 창출 평가
PRI (Principles for Responsible Investment)	2006	책임 투자 촉진으로 ESG 요소를 투자에 반영, 책임 투자 원칙 제시 - 기관 투자자와 자산 운용사들이 ESG 요소를 투자에 반영하도록 지원

2) 지속 가능 경영보고서 내 DX, AI, ESG 융합 개념

(1) DX, AI의 개념과 상호 관계

주변을 살펴보면, 최근 메가트렌드로 자리를 잡아가고 있는 DX, AI를 쉽게 접할 수 있으며, 산업 현장에서 이미 이러한 기술을 접목하여 새로운 비즈니스 모델과 생산성을 높이는 모습들을 자주 보고 있다. 그렇다면, 과연 DX, AI, ESG는 어떤 관계를 가지고 있으며, 지속 가능 경영보고서 내 DX, AI, ESG 융합 관계는 어떤 모습으로 나타나고 있는지 궁금할 것이다.

이를 위해서 DX, AI의 개념과 상호 간의 관계를 먼저 이해하고, ESG 내에서의 융합 관계를 정리해 보고자 한다.

□ DX(디지털 전환; Digital Transformation)는 기업이 디지털 기술을 통해 기존의 비즈니스 프로세스를 혁신하고, 데이터 기반 의사 결정을 지원하는 광범위한 개념으로 AI, Big data, IoT, Cloud computing, Block-chain 등의 다양한 디지털 기술을 활용해 기업의 운

영 방식을 혁신하는 것을 목표로 한다. DX의 핵심은 기존 프로세스의 디지털화와 디지털 기반의 새로운 비즈니스 모델과 고객 경험 기반의 새로운 고객 가치를 창출하는 것이다.

□ **AI(인공지능; Artificial Intelligence)**는 특정한 작업을 자동화하고, 인간이 처리할 수 없는 방대한 데이터를 학습하여 문제를 해결하거나 예측하는 능력을 가진 기술인 AI는 DX의 한 부분으로서, 디지털 전환을 더 고도화하고, 데이터를 통해 정교한 인사이트와 의사 결정을 제공한다. 기술의 발전 레벨로 본다면, 자동화(반복적인 작업을 효율적으로 자동화하는 기계 학습 알고리즘) - 데이터 분석 및 예측(데이터를 분석하여 패턴을 찾아내고, 미래의 상황을 예측하는 능력) - 지능형 시스템 구축(AI는 데이터와 상호작용하며, 이를 통해 더욱 똑똑한 시스템을 구축하여 복잡한 문제 해결과 의사 결정을 지원) 순이며, 최근에는 AI 기술 발전 단계로 크게 3가지 분류, 즉 Narrow AI(특정 작업에서 인간 수준의 지능), General AI(AGI; 인간과 유사 수준의 지능), Super AI(인간을 초과하는 지능) 개념으로 정리하고 있다.

□ **DX와 AI 관계**는 위의 개념에서 살펴본 바와 같이, DX와 AI는 상호 보완적인 관계를 가지고 있으며, 서로의 범위와 역할이 겹치기도 하고 강화되기도 한다. 디지털 전환 과정에서 AI는 데이터를 처리하고 분석하여, 운영 체계를 한 단계 더 스마트하게 높여 준다. 단순한 프로세스 자동화에서 나아가, AI는 DX의 운영을 지능화하고 예측 가능한 시스템으로 만든다. 한편, 디지털 전환은 AI가 적용될 수 있는 데이터를 대규모로 수집하고 처리할 수 있는 인프라를 제공한다. 클라우드 컴퓨팅, IoT, 빅데이터 분석을 통해 AI의 학습을 지원하고, 이를 통해 AI가 보다 효과적으로 작동할 수 있게 한다.

□ **대표적인 상호작용 예시로서 스마트 팩토리, 고객 경험, 리스크 관리**
- **스마트 팩토리:** DX를 통해 스마트 팩토리를 구축하고, AI가 데이터를 분석하여 공정 최적화, 에너지 효율화, 그리고 예지 보전을 실행
- **고객 경험:** DX를 통해 온라인과 오프라인 채널을 통합하고, AI가 고객의 행동을 예측, 맞춤형 서비스를 제공하는 방식으로 고객 경험을 개선
- **리스크 관리:** DX로 리스크 데이터를 통합 관리하고, AI가 이를 분석해 잠재적 위험

을 예측하고 실시간 대응 전략을 수립

이와 같이 DX는 AI의 인프라를 제공하고, AI는 DX의 운영을 지능화하는 역할을 한다. 서로를 강화하는 이 두 기술은 함께 기업의 지속 가능한 성장과 경쟁력 확보에 필수적인 요소가 되어 가고 있다.

(2) DX, AI, ESG의 융합 관계

서두에 언급한 바와 같이, 최근 들어 기업들은 지속 가능 경영보고서를 기업의 미래 지향적인 지속 가능 비전을 제시하는 매개체로 활용하고 있는 추세이다. 더욱이 4차 산업혁명 시대를 살아가는 선두 기업들은 DX와 AI 기술 쓰임새의 파급 효과를 잘 알고 있기에 환경, 사회, 지배구조 여러 측면에서 최소의 자원 투입과 최적의 프로세스를 전개해 나가면서 점증적으로 DX, AI 기술을 접목하고 있는 모습이다. 이를 통해 디지털 기업들은 가장 효율적으로 그리고 가장 스마트하게 지속 가능 활동과 성과를 창출해 나가고 있다.

지속 가능 경영보고서를 통해서 나타나는 여러 DX, AI, ESG 융합 사례 중 한두 가지를 먼저 키워드로 정리하면 다음과 같다.

- E영역: 에너지 절감과 자원 관리 효율성 제고
- S영역: 작업장 안전과 사회 공헌 활동 확대
- G영역: 리스크 관리 및 최적 의사 결정 지원

AI는 DX의 핵심 요소로서 E, S, G 각 영역에서 더 효율적으로 더 효과적으로 운영 효율성을 극대화하고, 투입 자원의 최적화 및 리스크 최소화에 기여할 수 있어 DX, AI, ESG 융합은 필연적인 만남이자 전략적으로 활용해야 되는 과제이기도 하다. 이러한 활동을 통해 기업들은 환경적, 사회적, 그리고 지배구조의 성과를 향상시킬 것이고, 미래를 향한 지속 가능성은 더욱 견고하게 유지될 것으로 본다.

다음 장에서부터 글로벌/국내 업종별 개별 기업의 실제 사례를 통해서 구체적인 DX, AI, ESG의 융합 트렌드를 체감할 수 있도록 대표적인 기업들의 지속 가능 경영보고서를 살펴보고자 한다.

2. 글로벌 ESG 융합 트렌드

1) 주요 글로벌 업체 ESG 융합 주요 특징들

최근 DX와 AI가 경영의 핵심 화두로 떠오르면서, 글로벌 기업들은 ESG(Environmental, Social, Governance) 전략과 DX, AI를 융합하여 지속 가능성을 강화하는 새로운 트렌드를 만들어 가고 있다. DX와 AI 기술은 ESG 성과를 개선하고 리스크 관리, 운영 효율성 증대, 이해관계자와의 소통 강화 등에 기여하고 있다. 주요 산업 섹터별로 DX와 AI가 ESG에 어떻게 융합되고 있는지를 대표적인 글로벌 기업의 지속 가능 경영보고서 사례를 통해 살펴보고자 한다.

(1) 에너지 부문

듀크 에너지(Duke Energy, NYSE: DUK)는 노스캐롤라이나주 샬럿에 본사를 둔 Fortune 150 기업으로, 미국 최대의 에너지 지주 회사 중 하나이다.

최근, AI를 활용한 에너지 효율성 향상 및 탄소 배출 감소시키는 활동에 주력하고 있으며, 괄목할 만한 성과로 2021년 듀크 에너지는 액센츄어(Accenture) 및 마이크로소프트(Microsoft)와 협력하여 메탄 배출을 줄이기 위한 혁신적인 솔루션을 개발하였다. AI 기반 센서와 드론을 사용하여 메탄 누출을 실시간으로 감지하고, 데이터 분석을 통해 배출 패턴을 파악하고 예측 모델을 개발, 자동화된 시스템을 통해 신속한 대응과 수리를 가능하게 해 주는 최초의 메탄 배출 모니터링 플랫폼이다.

글로벌 에너지 기업인 쉘(Shell)의 2024년 발간된 지속 가능 경영보고서에 의하면, 메탄은 강력한 온실가스로서 메탄 배출을 줄이는 것을 파리 협정의 야심찬 1.5°C 목표를 달성하기 위한 가장 효과적인 단기 조치 중 하나로 간주하여, 쉘은 운영하고 있는 석유 및 가스 자산(액화 천연가스 포함)의 메탄 배출 강도를 0.2% 이하로 유지하고, 2030년까지 메탄 배출량을 거의 제로에 가깝게 달성하고자 Joint 벤처와 협력하여 메탄 배출 모니터링 프로그램을 개발하고, 메탄 배출을 감지, 방지함으로써 배출량을 지속 줄이고 있다고 발표하였다.

(메탄은 온난화지수 기준으로 이산화탄소보다 100년 기준으로 28배, 20년 기준으로 80배가 높다)

듀크 에너지와 쉘은 AI와 디지털 기술을 통해 온실가스 배출량 최소화를 진행하고 있는 대표적인 에너지 사례이다.

(2) 제조 부문

지멘스(Siemens)는 전력, 자동화, 디지털화, 헬스케어 등 다양한 분야에서 활동하고 있는 세계적인 독일 기술 기업으로 주요 사업 분야로는 전력 공급, 스마트 빌딩, 공장 자동화, 의료 기기 등이 있으며, 지속 가능한 발전과 디지털화에 중점을 두고 있다.

지멘스는 DEGREE라는 자체적인 지속 가능성 프레임워크(Decarbonization: 1.5℃ 탈탄소화, Ethics: 신뢰문화, Governance: 책임 경영 체계, Resource efficiency: 자원 순환, 최소화, Equity: 형평성, Employability: 고용가능성) 하에서, 360도 모든 측면에서 고객과 파트너의 혁신 가속화를 지원하기 위해 최근 디지털 혁신을 더 쉽고, 더 빠르고, 더 확장할 수 있도록 지원하는 개방형 디지털 비즈니스 플랫폼인 지멘스 엑셀러레이터(Siemens Xcelerator)를 도입하였고, 지멘스 엑셀러레이터 플랫폼 내의 탄소 배출량 추적 도구인 SiGREEN을 통해 모든 공급 업체와 연계된 탄소발자국 감소 활동과 데이터 기반 대규모 탈탄소화 의사 결정을 내릴 수 있도록 지원하고 있다.

또한, Siemens Xcelerator as a Service(SaaS) 서비스를 통해 지속 가능성 과제 해결을 위한 포괄적 디지털 트윈 접근법을 확대, 적용하며 서비스를 제공하고 있다. 예를 들어, 제품, 기계, 생산라인, 공장 전체의 시뮬레이션 및 검증을 진행하거나 가치사슬 전반에 걸친 30개 이상의 지속 가능성 영향(CO_2, 담수 소비, 인체 독성 등) 요소들을 점검할 수 있다고 한다.

지멘스는 DX와 AI 기술 기반 지속 가능한 비즈니스 모델을 강화하고 있는 대표적인 사례로서 지멘스 엑셀러레이터 플랫폼, 디지털 트윈 기술, SiGREEN 툴과 같은 기술은 자원 효율성, 탄소 배출 저감, 공급망 투명성을 높이는 데 중요한 역할을 하고 있으며, 이를 통해 환경적 지속 가능성, 사회적 책임 강화, 그리고 지배구조 투명성을 개선하고 있다.

(3) 금융 부문

블랙록(BlackRock)은 세계 최대의 자산 운용 회사로, 2024년 기준으로 약 11조 5천억

~11조 6천억 달러(한화 약 1경5천5백조 원)의 운영 자산(AUM, Assets Under Management)을 주식, 채권, ETF 등의 다양한 자산군으로 구성, 운영하고 있다.

블랙록은 일반적인 투자 관리 도구인 알라딘(Aladdin) 플랫폼 내 별도 기능을 수행하는 알라딘 기후 플랫폼을 구축하여 다양한 기후 시나리오를 기반으로 자산에 미치는 리스크를 분석하고, 기후 관련 데이터와 금융 데이터를 결합하여 포괄적인 분석 내용을 제공하면서 의사 결정을 지원하고 있다. DX와 AI를 ESG 통합 전략에 적용하고 있으며, 저탄소 전환을 촉진하기 위한 자본 배치와 위험 관리 도구를 활용하여 기후 관련 위험을 정량화하면서 관리하고 있는 것이다. 투자 수익률을 극대화하면서도 사회적 책임을 다하기 위한 다양한 지표를 적용하고 있으며, 기후 위험을 관리하기 위해 블랙록은 이사회와 경영진이 기후 관련 전략을 감독하도록 하는 구조하에서 알라딘 클라이밋(Aladdin Climate) 플랫폼을 통해 전사적인 리스크 관리와 데이터 기반의 거버넌스를 구현하고 있다.

(4) 소비재 및 리테일 부문

월마트(Walmart)는 세계 최대 소매업체로, 2024년 기준 연간매출 6,800억 달러, 전 세계적으로 1만 616개의 매장과 210만 명의 직원을 채용하고 있다.

팬데믹 이후 온라인 쇼핑 수요가 급증하면서 월마트는 옴니채널 전략하에서 AI와 데이터 분석을 활용하여 재고 관리 및 고객 맞춤형 추천 시스템을 개선하여 운영 효율성과 고객 만족도 향상에 주력해 오고 있다. ESG Highlights 보고서에 의하면, 데이터와 기술의 윤리적 사용 및 책임 있는 사용을 통해 고객, 직원, 커뮤니티의 신뢰를 얻기 위해 디지털 시민권(Digital Citizenship)을 강화하고 있다.

월마트는 정보 보안 프로그램에 대해 연간 평가를 진행하고, 디지털 트러스트 커밋먼트(Digital Trust Committements)를 통해 개인정보 보호와 데이터 책임 관리를 약속하고 있다. 성과 중의 하나로 2022년 웹사이트에서 1,000억 개 이상의 악의적인 봇(bot) 차단을 하여 해킹, 스팸 생성 등을 방어하였다.

또한, 월마트는 식품 안전 리스크를 사전에 식별하기 위해 머신러닝을 활용한 기술을 도입, 규정 준수 데이터(예: 감사 및 규제 방문)와 운영 데이터(시설 유지 보수 및 물류)를 통합하여 매장의 식품 안전 문제를 예측하고 우선순위를 정하는 형태의 기술 기반 식품 안전을 전개하고 있다. 그리고 월마트는 패키징 솔루션 제공 업체와의 연결을 돕기 위해 순환 커넥터(Circular Connector)를 도입하여, 지속 가능 패키징 회사와 PB(private brand) 공급 업체 간 4,000개 이상의 연결을 지원하였다.

이와 같이 월마트는 데이터 윤리, 식품 안전 개선, 순환 경제를 위한 혁신적인 패키징 솔루션 연결 등 디지털 혁신을 통해 환경, 사회, 지배구조의 모든 영역에서 긍정적인 영향을 주기 위해 노력하고 있다.

(5) 정보통신(IT) 부문

마이크로소프트(Microsoft)는 1975년 빌 게이츠 창립 이후, 2024년 매출 2,451억 달러, 직원 22만 8,000명의 세계 최고 IT 기업으로 S/W, 클라우드 컴퓨팅(Cloud computing), AI 분야 선두 기업 중 하나이다. 명성에 맞게 ESG 각 영역에서 AI 기술을 접목하고 있으며, 협력 업체와 고객들의 지속 가능을 가속화시키고 지원해 주기 위해 파트너십을 구축, 협업하거나 직접적인 AI 부문의 투자를 지속적으로 확대해 오고 있다. 그중에서 2024 Environmental sustainability report에서 언급된 몇 가지 AI 관련 사례를 살펴보면 다음과 같다.

마이크로소프트의 첫 번째 핵심 영역은 내부 운영의 탄소 집약도를 줄이는 탄소 네거티브 접근 방식이다. DX 기반 데이터센터와 캠퍼스는 건설부터 일상적인 운영까지 설계와 사용에 효율성이 내재되어 있으며, 조달 및 투자를 통해 탄소 배출 없는 전력 인프라를 지원하고 있다. 이를 통해 2023년에 데이터센터 전력 인프라 및 관련 탄소 배출량을 약 7% 줄이는 데 직접적으로 기여하였다.

또한, 마이크로소프트는 데이터센터 지역에서 AI를 활용해 생물 다양성의 영향을 모니터링하고 측정하여 지역 생물 다양성 증진에 기여하고 있다. 예시로, 데이터센터 주변에 지역 생물 다양성을 향상시키고, 빗물 관리를 개선하며 기후 복원력에 기여하는 재생 설계 솔루션을 구현하고 있다.

물류 부문에서는 GLEC(Global Logistics Emissions Council) 프레임워크에 기반한 업계 최고의 데이터 모델을 적용한 '디지털 트윈'을 통해 물류 부문에서의 배출량을 감축하고 있다.

한편, 마이크로소프트는 중국 칭화대학교와 협력하여 AI 및 데이터 기술을 기반으로

2023년에 해양의 과거 관측 자료를 재구성하고 거의 실시간으로 해양 탄소 흡수원 데이터를 예측하는 모델을 구축하였고, 워싱턴대학교와의 협력 프로젝트를 통해 머신러닝을 사용하여 기존 콘크리트 사용을 바이오 소재로 상쇄하는 것을 개발하고 있다(콘크리트 산업은 전 세계 온실가스 배출량의 8%를 차지하는 것으로 추정).

위의 사례에서 본 바와 같이, 마이크로소프트는 DX와 AI 기술을 ESG 목표와 통합하여, 지속 가능한 발전을 위해 다양한 노력을 보여 주고 있다.

(6) 운송 및 물류 부문

글로벌 대표적인 운송 물류회사 머스크(Maersk), UPS, DHL의 지속 가능 경영보고서에서 언급된 DX, AI, ESG 융합 내용은 다음과 같다.

머스크의 스타 커넥트(StarConnect)는 머스크의 최첨단 AI 기반 선단 에너지 효율 플랫폼으로, 700여 척의 선박에서 매년 25억 개의 데이터 포인트를 처리하고 있으며, 이 첨단 시스템은 머신 러닝을 사용하여 환경 조건을 고려하여 연료 소비와 안전을 예측하고 최적화한다. 2023년에 머스크는 스타 커넥트를 통해 101만 톤 이상의 연료와 314톤의 CO_2 배출량을 절감하였다.

UPS는 혁신적인 디지털 솔루션을 설계, 개발, 구현, 활용하여 최적 경로를 위한 이동 거리를 줄이고 네트워크 내 이동에 필요한 에너지 집약도를 낮추기 위한 통합 기회를 늘리고 있다. 특히 항공 운항 탈탄소화(범위 1 및 2)를 위해서 비행경로 최적화 및 데이터 분석과 더불어 AI 도구를 활용하여 실시간으로 항공기 상승 프로파일 최적화, 장거리 비행 중 바람 업로드를 통해 최적의 고도 선택을 지원하고 있다.

DHL은 지속 가능한 기술과 연료 적용으로 자체 탈탄소화를 추진하는 반면, 고객이 모든 운송 수단에서 온실가스 배출량을 통합하고 데이터를 표시 및 분석할 수 있는 다양한 옵션을 제공하는 디지털 보고 플랫폼인 DHL GoGreen 대시보드를 출시하였다.

운송·물류업체들은 AI 플랫폼 등의 DX 기반 위에서 예측 분석과 경로 최적화를 통해 물류 효율과 탄소 배출 감소의 환경적 성과를 높이고 있으며, 디지털 플랫폼을 통해 공급망의 지속 가능성과 신뢰성을 강화하고 있는 모습이다.

(7) 헬스케어 및 제약 부문

존슨앤드존슨(Johnson&Johnson)은 디지털 혁신과 인공지능을 ESG 목표와 결합하여 지속 가능한 헬스케어 솔루션을 구축하는 방식을 잘 보여 주는 회사이다.

존슨앤드존슨은 AI와 헬스케어 통합을 추진하고 있다. AI 기반 플랫폼을 개발하여 실제 데이터(real-world data)를 분석해 임상시험 등록 과정을 최적화하고, 다양한 환자들이 포함될 수 있도록 개선하고 있으며, AI를 염증성 장질환(IBD)과 알츠하이머와 같은 질병의 발병과 중증도를 정밀하게 측정하는 데 사용하여, 임상시험 설계와 치료 효과 분석을 향상시키는 성과를 내고 있다. 이와 더불어, Engagement.ai와 같은 AI 기반 분석 플랫폼은 방대한 헬스케어 데이터를 사용하여 2023년 6,500명의 현장 직원들이 14개 주요 시장에서 약 30만 명의 의료 전문가와 750만 건 이상의 상호작용을 수행하여 환자 치료 전략 수립에 중요한 역할을 한 것으로 평가된다.

한편, 코로나19 시기에 우리에게 백신을 공급한 화이자(Pfizer)는 디지털, 데이터, 인공지능(AI), 머신러닝, 양자 컴퓨팅을 활용하여 발견부터 임상 개발, 제조, 유통, 상용화에 이르는 모든 단계에서 환자를 위한 혁신을 가속화하고 있다. 화이자는 AI와 데이터 분석을 통해 코로나19 경구 치료제인 PAXLOVID®의 개발과 생산의 효율성을 높여 코로나19와 같은 상황에서도 빠른 대응을 가능케 하였고, 2022년 주요 소매 약국 체인과 제휴하여 환자의 치료 여정을 지원하는 디지털 헬스케어 솔루션, "Amba™ Digital Wellness Coach" 모바일 앱을 도입하여 유방암 치료제를 처방받은 환자들에게 복약 알림, 교육 자료, 지원 네트워크 연결 등 다양한 서비스를 제공하고 있다.

또한, 화이자는 환자가 안전하고 효과적인 의약품에 접근할 수 있도록 화이자 의약품의 위조품을 실시간으로 모니터링하고 식별하기 위해 글로벌 IT 인프라를 클라우드로 이전하는 속도를 2019년 25%에서 2022년 80%로 높였다.

이와 같이, 헬스케어 부문에서는 글로벌 기업들은 임상시험 최적화, 개인 맞춤형 질병 치료, 디지털 공급망 및 의약품 접근성과 가용성을 높이기 위해서 DX 기반 AI 기술을 ESG의 여러 방면에 접목하고 있다.

지금까지 주요 업종별 대표적인 글로벌 기업의 지속 가능 경영보고서에 언급되어 있는 주요 DX, AI, ESG 융합 사례를 살펴보았다. DX와 AI 기술을 E, S, G 각 영역별로 그리고, 비즈니스 모델 관점에서 통합적으로 적극 활용하고 있는 모습들이다. 선진 사례들 중심으로 나열하다 보니 다소 우리와 거리감이 있어 보일 수 있겠으나, 우리가 나아가야 할 방향성 측면에서는 많은 시사점을 주고 있다고 본다.

2) 우리의 현주소

우리나라는 2020년 '2050 탄소중립 목표'를 선언하면서, 기존 저탄소 녹색 성장 기본법을 폐지하고 2021년 탄소중립 기본법(기후 위기 대응을 위한 탄소중립·녹색 성장 기본법)을 제정, 전 세계 14번째로 2050 탄소중립 비전과 이행 체계를 법제화했다. 최근 국내 빅카인즈(Bigkinds) 뉴스 분석에 따르면, 'ESG' 키워드 뉴스 노출 건수는 2019년 1,841건에서 2023년 7만 278건으로 정점을 찍고, 2024년 9월 4만 3,708건으로 낮아졌으나, 여전히 2019년 대비 24배 증가하였음을 알 수 있으며, 구글 트렌드에서 국내 'ESG' 관심 레벨도 3.6에서 2024년 9월 기준 76으로 매우 높은 관심을 보이고 있다.

이러한 높은 관심도는 기업 지속 가능 경영보고서 발간 활동으로 연계되고 있다. 한국거래소 전자공시 시스템 집계 기준 기업의 지속 가능 경영보고서는 2017년 8개사에서 2024년 191개사로 증가하였듯이, 기업은 ESG 경영 체계를 도입, 확대하면서 ESG 자율 공시에 적극 참여하는 모습이다. 다만, 앞서 언급한 바와 같이, ESG 의무 공시 일정에 대해서는 상장 기업들의 준비 상황을 고려하여 2026년 이후로 예상되고 있다.

글로벌 기업들이 ESG 여러 방면에서 빠르게 DX, AI 기술을 접목하면서 미래 지속 가능 성장성에 대한 비전을 제시하듯이 국내의 기업들도 충분히 ICT의 높은 잠재력과 경쟁력 바탕으로 보다 더 높은 수준의 ESG 융합 활동을 보여 줄 수 있다고 생각한다.

특히 한국의 ICT 위상은 여러 세계 기관들에서 발표하고 있는 지표들을 통해서 가늠해 볼 수 있다. ICT 보급 1위('20년), ICT Infrastructure 1위('22년), ICT Export('22년 2,332억불), e-Commerce Ratio 2위('21년), Cyber Security Index 3위('20년), Govt AI Readiness 10위('21년) 등 ICT의 세계 강국임을 여실히 보여 주고 있다.

우리의 당면 과제는 이러한 ICT 기술력과 잠재력을 ESG에 융합하여 자원을 얼마나 효과적이고 효율적으로 운영할 것인가, ESG 성과를 얼마나 전략적으로 달성할 것인가이다. 다음 장에서는 국내 업종별 주요 기업들의 지속 가능 경영보고서에 나타난 DX, AI, ESG 융합 사례들을 소개하면서 국내 기업들의 다양한 ESG 융합 활동들을 공유하고자 한다. 이를 통해 국내 ESG 관련 관계자분들께서 많은 간접 경험과 인사이트를 얻기를 기대해 본다.

한국의 ICT 위상 관련 지표: KOTRA Invest KOREA

주요 지표	한국위상(연도)	목적
ICT Adoption	1위(2020)	WEF(The World Economic Forum)2020
ICT Infrastructure	1위(2022)	WIPO, Global Innovation Index 2022
ICT Export	$148.1B	UNCTAD 2022
e-Commerce Ratio	2위(2021)	WIPO, Global Innovation Index 2021
Cyber Security Index	3위(2020)	ITU 2020
Govt AI Readiness	10위(2021)	Oxford Insights 2021
Mobile Internet Connectivity	1위(2021)	OECD 2021

3. 국내 산업 섹터별 ESG 융합 트렌드

1) 제조 부문 트렌드

우리나라 수출의 주력 산업군은 반도체, 디스플레이 등의 전자 부품을 포함한 정보통신(ICT) 제조 부문이다. 과거 10년 동안 ICT는 수출의 30%가 넘는 비중을 차지하고 있다. 우리 경제의 나침반이자 핵심 산업군이며, 환경적 측면에서 제조, 에너지가 가장 크게 영향을 미치는 점을 고려하여, 국내 업종별 지속 가능 경영보고서의 DX 기반 AI, ESG 융합 트렌드 소개는 제조 부문에서 전자 부품, 에너지 소재, 철강, 조선, 석유화학, 자동차, 항공, 제약, 그리고 건설 순으로 소개하고자 한다.

(1) 전자 부품: 반도체, 디스플레이

2024년 세계 메모리 시장 규모는 약 1,577억 달러(한화 약 214조 원)로 전체 반도체 시장의 약 25% 비중이며, 국내 반도체는 메모리 시장에서 약 70% 이상의 압도적인 시장점유율을 차지하고 있다. 특히 4년 연속 글로벌 브랜드 가치 Top 5를 수성하고 있는 삼성전자와 최근 산업 지도를 바꿔 나가고 있는 생성형 AI의 핵심 부품인 AI용 초고속 메모리 HBM(High Bandwith Memory)를 공급하고 있는 SK하이닉스의 시장 지배력은 대단하다.

한편, 이러한 반도체 산업은 전기 먹는 하마라 할 정도로 대규모의 전력을 소비하고 있다. 2023년 기준 우리나라 전체 전력 소비량의 약 10%에 해당되는 규모를 반도체 제조 공정에서 소비하고 있다. 더불어 세계 OLED 시장을 선도하고 있는 디스플레이 산업 역시 전체 전력 소비의 약 5~7%를 소비하고 있다. 온실가스 배출의 환경적 측면에서 절대적 영향을 미치는 중요한 산업이기도 하다.

DX, AI, ESG 융합 사례를 반도체와 디스플레이 주요 기업의 지속 가능 경영보고서를 통해 살펴보고자 한다.

☐ E: Environmental 환경

- 냉동 시스템 데이터 분석 기반 에너지 효율화 (SK하이닉스)

반도체 Fab에서 일정한 온도와 습도 유지 등의 공조 환경 관리는 중요한 생산 관리 요소 중의 하나이다. SK는 냉방 관련 냉동기의 냉수 온도, 냉각수 온도, 부하율에 대한 회귀 분석 시뮬레이션 데이터 분석을 통해 에너지 절감을 위한 최적의 운영 방안을 도출하였고, 이로 인해 2023년 3월에서 8월까지 냉동기 운영에 따른 전력 112.5GWh 절감 성과를 창출하였다.

- 배출 관리 시스템 고도화 통한 배출 최소화(삼성전자, SK하이닉스)

삼성은 반도체 업계 최초로 공정가스 대용량 통합 처리 시설인 RCS(Regenerative Catalytic System)를 개발하여 모든 설비의 배출가스에 촉매를 사용해 공정가스를 옥상에서 통합 처리, 사용 연료 절감 및 대기오염 물질(질소산화물) 발생을 줄이고 있다.

SK는 온실가스 Scope 3를 포함한 가치사슬 배출량 관리 고도화에 집중하고 있다. 구매 시스템과 연계하여 배출량 산정을 자동화하여 협력사 및 자재군별로 배출량 현황을 실시간 관리하고 있으며, 동종 업계 기업과의 배출량 비교 분석이 가능한 시스템을 구축하였다.

- 친환경 공정가스 개발 진행 (LG디스플레이)

LG는 디스플레이 패널 무기막 증착 공정에서 사용되고 있는 고(高)GWP(Global Warming Potential, 지구 온난화지수) 공정가스를 대체할 저(低)GWP 공정가스 개발 관련, 중장기 산학연 협력 체계를 구축하였고, 현재 분자 시뮬레이션, 빅데이터를 활용하여 후보 선정 및 생산 경제성 확보를 위한 합성·정제 기술 개발을 진행하고 있다.

☐ S: Social 사회

- DX, AI 기반 안전 관리 패러다임 전환 (SK하이닉스)

SK는 다양한 ICT를 발굴하여 안전에서의 신기술 SDX(Safety Digital Transformation)를 추진하고 있다. 이를 통해 고위험 공정 내 구성원의 투입을 최소화하고 AI 알고리즘 기반으로 작업 전 위험성을 자동 예측하며, 현장에서 수집되는 다양한 데이터를 기반으로 위험 상황을 실시간으로 파악하고 대응할 수 있도록 하는 등 자율, 지능, 자동화 관점으로 안전 관리 패러다임 전환 중이다.

① 무인 순찰 로봇: 2023년부터 고위험 공정 내 인력 순찰을 대체하는 4족 보행 로봇으로 약 3만 평 규모의 P&S Room(Pump&Scrubber Room) 내부를 순찰. 장비 배관 이음부 등에 대한 열화상 이미지 센서를 통한 온도 진단과 유해 가스 감지, 일상 점검 역할을 수행하고 이상 상황 발생 시 실시간으로 담당자에게 알림을 전송

② Safety Vision AI: 인적이 드문 지역을 중심으로 침입, 쓰러짐, 추락, 화재 등 발생할 수 있는 다양한 사고의 유형을 탐지할 수 있는 객체 탐지(Object Detection), 행동 판단(Pose Estimation) 기반의 AI 영상 분석 모델인 'Safety Vision AI'를 개발, 사업장 환경에 최적화된 학습 데이터를 생성해 머신러닝으로 학습시키고 그 결과를 현장 CCTV에 적용해 24시간 모니터링함으로써 실시간 사고를 탐지

③ IoT 센서와 AI 기술 기반 사고 예측 시스템 구축: 사람이 확인 불가했던 영역을 IoT 센서를 통해 식별하여 작업자의 유해 화학물질 접촉 확률을 최소화, 중장비 및 고소 작업의 인명 피해를 감소, 안전 데이터를 통합 분석하는 AI 알고리즘을 자체 개발해 해당 작업의 사전 위험성을 확인

☐ G: Governance 지배구조

- 리스크 관리 시스템 기반 준법 경영 전개 (삼성전자)

삼성은 준법 경영을 위한 IT 시스템인 CPMS(Compliance Program Management System) 통해 부패 방지, 공정 거래, 지식재산권, 개인정보 보호, 인권과 노사, 환경 안전 등 주요 분야별 사전 예방, 모니터링, 사후관리 단계에서 각각 리스크를 관리하고 있다.

① 사전 예방 단계: 컴플라이언스 정책 게시, 규제 동향 파악
② 모니터링 단계: 전담 조직 통한 점검, 전용 제보 채널 운영
③ 사후 관리 단계: 법적 위험 평가, 준법 통제 체제의 유효성 평가 실시

(2) 에너지 부품 소재

SNE Research의 최근 보고서에 따르면, LG에너지솔루션을 포함한 한국 배터리 업체 3사가 중국 시장을 제외한 글로벌 전기차 배터리 시장에서 46.0%('24. 1~9월)의 선도적인

시장 점유율을 차지하였다고 발표하였다. EU는 탄소중립 정책 일환으로 2035년부터 내연기관차 판매를 금지하기로 결정하였고, 대안으로 전기차의 빠른 보급을 독려하고 있어 세계적인 기술 우위를 보여 주고 있는 우리나라 배터리 산업에 청신호가 켜지고 있다.

그러나 ESG 측면에서는 원자재 채굴 과정에서의 생태계 훼손 및 인권 문제, 생산 과정에서의 유독성 화학물질 발생 및 폐기물 처리 이슈 등 다양한 당면과제를 맞이하고 있으며, EU는 2026년부터 새로운 배터리 규제 일환으로 배터리 여권 제도를 시행할 예정이다. 원재료 원산지부터 배터리의 전체 수명 주기에 걸친 투명한 정보를 요구하는 것이다.

이러한 배경을 고려하면서 세계 최고의 배터리 기술을 선도하고 있는 LG에너지솔루션, 포스코퓨처엠의 지속 가능 경영보고서에서의 DX, AI 융합 사례를 살펴보고자 한다.

☐ E: Environmental 환경

- ESG Data의 IT 기반 시스템 관리 (LG에너지솔루션)

2023년 'AI 기반 ESG IT Intelligence 시스템'을 도입하여 전사적인 ESG 데이터 통합 관리, 분석, 예측을 수행하고 있다. ESG 관련 규제에 대한 선제 대응, ESG 데이터 투명성 확보, 이해관계자들에게 명확한 정보 제공을 바탕으로 ESG 목표와 성과를 체계적으로 관리하고 있다.

① 배터리 탄소발자국 관리 및 전 과정 평가(LCA): EU 관할 지역 내 배터리 제품의 탄소발자국 공개 의무화 규제 계획 발표에 대응하고자, LG는 에너지 사용량 정보, 생산정보, 폐수/폐기물 정보 등 다양한 데이터를 연동한 탄소발자국 산정 시스템을 구축하였고, 2019년부터 산정한 LCA 결과(온실가스 발생 비중: 셀생산 36%, 원재료 생산/운송 64%)는 탄소발자국 산정, 원재료/밸류체인 핫스폿(Hot spot) 도출, 중장기 탄소중립 전략 수립에 중요한 자료로 활용하여 배출량 관리와 저감 활동을 전개

② IT 시스템 기반 에너지 사용량 관리 및 폐기물 배출 관리: 전 사업장에 에너지 모니터링 시스템(EUM, Energy & Utility Management System)을 구축하여 에너지 사용량을 실시간으로 설비별로 세분화하여 모니터링하고 시점별로 비교 분석하고 있으며, 폐배터리의 경우 이력 관리 시스템인 폐기품 처리 시스템(WDS, Waste Disposal System)을 도입하여 폐기된 셀/모듈의 비정상 유출에 대한 관리를 진행

🟩 S: Social 사회

- AI 기술 접목한 품질 관리 (포스코퓨처엠)

포스코는 양극재 공장 대상으로 사가(Saggar: 리튬과 금속산화물 등을 담는 내화용기) 박리 자동판정 AI 모델 기술을 개발하여 불량 사가를 자동으로 검출, 품질 부적합 제품을 사전에 예방하고 사가 교체를 자동화하여 근로자의 업무 부담을 감소시켰다. 향후 AI 학습을 위한 데이터셋을 추가로 확보하고 부적합한 사가를 개별 교체하기 위한 로봇 최적화 기술을 계속해서 개발할 계획이다.

- 제품 안전/품질 관리 서비스 시스템 구축 (LG에너지솔루션)

LG는 에너지 저장 장치인 ESS 관련 EMAS(ESS Management and Analysis System; ESS 운영 관리 고도화 시스템)을 도입하였다. 이를 통해 고객 사이트에 LTE 통신장비를 설치하여 배터리 시스템에서 발생하는 데이터를 클라우드 서버에 수집하고 분석, 이를 통해 이상 징후 발생 시 실시간 E-mail/SMS 장애 알림과 자동 A/S 접수 등 다양한 사후 고객 품질 관리 서비스를 제공하고 있다.

(3) 철강 부문

우리나라의 철강 산업은 2023년 기준 글로벌 생산 6위, 글로벌 수출 3위, 1인당 철강 소비량은 1,057kg으로 세계 1위를 기록하고 있어, 제조 수출 강국의 면모를 보여 주고 있다.

한편, 철강 산업이 전 세계 이산화탄소 배출의 8%를 차지하는 가운데, 2023년 세계 주요국의 철강 산업 탄소 저감을 위한 정책 평가에서 한국은 세계 경제력 상위 11개국 가운데 매우 낮은 수준(중국과 공동 8위)을 기록한 것으로 나타났다.

탈탄소화 정책에 대한 저평가에도 불구하고, 포스코, 현대제철, 동국제강 등 여러 기업들은 친환경 영역에서 DX, AI, ESG 융합 활동을 통해 탄소 배출 저감을 위한 기술 혁신과 공급망 관리 등에서 지속 가능 ESG 성과를 만들어 가고 있다.

🟩 E: Environmental 환경

- DX, AI 기반 스마트 팩토리, 디지털 트윈 추진 (포스코, 동국제강)

포스코는 포항/광양 제철소에서 실시간으로 데이터를 수집, 분석하고, 생산 조건을 시뮬레이션하며, 디지털 트윈을 통해 현실 사물을 가상공간에 3D 모델로 똑같이 모사하고 현장 데이터와 실시간 연결, 다양한 상황을 시뮬레이션 및 검증함으로써 최적의 의사 결정을 지원하여 폐기물을 줄이고, 에너지 수급 최적화를 하고 있다.

동국제강도 2018년부터 지속 가능 지능화 공장 구축을 목표로 2018~2020년 설비 자동화, 2021~2023년 공정 지능화, 2024~2028년 공정 통합형 모니터링 시스템을 구축하고 있다. 특히 형강공장 노후 PLC(프로그램 가능한 논리 제어 장치) 교체를 통한 생산 설비의 스마트화 및 실시간 설비 통합 모니터링 시스템 D-ARMS를 통해 공정 데이터 지능화·최적화를 기반으로 생산 공정 최적화를 실현해 나가고 있다.

- 자동 제어 및 가상 센서 개발 통한 에너지 절감 (현대제철)

현대제철은 연료 사용량과 온실가스 배출이 많은 설비인 고로 공정의 열풍로의 효율을 개선하기 위해 고로 조업에 적합한 열풍을 공급하는 '열풍로 연료량 자동 제어 시스템', 연료량 제어 시스템의 정합성 향상을 위한 '모델 자동 튜닝 시스템', 연소 효율 향상을 위한 '연소 자동 제어 시스템'을 개발하여 열풍로 연소 자동화를 진행, 당진제철소 고로(1~3기)에 모두 적용하였다.

또한, AI 머신러닝 기법을 활용, 코크스로(Coke Oven)의 노온 예측 가상 센서를 개발해 로(爐) 내 목표 온도의 정확성을 높여 이를 통해 과잉 공급되는 열량을 절감하고 코크스의 품질 개선을 추진하고자, 2023년 코크스 공장 노온 가상 센서 개발 완료에 이어 2024년 양산에 적용 예정이다.

🟩 S: Social 사회

- 안전 로봇 도입 통한 산업 안전 보건 솔루션 제시 (포스코)

포스코는 사람이 수행하는 고위험 수작업을 로봇으로 대체하여 재해 발생 리스크를 원천적으로 차단하는 로봇 안전 솔루션을 도입하고 있다.

① 고위험 작업 시설인 코크스 오븐도어 밀폐화 관련, 2023년 연구 개발에 착수, 2024

년 1월 다관절 로봇을 이용하여 사람과 똑같이 작업할 수 있는 기술을 개발, 운전실에서 명령을 내리면 로봇이 작업 위치로 이동하여 보수 작업을 진행하는 기술을 세계 최초로 개발

② 스마트 와이어볼(Smart Wire Ball): 현재는 700km에 달하는 원료 이송 컨베이어 벨트를 수작업으로 작업자가 점검하고 있는데, 컨베이어 벨트 위를 고정 와이어를 따라 이동하며 컨베이어 벨트 구동 소음 및 영상을 AI로 분석해 이상 유무를 실시간으로 알려주는 로봇을 도입

- 메타버스 플랫폼 활용 통한 인재 육성 (현대제철)

현대제철은 임직원의 비대면 업무 환경을 지원하고 외부 이해관계자와의 소통 채널을 확대하고자 메타버스(Metaverse) 플랫폼을 구축, 임직원들에게는 회의실과 비대면 교육 환경, 채용 지원자에게는 회사 개요와 사업 구조를 이해할 수 있는 콘텐츠를 제공하여 신규 입사자 교육과 리더십 교육 등을 진행하였다.

(4) 조선 부문

조선 산업은 앞서 설명한 철강 산업의 주요 수요처이며, 상호 보완적인 관계로 우리나라 수출 경제를 이끌고 있는 산업이다. 클락슨 리서치에 따르면, 세계 시장점유율 2022년 33%, 2024년 17%, 2025년(1~4월 누적) 22%로 하락되었지만(중국 51%, 70%, 54%로 상승), 기술력과 품질면에서 세계적 경쟁력을 확보하고 있다. 특히 국제해사기구(IMO)는 해운산업 탄소 배출 감축을 위해 환경 규제 강화 일환으로, 2023년부터는 현존선 대상으로 에너지 효율 지수(EEXI; Existing Ship Energy Efficiency Index)와 탄소 집약도 지수(CII; Carbon Intensity Indicator)를 도입하여 운항 중인 선박의 에너지 효율과 탄소 배출량에 대한 규제를 본격화하고 있다.

이러한 상황에서 우리나라 조선 산업은 LNG 운반·추진선 등 친환경·고부가가치 선박 중심으로 재도약하는 모습을 보여 주고 있다.

2023년 국내 조선업계 최초로 2050 탄소중립을 선언한 HD한국조선해양 중심으로 ESG 융합 내용을 살펴보고자 한다.

☐ E: Environmental 환경

- 2030 초격차 스마트 조선소 구축 프로젝트 추진 (HD한국조선해양)

한국조선해양은 복잡하고 위험한 조선소 공정과 작업 환경에 디지털 트윈, AI-빅데이터, AR·VR, 로봇 등 4차 산업혁명 기술을 적용하여, 그간 인력에 의존함으로써 반복 고질적으로 발생하던 공정과 공기의 낭비 및 위험 요인을 원천 배제하여 제조 경쟁력을 획기적으로 높일 계획을 설정하였다.

2021년부터 추진한 FOS(Future of Shipyard) 1단계 '눈에 보이는 조선소'의 중점 과제들을 완료하여, 2단계 '연결되고 예측되어 최적화된 조선소'로 전환하는 토대를 확보했다.

① FOS 1단계('23): '눈에 보이는 조선소'의 핵심 성과는 디지털 트윈 통합 정보 플랫폼인 '트윈 포스(Twin FOS)'. 트윈 포스는 작업장(공장), 건조 중인 선박 및 블록, 설비, 물류 등 조선소 실제 상황을 3D 모델 정보로 구현해 컴퓨터에서 한눈에 볼 수 있게 하고, 동시에 공정, 자재, 품질, 안전, 경영 등 분야별 지표와 정보를 제공

② FOS 2단계('26): 기 축적 데이터를 포함해 계속 수집할 방대한 선박 제조 데이터들의 통합, 연결을 완성하고, AI-빅데이터 기술로 통합된 데이터를 시뮬레이션 분석해 낭비나 위험 요인을 사전에 철저하게 관리하는 체계를 2단계에서 완성할 예정

③ FOS 3단계('30): FOS 1, 2단계를 거쳐 야드와 단위 작업장 현황을 적기 모니터링하고, AI-빅데이터 분석에 근거해 인력, 자재, 자본, 일정, 설비 등 생산 요소를 최적 운용하여 경영 관련 합리적이고 신속한 의사 결정이 가능한 논리적 자동화(Logical Automation) 체계를 달성

- AI 기반 자율 운항, 기관 자동화 솔루션 개발 주력 (HD한국조선해양)

① 선박 자율 운항 솔루션: HiNAS(자율 항해 보조 시스템)와 같은 AI 기반 솔루션은 기계 학습을 사용하여 선박의 항로를 최적화하여 연료 소비를 10% 이상 절감하여 온실가스 배출 감축에 기여

② 기관 자동화 솔루션: HiCBM(통합 상태 기반 모니터링) 시스템은 AI를 사용하여 엔진 및 기계의 상태를 실시간으로 모니터링하고, 고장을 예측해 예방 유지 관리를 가능케 하여 에너지 낭비와 운영 중단을 최소화, 탄소발자국을 줄이는 데 기여

- 디지털 트윈 선박 플랫폼(HiDTS) 개발 (HD한국조선해양)

　가상의 사이버 공간에서 실제 선박의 해상 시운전 상황과 동일한 환경을 구현하여 선박의 주요 설비들의 성능을 검증할 수 있는 기술로서, 이 기술을 통해 실제 시운전에서 경험하기 어려운 극한 조건에서도 시뮬레이션이 가능하며, 해상에서 이루어지는 시운전 기간을 단축하여 비용을 최대 30% 절감할 계획이다.

□ S: Social 사회

- 안전 빅데이터 플랫폼 운영 (HD한국조선해양)

　HD현대중공업, HD현대미포, HD현대삼호는 빅데이터 및 AI 기반의 안전 정보 시각화 및 안전사고 예측 모델을 공동 개발하여 운영하고 있다. 중대 재해, 일반 재해 현황과 기간별 사고 건수, 사고 유형 등을 확인할 수 있으며, 안전사고 현황과 안전사고 추이 분석을 통한 시사점을 제공하고 있다고 한다. 또한, HD현대삼호는 안전 보건 Vision 2028을 통해 자율 시스템 기반의 안전 보건 시스템 구축 및 스마트 안전 기술 확보로 지능형 영상 분석, 실시간 감지, 안전 모니터링 및 사용성 강화의 로드맵을 제시하였다.

(5) 석유화학 부문

　최근 석유화학에서의 글로벌 경쟁 심화, 중국의 석유화학 자급률 향상(2025년부터 석유화학 제품 자급률 100% 달성 전망), 원료 경쟁력 약화 등으로 국내 석유화학 산업이 구조적인 변화에 직면해 있다. 한편, 석유화학은 국가 총 온실가스 배출량의 약 11%를 차지, 산업 부문에서 철강에 이어 두 번째로 많은 탄소를 배출한다.

　특히 공급 원료 제조부터 제품 폐기까지 전 과정에서 다량의 탄소를 배출하므로, 전주기(lifecycle)를 아우르는 포괄적인 탄소 감축 전략이 필요한 산업이다. 고부가가치 제품으로의 전환과 새로운 시장 개척 등의 전략이 요구되는 가운데 탄소 감축을 위한 탈탄소 친환경 공정 기술 혁신이 필요한 상황이다.

　환경·지배구조 영역에서 LG화학의 DX, AI, ESG 융합 활동을 살펴보고자 한다.

☐ E: Environmental 환경

- 전 과정 평가(LCA) 기반 탄소 배출 감소 전개 (LG화학)

LG는 2022년까지 국내 생산 전 제품, 2023년까지 해외 생산 전 제품에 대한 LCA 수행을 완료해 국내외 생산 제품 100%에 대해 LCA를 수행 완료하였다고 한다. 구체화되고 강화되고 있는 고객 요구에 적극 대응해 저탄소 제품의 지속 가능한 경쟁 우위를 확보하고자 전사 LCA 수행 경험에 기반해, 제품 LCA에 활용되는 다양한 데이터 관리 시스템을 연계한 '제품 탄소발자국 관리 시스템(Carbon footprint Analysis and Management Platform, CAMP)'을 구축, 이를 통해 데이터 수집·분석·재검토 과정에서의 소요 시간을 단축하고, 데이터 활용 및 모니터링 한계를 개선해 데이터 현행화, 데이터 통찰력 등 차별화된 경쟁력을 갖췄다.

- 디지털 기반 Safe Factory 환경 안전 투자 강화 (LG화학)

LG는 폐가스 소각 설비와 같은 고위험 설비의 이상을 사전 예측하기 위한 디지털 투자 일환으로, 2023년 여수 공장 플래어 스택(Flare Stack) 공정에서 나오는 불꽃과 그을음을 실시간 분석하고, 이상을 감지하면 연소에 필요한 산소 투입량을 조정해 잔여 성분이 완전히 연소하도록 자동화하는 모델을 구축하였다. 이를 통해 기존 공장 운전원이 수동으로 처리하던 스팀 사용량을 인공지능이 자체적으로 대응해 생산 효율과 안전성을 높였으며, 그을음으로 발생할 수 있는 대기오염 관련 컴플라이언스 리스크를 없앴다고 한다. LG는 이러한 디지털 기반 세이프 팩토리 구현에 지속적인 투자를 진행하여 2024년에도 국내 6개 공장에 해당 모델을 확산하였다.

☐ G: Governance 지배구조

- 컴플라이언스 프로그램 확대 운영 (LG화학)

또한, 2022년 9월부터는 컴플라이언스 IT 시스템을 구축해 정기적이고 지속적으로 컴플라이언스 리스크를 모니터링하고 있다. LG화학의 컴플라이언스 프로그램은 ① 리스크 식별, ② 리스크 점검, ③ 리스크 평가·관리 등 총 세 가지 영역으로 운영 중이며, 특별 관리가 필요한 핵심 리스크(공정 거래, 부패 방지, 경영 관리, 안전·환경, 품질, 정보보안, 무역 규제, 인사·노무, 회계·세무, 지식재산권 등 총 34개)를 선정하여 리스크 평가·관리 단계에서는 전사 준법 통제 체제 현황 확인, 유효성 평가 수행 및 대시보드 통해 취약점을 확인하고 대응하고 있다.

(6) 자동차·항공 부문

4차 산업혁명 시대의 친환경 Mobility 산업으로 전기차와 도심 항공(UAM; Urban Air Mobility)이 새로운 신성장군으로 주목받고 있다. 산업통상자원부 보도에 따르면, 우리나라 2024년 자동차 산업 수출은 708억 달러로, 2년 연속 700억 달러를 돌파하며 역대 두 번째로 높은 실적을 기록하였고, 친환경차 약 223억 달러(전기차, BEV 약 81억 달러) 수출을 하였다.

한편, 정부는 2030년대에 세계 7대 항공 강국 비전을 제시하면서 2021년부터 2030년까지의 항공 산업 육성을 위한 제3차 항공우주산업 발전 기본 계획(종합 10개년 기본 계획)을 발표하였다. 자동차 산업은 공정 자체가 에너지 집약적인 산업이고 내연기관 차량의 배출가스 감축이 가장 시급한 문제라서 전동화 전환 및 순환 경제 접근 등의 친환경적인 노력이 요구되며, 항공기 제조 산업은 항공유의 탄소 배출, 지속 가능 항공 연료, 운항 및 연료 효율성 향상에 기술적 한계 등 해결 과제를 안고 있는 상황이다.

자동차와 항공우주산업의 대표 기업인 현대기아, KAI(한국항공우주산업)의 DX, AI, ESG 융합 활동을 살펴보고자 한다.

☐ E: Environmental 환경

- 디지털 트윈 기반 배터리 관리로 에너지 사용 절감 (현대자동차)

현대는 AI, 머신러닝, 물리 모델 등이 종합적으로 구현된 고도의 데이터 통합 분석 모델의 디지털 트윈 기반으로 운전자의 충·방전과 운전 습관, 주차 및 주행 환경 등 차량별 정보를 종합 분석함으로써 배터리 수명을 재계산하고 배터리 수명 예측의 정확성을 높여가고 있다.

- 친환경 디지털 엔지니어링 기술 통한 제품개발 (KAI)

KAI는 '한국형 전투기 KF-21 보라매'의 개발 과정에서 디지털 엔지니어링 기술을 활용하여 사업을 성공적으로 추진하고 있다. KF-21 시제기 제작 과정에서 디지털 모델(CAD 3D)을 기반으로 '설계-생산-테스트-운영'까지 모든 과정을 디지털 방식으로 실행, 고객의 다양한 요구와 공동 개발 파트너까지 아우르며 비용을 획기적으로 줄이고, 품질과 일정 목표를 초과 달성하는 성과를 올렸다.

🟩 S: Social 사회
- 내부 정보 유출 방지 체계 수립, 전사 보안 로그 분석 환경 구축 (KAI)

KAI는 업무망·인터넷망 물리적 망 분리 실시, 문서 암호화 고도화, 외부 메일 첨부파일 암호화, EDR(Endpoint Detection and Response; 엔드포인트 위협탐지 및 대응), MDM(Mobile Device Management; 모바일 단말기 관리 시스템) 등의 보안 시스템을 구축하였고, 빅데이터 기반 전사 보안 로그 분석 환경으로 이상 징후 모니터링 체계를 구축하여 정보 유출 사고 예방을 위한 선제적 대응 체계를 수립하였다.

- 안전 보건을 위한 산업·재활 로봇 도입 (기아, 현대차)

현대기아는 작업자 신체 보호를 위한 산업용 착용 로봇(X-ble Shoulder), 위험한 작업 현장의 안전 점검을 위한 순찰 로봇 스팟(Spot), 보행이 어려운 이동 약자를 위한 의료용 착용 로봇 '엑스블 멕스(X-ble MEX)' 개발, 사용 중에 있다.

(7) 제약·바이오 부문

우리나라의 제약·바이오 산업은 COVID-19 팬데믹 이후 백신 및 치료제 개발, 바이오 의약품 생산 역량에서 많은 성과를 보여 주었으며, 글로벌 시장에서의 경쟁력과 존재감을 강화하고 있다. 특히 바이오 의약품 의탁개발생산(CDMO; Contract Development Manufacturing Organization) 분야에서 두각을 나타내고 있으며, 신약 개발에서도 전문 R&D인력이 충분치 않은 상황이지만 지속적으로 중요한 성과를 내고 있다.

인간의 생명과 건강에 직접적인 영향을 미치는 제약·바이오 산업에서 ESG는 단순한 규제 준수가 아닌, 기업의 장기적인 생존과 경쟁력을 좌우하는 필수 요소로 작용하고 있다.

한미약품과 삼성바이오로직스를 통해 DX, AI, ESG의 융합 사례를 살펴보고자 한다.

🟩 E: Environmental 환경
- 미래 신성장 동력, 디지털 헬스케어 확장 (한미약품)

한미약품은 끊임없는 R&D와 도전정신을 기반으로 혁신을 향해 나아가는 우리나라 대표 R&D 중심 제약 바이오 기업으로 매출액 대비 R&D 투자 비율(%)이 18년 19.0%, 20년 21%, 23년 13.8%로서 매우 높은 투자를 유지하고 있다. 현재, 주력 파이프라인 항암 분야에서 첨단 AI 기술을 활용해 신약 개발에 소요되는 시간과 비용을 대폭 절감하는 효과를 거두고 있다.

- 글로벌 스마트플란트 운영 (한미약품)

합성 의약품 팔탄 스마트플란트는 원료 입고부터 출하까지 전 공정에 최신 ICT(정보통신기술)가 적용돼 제조, 생산 과정의 90%가 자동화 시스템으로 구현, 가동되고 있다. 이를 바탕으로 고품질 의약품 생산과 글로벌 파트너사와 지속적 파트너십 관계를 유지하고 있으며, 선진 국가로부터 우수 의약품 제조 및 품질 관리 기준(GMP 인증; Good Manufacturing Practice)을 획득, 현재 세계 각국에 합성 완제 의약품을 수출하고 있다.

☐ S: Social 사회

- Life cycle 전반의 품질 경영 시스템 확대 운영 (한미약품)

한미약품에서 의약품 개발 단계에서부터 생산, 보관, 제조되는 모든 완제 의약품은 관련 원자재 입고, 시험, 출고, 반제품/완제품 제조, 중간 공정 시험(IPC, In-Process Control), 제품 시험, 라벨링 및 포장, 보관, 출하 및 유통까지 품질 시스템 내에서 관리되며, 유통 이후에도 안전성과 유효성 관점에서 지속적인 모니터링을 실시함으로써 유통되는 의약품의 Life cycle 전반을 엄격하고 철저하게 관리하고 있다.

한미약품에서 제조, 출하되는 모든 완제 의약품은 RFID Tag를 이용한 일련번호 지정(Serialization) 및 추적 기술 사용을 지원함으로써, 의약품 도난 및 위조 모니터링 체계도 갖추고 있다.

☐ G: Governance 지배구조

- 전 영역의 리스크 관리 시스템 운영 (삼성바이오로직스)

삼성은 전사 모든 영역의 리스크를 관리할 수 있는 사업 연속성 관리 시스템(BCMS, Business Continuity Management System)을 운영, PDCA(Plan-Do-Check-Act) 사이클에 따라 리스크를 체계적으로 예방/관리하고 있으며, 이를 통해 조직의 복원력과 연속성을 확보함으로써 안정적으로 의약품을 생산, 공급하고 있다.

(8) 건설 부문

사우디아라비아의 1조 달러 초대형 프로젝트인 네옴시티 사업에 국내 건설 선두 기업인 현대건설, 삼성물산이 핵심 프로젝트 '더 라인'(지하에 터널 뚫는 공사)에 참여, 공사 중에 있다. 우리의 토목건설 기술은 세계적으로 인정받고 있는 반면, 원부자재·인건비 상승과 경제적 불확실성 속에서 ESG 관련 여러 혁신적 변화와 도전 과제에 직면하고 있다.

특히 건설의 시멘트는 전 세계 탄소 배출의 약 8%를 차지할 정도로 환경에 미치는 영향이 매우 크며, 최근 AI, 빅데이터, AR 등 기술의 발달과 동시에 스마트 건설 안전 시장이 급격하게 성장하고 있어 친환경 설계, 저탄소 콘크리트, 폐기물 관리, 에너지 효율 건물, 안전한 건설 현장 등 스마트 기술 혁신과 안전사고 예방을 위한 건설의 디지털화가 요구되는 상황이다.

대표적인 기업, 현대건설의 지속 가능 경영보고서를 보면서 ESG 융합 사례를 살펴보고자 한다.

☐ S: Social 사회

- 재해 예측 AI 개발 통해 현장 안전 관리 (현대건설)

현대는 지난 10년간 수행한 프로젝트에서 수집한 3,900만 건 이상의 빅데이터를 활용하여 자체 개발한 재해 예측 AI(인공지능)를 통해 현장 안전을 관리하고 있다. 재해 예측 AI는 현대건설에서 진행 중인 국내 프로젝트의 재해 위험 정보를 매일 각 현장에 제공하는 시스템으로 유형별로 재해 발생 확률과 그에 따른 위험성 저감 대책을 도출하고, 이를 통해 현장소장 및 담당자는 작업 당일 이메일과 문자 메시지를 통해 재해 예측 정보를 받아 선제적 안전 관리를 수행하는 것이다.

또한, 사전 재해 예방과 현장 안전 관리 강화를 위해 AI와 IoT, 로보틱스, CCTV, 블랙박스, 바디캠 등 최첨단 기술을 활용한 스마트 안전 기술 도입을 통해 안전 모니터링 사각지대를 제거하고 있다. 이러한 활동을 통해 현대건설은 각 현장에서 수집한 안전 관련 정보를 지속적으로 디지털화하여 재해 예측 AI의 성능을 고도화하고 스마트에어백, 스마트 안전고리를 도입하여 스마트 안전 기술을 전사적으로 확대하고 있다.

- 건설업에 특화된 AI 영상 인식·분석 시스템 도입 (현대건설)

① 현대는 AI 영상 인식 기반 장비 협착 방지 시스템을 도입하여 AI로 사물·사람을 구분하여 중장비에 사람이 접근하였을 때만 알람을 제공, 작업자의 안전을 효율적으로 확보하여 기존 초음파 방식의 단점(사람과 사물을 구분하지 못해 불필요한 알람 발생)을 실질적으로 개선

② 또한, AI가 실시간으로 작업자와 건설 장비, 화재 위험 요소의 위치를 감지, 위험을 사전에 방지하는 '현장 CCTV 영상 분석 시스템'을 개발하여 현장에 적용하고 있다. 건설 안전 관련 법규 및 기준 관련 현장 안전사고 데이터 및 공사 현장의 다양한 영상 데이터를 활용한 학습을 수행하고 CCTV를 통해 송출되는 이미지를 AI가 실시간으로 분석하고, 건설 장비 및 신호수와 유도원을 동시에 인식해 장비와의 협착 사고 위험 거리를 감지하고 사전에 방지하도록 도와준다고 한다. 또한, 용접에 의한 화재 위험성 알림, 자세 추정 알고리즘에 기반한 위험 동작을 인식하여 작업장 내 안전을 철저히 관리

- 스마트 세이프티 볼(Smart Safety Ball) 활용 사고 예방 (포스코건설)

포스코는 질식 사고 예방을 위해 2018년부터 개발, 2021년 한동대학교, 노드톡스와 함께 테니스공과 비슷한 크기의 스마트 세이프티 볼을 세계 최초로 개발 성공하였다. 밀폐 공간에 투척하면 산소, 일산화탄소, 황화수소 등 3가지 가스 농도가 측정되어 스마트폰이나 태블릿 PC 등 전용 앱에서 실시간으로 확인, 위험 감지 시 사전에 등록된 동료 직원과 관리자에게 메시지와 함께 작업자의 위치 정보가 전달된다.

- 스마트 품질 관리 시스템 도입 통한 고품질 확보 (현대건설)

현대의 스마트 품질 관리란 AI, 빅데이터, 사물인터넷 등을 이용하여 현장 품질 관리 업무의 효율성을 극대화하는 시스템을 의미한다.

① 모바일 통합 품질 관리 시스템 Q-Pocket 개발/적용: 2021년 3월 국내 건설사 최초로 단순 반복 서류 업무를 디지털화로 현장의 공사 목적물 모니터링 및 품질 문제의 식별, 조치 등 관리 효율화로 실질적인 현장 품질 향상에 기여

② 콘크리트의 품질 문제 예방 시스템 인공지능인 Q-Con: 2022년 12월 개발하여 다년간 콘크리트 데이터를 축적해 온 결과로 콘크리트 품질 서류 검토를 자동화하고, 타

설 후 재령별 콘크리트 강도를 예측하여, 레미콘 공급사의 품질을 정량화함으로써 품질 수준을 측정

지금까지 제조 부문에서의 DX, AI, ESG 융합 사례를 살펴보았고, 이를 사례명 중심으로 요약 정리하면 다음 표와 같다. 산업 현장의 ESG 실무자와 경영진들께 ESG 융합 트렌드에 대한 간접 경험 기회를 제공하였으면 한다.

영역	산업	사례	기업
E	전자 부품	냉동 시스템 데이터 분석 기반 에너지 효율화	SK하이닉스
		친환경 공정가스 개발 진행	LG디스플레이
		배출 관리 시스템 고도화 통한 배출 최소화	삼성전자, SK하이
		AI 활용 생물 다양성에 대한 중장기 프로젝트 수행	SK하이닉스
	에너지	ESG Data의 IT 기반 시스템 관리	LG에너지솔루션
	철강	DX, AI 기반 스마트 팩토리, 디지털 트윈 추진	포스코, 동국제강
		빅데이터, AI 기반 친환경 기술 개발	동국제강
		자동 제어 및 가상 센서 개발 통한 에너지 절감	현대제철
	조선	2030 초격차 스마트 조선소 구축 프로젝트 추진	HD한국조선해양
		AI 기반 자율운항, 기관 자동화 솔루션 개발 주력	HD한국조선해양
		디지털 트윈 선박 플랫폼(HiDTS) 개발	HD한국조선해양
	석유화학	온실가스 감축 관리 체계 기반 저탄소 경영 내재화	LG화학
		전 과정 평가(LCA) 기반 탄소 배출 감소 전개	LG화학
		디지털 기반 Safe Factory 환경 안전 투자 강화	LG화학
	자동차	디지털 트윈 기반 배터리 관리로 에너지 사용 절감	현대자동차
		에너지 관리·제어 시스템 통한 에너지 소비 관리	기아
	항공	친환경 디지털 엔지니어링 기술 통한 탄소 배출 감축	KAI
	제약·바이오	미래 신성장 동력, 디지털 헬스케어 확장	한미약품
		글로벌 스마트플랜트 운영	한미약품
		대기오염 방지 시설에 사물인터넷(IoT) 설치	한미약품
	건설	통합 폐기물 관리 시스템 기반 폐기물 및 친환경 철거 관리	현대건설
		IoT 시스템 활용한 체계적인 소음과 미세먼지 관리	현대건설
		건설 R & D, 기술연구원 산하 '스마트건설연구실' 운영	현대건설

영역	산업	사례	기업
S	전자 부품	DX, AI 기반 안전 관리 패러다임 전환	SK하이닉스
		DX 인재 육성을 위한 산학 연계 교육 프로그램 운영	LG디스플레이
		지역사회 디지털 전문가 양성을 위한 교육 사업 전개	삼성전자
	에너지	AI 기술 접목한 품질 관리	포스코퓨처엠
		제품 안전/품질 관리 서비스 시스템 구축	LG에너지솔루션
		안전, 사고 예방 디지털 시스템 구축	에코프로비엠
		DT(Digital Transformation) 전문 인력 양성	포스코퓨처엠
	철강	안전로봇 도입 통한 산업 안전 보건 솔루션 제시	포스코
		메타버스 플랫폼 활용 통한 인재 육성	현대제철
	조선	안전 빅데이터 플랫폼 운영	HD한국조선해양
	항공	협력 업체와 상생하는 디지털 품질 생태계 구축	KAI
		내부 정보 유출 방지 체계 수립, 전사 보안로그 분석 환경 구축	KAI
		안전 보건을 위한 산업·재활 로봇 도입	기아, 현대차
	제약·바이오	Life cycle 전반의 품질 경영 시스템 확대 운영	한미약품
		1:1 화상 디테일 서비스, i-Hanmi	한미약품
	건설	재해 예측 AI 개발 통해 현장 안전 관리	현대건설
		건설업에 특화된 AI 영상 인식·분석 시스템 도입	현대건설
		스마트 세이프티 볼(Smart Safety Ball) 활용 사고 예방	포스코건설
		스마트 품질 관리 시스템 도입 통한 고품질 확보	현대건설
G	전자	리스크 관리 시스템 기반 준법 경영 전개	삼성전자
	철강	정보 보안 시스템 강화	포스코
	석유화학	지속 가능성을 위한 전사 위기 관리 역량 강화	LG화학
		컴플라이언스 프로그램 확대 운영	LG화학
	제약·바이오	전 영역의 리스크 관리 시스템 운영	삼성바이오로직스

2) 비제조 부문 트렌드

　금융, 정보통신, 서비스 등의 비제조 부문은 우리나라 GDP의 약 60%를 차지하고 있으며, 전체 고용 70% 이상의 일자리를 창출할 만큼 매우 중요할 역할을 하고 있다. 경제의 선진화와 함께 비제조 부문은 정보통신, 핀테크, 전자상거래 등은 AI와 빅데이터, 블록체인 등의 신기술과 결합하여 혁신을 이끌면서 디지털 전환의 중심에 있으며, 사회적 가치 창출과 지속 가능성에 대한 요구가 증가하고 있다. 비제조 부문에서의 DX, AI, ESG 융합 사례는 금융, 정보통신(IT), 물류·운송, 기타(유통,식품) 순으로 살펴보고자 한다.

(1) 금융 부문

　코로나19 이후 금융 서비스에 많은 변화가 진행되고 있다. 비대면 금융 서비스의 폭발적 성장, 모바일 결제와 간편 송금 서비스의 보편화, 오픈뱅킹 시스템 확산 등 빠른 인터넷 속도와 넓은 모바일 네트워크 기반으로 우리나라의 디지털 금융 서비스 위상이 높아져 가고 있다. ESG 측면에서는 2020년 K-택소노미(K-Taxonomy), 즉 한국형 녹색 분류 체계를 도입해 친환경 프로젝트에 대한 정의와 기준을 정립했고, 이에 따라 녹색 채권 발행이 늘고 있으며, 은행들은 태양광, 풍력 등 재생에너지 프로젝트에 대한 대출을 확대하고 있다.

　반면, 금융 포용성 관점에서는 중소기업이나 소외 계층에게 충분히 확산되지 못하고 있다. 중소기업들이 ESG 경영을 도입하기 위한 자금 조달이나 금융 혜택을 받기 어려운 구조라고 생각하며 이를 위한 실질적인 지원 방안이 더욱 구체적으로 필요한 시점이라고 본다. 2044년까지 내부 탄소 배출량 제로를 달성하고자 'Zero Carbon Drive'를 선언한 우리나라의 대표 금융기업인 신한금융 중심으로 ESG 융합 내용을 살펴보면 다음과 같다.

☐ E: Environmental 환경

- 데이터센터 에너지 절감 활동 전개 (신한금융)

　에너지 소비의 핵심 시설인 데이터센터의 '디지털 RE100'을 선언한 가운데 DX 기반 옥상 태양열 설비, 태양관 발전 설비, 냉각 효율 제고, 건물 에너지 관리 시스템(BEMS)을 전개하고 있다.

☐ S: Social 사회

- 디지털 금융 서비스 확대 통한 고객 감동과 접근성 확대 (신한금융)

① AI를 활용한 초개인화 서비스 확대 일환으로 AI 데이터 분석을 통해 비대면 고객 자산 진단, 고객 맞춤형 금융 상품을 제안

② 신한은행 메타버스 시나몬: 가상화폐인 추러스를 활용, 적금/투자/청약 등 금융 상품에 대한 직접 체험 기회를 제공

- 디지털 금융 서비스 고도화를 통한 고객 만족도 제고 (신한금융)

신한은행, 신한카드, 제주은행은 AI 음성봇 및 멀티모달(Web View를 활용한 업무 채널) 기반의 ARS 적용, 상담 제공, 결제 내역 안내, 분실 신고 및 해제, 카드 발급 심사, 그 외 '제주 방언 사전', '제주도민 추천 맛집' 등 각 업체별 고객 맞춤형 솔루션을 제공하고 있다.

☐ G: Governance 지배구조

- AI 활용 금융 사기 예방 통한 금융 소비자 보호 (신한금융)

신한은 'Anti-피싱 스마트 3.0'을 발표하면서 보이스피싱 의심 거래와 사기 계좌에 대한 탐지 및 모니터링 성능을 강화하고 있다. ATM에도 AI를 도입하여 고객의 이상 행동이 포착된 경우 본인 인증을 확인하고 있다. 또한, 시나리오 및 AI 탐지로 전자금융 FDS(이상거래분석시스템)을 정교화하여 전자 금융 채널에서의 이상 금융 거래를 탐지하고, 추가 인증을 요구하거나 거래를 차단하여 소비자를 보호하고 있다. 이외, 신한카드는 디지털 솔루션(RPA 등)을 활용한 고객 확인 필수 서류 검증 자동화 프로세스를 신설하여 고객확인 정책을 강화하고 있다.

(2) 정보통신(IT) 부문

인터넷, 스마트폰에 이어 2022년부터 새로운 기술 혁신 패러다임과 산업 생태계를 바꿔 가고 있는 생성형 AI 시대가 펼쳐지고 있다. 우리나라를 대표하는 IT 기업인 네이버와 카카오는 플랫폼 기반 비즈니스 모델하에서 검색엔진, 쇼핑, 웹툰, 블로그, 메신저, 핀테크 등 다양한 분야에서 경쟁력을 갖추고 있으나, 글로벌 시장 확장은 여전히 풀어 나가야 할 과제이다.

ESG에서는 클라우드 데이터센터 에너지 효율과 탄소 배출 저감, 중소기업 및 노령층에 대한 디지털 격차 해소, 개인정보 보호 및 보안 문제 해결, 지배구조 투명성 등이 비중 있게 다뤄지는 주요 이슈들이다.

네이버의 지속 가능 경영보고서 바탕으로 ESG 융합 내용을 살펴보고자 한다.

☐ E: Environmental 환경

- 친환경 데이터센터 에너지 효율화 추진 (네이버)

네이버 데이터센터인 '각 춘천'과 '각 세종'은 건설 단계에서부터 자연환경에 미치는 부정적 영향을 최소화하기 위해 자연 바람을 활용한 친환경 기술을 접목한 최첨단 데이터센터이자 테크 컨버전스이다. 특히 2023년 준공된 '각 세종'은 각 춘천에서부터 쌓아온 10년 이상의 경험과 노하우가 반영된 3세대 공조 시스템을 적용하여 기후 환경에 따라 직접 외기와 간접 외기를 선택적으로 사용할 수 있는 하이브리드 냉방 시스템 기반 데이터센터로 냉방 에너지를 획기적으로 절감하게 되었다.

이와 더불어, 네이버는 AI 기반의 디지털 문서화 서비스를 통해 탄소 배출량을 1,472톤 감축하는 성과를 내었다.

☐ S: Social 사회

- AI 기반 개인정보 및 사이버 보안 시스템 강화 (네이버)

AI 이미지 기술 적용한 유해 게시물 차단 프로그램(CLOVA Green-eye)과 서비스 보안 점검 프로세스(NB3Roker)를 강화 중이다.

- AI 기술 접근성 제공 통한 사회 공헌 활동 확대 (네이버)

① 베리어프리 웹툰: 장애나 언어 등 장벽 없이 누구나 웹툰을 창작하고 감상할 수 있는 환경 구축을 위한 AI 기술을 활용하고 있다. AI 기술을 통한 전맹 및 시각장애인 사용자를 위한 웹툰 대체 텍스트 제공 (예시: 웹툰 이미지 정보 → 텍스트 변환 → 청각 정보로 변환하여 웹툰 감상 지원)

② 프로젝트 꽃: SME·창작자 역량 증진 목적으로 2016년 론칭 이래 SME 및 창작자들의 온라인 비즈니스와 자금 융통을 획기적으로 돕는 다양한 솔루션을 제공해 오고 있다.

AI 관련 주요 성과로는 2017년 AiTEMS(AI 상품 추천 서비스), 2018년 AiRSPACE(AI 장소 추천 서비스), 2021년 웹툰 AI 파인더(창작자 보조 AI 채색툴), 2023년 네이버 AI RIDE(SME 의 AI 기술 접근성 제고 프로그램) 등 다수의 솔루션 Use case가 있다.

(3) 물류·운송 부문

코로나19 팬데믹의 여파로 비대면 이커머스 확대, 국제적 분쟁에 따른 공급망 리스크 대두, 불확실한 경제 전망 가운데서도 효율성과 생산성을 요구하는 물류·운송 경쟁 심화 등 여러 이슈가 최근 물류·운송 산업에서 제기되어 오고 있다.

대응 방안으로서 데이터와 자동화 기반의 스마트 물류 및 디지털화, 경로 최적화를 통한 에너지 절감 등의 디지털 기술을 활용한 물류 혁신이 자주 언급, 논의되고 있는 상황이다.

국가 간 물류 네트워크와 공급망이 상호 의존적이며 다이내믹하게 전개되고 있는 물류·운송 부문에서는 물류·해운·유통 사업에 참여하고 있는 현대글로비스, 글로벌 해운선사 팬오션과 여객·화물·우주항공 사업에 참여하고 있는 대한항공의 지속 가능 경영보고서를 통해 ESG 융합 사례를 살펴보고자 한다.

☐ E: Environmental 환경

- 최첨단 기술과 빅데이터 기반 스마트 물류 사업 전개 (현대글로비스)

현대는 생산지부터 최종 소비자까지의 공급망 관리(SCM) 전 과정을 DX 기반 자동화하고 무인화하여 고객들에게 더욱 효율적이고 신속한 서비스를 제공하고 있다. 물류센터에서 고객의 산업 특성을 고려한 맞춤형 자동화 시스템을 구현하고, Middle Mile에서는 디지털 기반의 업무 자동화를 통해 미래 운송 시장에 대비하고 있으며, Last Mile에서는 무인 배송 솔루션을 제공하여 고객들에게 보다 편리하고 혁신적인 서비스를 제공하고 있다.

- 체계적 연료 관리 통한 온실가스 배출량 감축 (대한항공)

대한항공은 비행을 준비하는 단계부터 항공기 운항 중량에 대한 정확한 예측을 통해 운항 중량 편차 발생을 최대한 억제하고, 항공기 안전에 영향을 미치는 제반 요소에 대한 정밀한 분석 결과를 토대로 가장 안전하고 경제적인 최적의 대체 공항을 선정하는 등 불필요한 추가 연료 탑재를 최소화하고 있다. 실제 비행 과정에서도 각 운항 단계별로 다양한 경제 운항 절차를 운영하며 연료 소모를 절감하고 있다. 이를 통해 2023년 한 해 동안만 탄소 배출량 약 25만 7,000톤을 절감하는 실적을 달성하였다.

- 선박 운항 최적화 및 자율 운항 디지털 솔루션 확대 (팬오션)

글로벌 해운선사 팬오션도 선박 운항 자체 관제 센터인 Fleet Operation e-Center를 통해 선박의 위치, 속도, 경로, 연료유 소모량 등 선박별 데이터를 실시간 모니터링하며 육해상 양방향 소통을 원활하게 하고 운영 비용(OPEX)을 절감하고 있으며, 해당 데이터들을 이용해 최적 항로를 도출하고 안전사고 예방 및 즉각적인 초동 대응이 가능한 체계를 운영하고 있다.

S: Social 사회

- 스마트센서 등 스마트 안전 시설 투자 전개 (현대글로비스)

현대는 안전한 사업장 환경을 조성하기 위해 스마트 안전 시설에 적극적으로 투자하고 있다. KD(Knock-Down, 반조립 제품) 및 물류센터 사업장 내 자동화 설비 작동 구역에 라이트 커튼, 인체 감응형 센서, 투수광 센서를 적용하여 로봇이 작동하고 있을 때 근로자가 접근하면 로봇이 이를 자동으로 감지하여 작동을 중지할 수 있게끔 하였고, 철강 물류센터에는 3차원 영상 센서를 설치하여 무인 크레인 작동 중 근로자가 위험 구역에 접근할 시 센서가 이를 식별하고 자동으로 경보를 울리며 크레인 작동을 중지하도록 조치하였다.

- 자동화 기반 안전 운항 관리 강화 (대한항공)

항공 안전 분야, 예측 정비 분야, 연료 관리 분야 등 단순 반복 항공의 핵심적인 기술 분야에서 보다 효율적으로 비행 자료를 제공할 수 있도록 RPA(로봇 공정 자동화)를 구축하였다.

- DX 시대 적합한 인력 양성 교육 확대 운영 (현대글로비스)

현대는 성공적 스마트 물류 사업 전개를 위해 'DT 컬리지'를 개설, 운영하고 있다. 임직원을 대상으로 AI 리더 과정, 인공지능 활용 프로세스의 이해, 파이썬 활용 데이터 분석 실무 등 관련 교육 프로그램을 제공하여 사업부 과제를 해결하였다고 한다.

☐ **G: Governance 지배구조**

- 고객 피드백 데이터(NPS)를 활용한 고객 서비스 개선 (대한항공)

대한항공은 기내 식사 옵션, 엔터테인먼트, 항공편 운항 등의 서비스를 실시간 조정하기 위해 AI 기반 고객 경험 플랫폼(NPS, Net Promoter Score)을 도입하여 고객 서비스 문제점을 파악하고 전반적인 서비스 품질을 개선하고 있다. 고객 관계 관리에 AI를 통합하면 거버넌스 투명성에 있어 분명한 이점이 있음을 보여 주는 사례로 판단된다.

(4) 기타: 유통, 식품 부문

최근 국내 유통업은 디지털 전환과 소비자 트렌드 변화, ESG 경영 확산 등을 중심으로 큰 변화를 겪고 있다. 특히 코로나19 팬데믹 이후 대형 전자상거래 플랫폼들을 포함하여 온라인 유통의 급성장이 눈에 띄며, AI 기반의 물류 자동화와 고객 맞춤형 서비스 제공, 대형 유통사들의 오프라인 매장과 온라인 플랫폼의 유기적 연계 통한 옴니 채널 마케팅 전개 등 다양한 비즈니스 모델 전환이 전개되고 있다.

ESG 관점에서는 친환경 포장 및 물류, 협력사와의 상생 관계, 공정 거래 등의 이슈들이 회자하고 있다. 이러한 상황 속에서 유통 업체들은 디지털 기술을 바탕으로 빠르게 변화하는 소비자 요구에 전략적 대응을 해 오고 있다. 대표적인 예시로 쿠팡은 디지털 자동화 시스템 기반의 자체 E2E(End to End) Fulfilment 서비스 체계를 구축하였고, 이를 통해 유통 단계를 간소화하고 종이박스 없는 재사용 가능한 프레시백을 활용하여 지속 가능 성장 기반을 확고히 하고 있다.

또한, 식품 업계도 최근 몇 년간 다양한 변화와 혁신을 겪고 있다. 건강한 식품에 대한 수요가 급증하면서 소비자들은 자신의 건강뿐만 아니라 환경에 대한 책임감을 느끼기 시작하면서 지속 가능한 웰빙 식단을 추구하는 소비자들이 증가하고 있다. 이러한 소비자 트렌드는 식품 업체들에게 식품 안전관리 차원에서 원재료의 추적과 인증, 생산 과정의 투명성을 요구하는 등 주요 이슈로 대두되고 있어 많은 식품 업체가 블록체인 기술 도입, 스마트 공장 확산, 데이터 분석을 통한 품질 관리, AI 활용한 소비자 성향 분석 등 여러 방면에서 노력하고 있다. 국내 유통과 식품 산업의 주요 변화를 고려하면서 대표적인 기업들의 DX, AI, ESG 융합 사례를 마지막 순서로 아래와 같이 살펴보고자 한다.

🟢 E: Environmental 환경

- 물류 단계 시스템 기반 온실가스 감축 추진 (롯데하이마트)

롯데는 물류 단계에서 시스템 기반 배차 경로 고도화 및 배차 업무 효율화를 통해 온실가스 감축 노력을 계획하고 있다. 기존의 직선거리 기반 배송 경로 설정 방식에서 운송관리 시스템을 통해 파악한 실제 운행 경로 기반 배송 경로 설정 방식으로 개선하여 비효율성을 방지하고 불필요한 탄소 배출을 줄이는 노력을 하고 있다.

- DX 기반 기후 변화 대응의 환경 경영 전략 전개 (오뚜기)

① 오뚜기는 Life Cycle Thinking 기반의 환경 경영 전략 활동의 일환으로 라면 제품의 LCA(Life Cycle Assessment, 전 과정 평가) 인증을 최초 획득, 향후 오뚜기 제품 LCA 인증 품목을 확대 계획

② 삼남공장 EnMS(Energy Management System, 에너지경영시스템)을 구축. 유틸리티 사용량을 실시간으로 확인, 낭비 요소를 발굴하는 데이터 기반의 효율적인 에너지 관리를 추진

🟢 S: Social 사회

- DX 기반 개인정보 보호 관리 중장기 추진 체계 (현대홈쇼핑)

현대홈쇼핑은 개인정보 보호 관리 관련 3개년 계획을 추진 중에 있다.

① 2024년: 클라우드 기반 개인정보 보호 관리 체계 마련
② 2025년: 클라우드 기반 개인정보 보호 관리 체계 강화
③ 2026년: AI 기반 개인정보 보호 관리 체계 구축

- 데이터 경영 기반 DX 추진 및 임직원 역량 강화 (오뚜기)

오뚜기는 데이터 중심 의사 결정과 운영 효율성을 개선하기 위한 디지털 전환 이니셔티브를 구현했다. 단순 반복 업무 자동화 통한 운영 간소화를 위해 RPA(Robotic Process Automation)와 같은 AI 기술을 적용, 2023년 제2회 RPA 경진대회를 실시하여, 291개의 업무 자동화를 구현하고 연간 3만 8,755시간의 단축 성과를 만들어 냈다.

지금까지 비제조 부문에서의 DX, AI, ESG 융합 사례를 살펴보았고, 이를 사례명 중심으로 요약 정리하면 다음 표와 같다. 산업 현장의 ESG 실무자와 경영진들께 ESG 융합 트렌드에 대한 간접 경험 기회를 제공하였으면 한다.

영역	산업	사례	기업
E	금융	금융 배출량 관리 체계 구축 통한 기후 변화 적극 대응	신한금융
E	금융	데이터센터 에너지 절감 활동 전개	신한금융
E	정보통신	친환경 데이터센터 에너지 효율화 추진	네이버
E	정보통신	친환경 이커머스 생태계 확대	네이버
E	물류·운송	최첨단 기술과 빅데이터 기반 스마트 물류 사업 전개	현대글로비스
E	물류·운송	체계적 연료 관리 통한 온실가스 배출량 감축	대한항공
E	물류·운송	선박 운항 최적화 및 자율 운항 디지털 솔루션 확대	팬오션
E	유통·식품	물류 단계 시스템 기반 온실가스 감축 추진	롯데하이마트
E	유통·식품	DX 기반 기후 변화 대응의 환경 경영 전략 전개	오뚜기
S	금융	디지털 금융 서비스 확대 통한 고객 감동과 접근성 확대	신한금융
S	금융	디지털 금융 서비스 고도화를 통한 고객 만족도 제고	신한금융
S	정보통신	AI 기반 개인정보 및 사이버 보안 시스템 강화	네이버
S	정보통신	IT 기술 윤리 강화 및 정보 격차 개선	네이버
S	정보통신	AI 기술 접근성과 교육 제공 통한 사회 공헌 활동 확대	네이버
S	물류·운송	스마트센서 등 스마트 안전 시설 투자 전개	현대글로비스
S	물류·운송	디지털 기반 안전 운항 관리 강화	대한항공
S	물류·운송	DX 시대 적합한 인력 양성 교육 확대 운영	현대글, 팬오션
S	유통·식품	생산 이력 관리 시스템 통한 제품 관리	오뚜기
S	유통·식품	DX 기반 개인정보 보호 관리 중장기 추진 체계	현대홈쇼핑
S	유통·식품	데이터 경영 기반 DX 추진 및 임직원 역량 강화	오뚜기
G	금융	AI 활용 금융 사기 예방 통한 금융 소비자 보호	신한금융
G	금융	자금 세탁 방지 위험 평가 및 모니터링 통한 윤리 준법 경영	신한금융
G	금융	금융 시스템 리스크 관리 강화	신한금융
G	물류·운송	고객 피드백 데이터(NPS)를 활용한 고객 서비스 개선	대한항공
G	물류·운송	시스템 기반 정보보호 및 리스크 관리 강화	현대글로비스
G	유통·식품	디지털 기반 공정 거래 위반 사전 예방 활동 전개	BGF리테일
G	유통·식품	다크웹 이슈 대응 체계 통해 개인정보 보호	오뚜기

4. DX 기반 AI, ESG 융합 트렌드에 대한 시사점

현재 우리가 살아가는 4차 산업혁명 시대의 주요 특징은 '초연결성, 초지능화, 자동화와 융합화'라고 볼 수 있다. 최근 생성형 AI 확산을 통해 그 특징들이 더욱 두드러지고 있다. 이러한 특징들은 사회적, 경제적 산업 지도를 바꿔가고 있을 뿐만 아니라 환경 변화에 대한 대응, 사회적 책임, 그리고 투명한 지배구조와 윤리 경영을 추구하고 있는 기업의 ESG경영 활동에도 빠르게 접목되어, 우리는 기업의 지속 가능 경영보고서에서 DX 기반 AI, ESG 융합 사례들을 확인할 수 있었다.

끝으로, 필자는 이러한 기업들의 ESG 융합 사례의 유형들을 리뷰하면서 기업들이 적용하고 있는 공통적인 ESG 융합 개념과 핵심 요소들을 도출하고 이것을 통해 향후 지속 가능 경영에서 무엇을 어떻게 준비하고, 대응해야 될지를 정리하고자 한다.

1) Environmental 영역에서의 ESG 융합 유형

(1) 데이터 분석 기반 에너지 효율화·자원 최적화 제고

다수의 기업이 각 생산 공정의 데이터를 체계적으로 수집하고, 가공하고 분석하여 의미 있는 정보와 패턴을 추출하여 비효율적인 요소를 제거하고 최적의 생산 경로를 찾아내어 최소의 자원 투입과 최대의 효과를 찾아내고 있다.

반도체 Fab 공조 내의 냉동 시스템 데이터 분석을 통해 에너지 절감을 위한 최적의 냉동 운영 방안을 도출(SK하이닉스), 건설 현장별 폐기물 종류별 발생량을 실시간 집계, 비용을 분석·관리(현대건설), 해운 선박별 데이터를 실시간 모니터링하고 분석하여 최적 항로 도출하고, 안전사고 예방 및 운영 비용을 절감(팬오션), B2C 물류 단계에서 데이터 기반 운송관리 시스템을 통해 배차 경로 고도화 및 불필요한 탄소 배출 절감(롯데하이마트) 등이 있다.

사업장에서 사용할 수 있는 의미 있는 기초 데이터 축적 및 이를 위한 데이터 경영 마인드가 ESG 융합의 시발점이라고 본다. 많은 기업이 DX를 진행하고 있는데 필자의 현장 경험상 성공적인 DX의 기본 요소는 신뢰할 수 있는 내부 데이터 정비와 축적이라고 본다.

(2) 스마트 팩토리, 디지털 트윈 활용으로 자원 절감·최적 의사 결정 지원

실시간 데이터 공유·초연결을 바탕으로 구축되는 스마트 팩토리와 디지털 트윈은 기업의 DX 시스템 내재화가 일정 수준 도달하였음을 전제로 한다.

제철소에서 실시간 데이터로 생산 조건을 시뮬레이션하고 다양한 상황을 검증하여 생산 공정 최적화 및 최적 의사 결정을 지원(포스코, 동국제강), 가상의 사이버 공간에서 실제 선박의 해상 시운전 상황과 동일한 환경을 구현하여 시운전 기간과 비용을 절감(HD한국조선해양), 운전자의 충·방전과 운전 습관, 주차 및 주행 환경 등 정보를 종합 분석함으로써 에너지 절감의 배터리 수명 관리(현대자동차), 의약품 원료 입고부터 출하까지 전 공정에 최신ICT(정보통신기술)를 적용, 제조 과정의 90%가 자동화되어 고품질 의약품을 생산(한미약품) 등이 있다.

성공적인 스마트 팩토리와 디지털 트윈을 위해서는 기본적인 데이터의 통합 관리뿐만 아니라 AI 머신러닝과 같은 기술 전문 인력이 필요하며, 조직 간 협업 및 변화 관리할 수 있는 조직 문화와 운영 체계가 필수적 요소이기에 중장기 단계별 추진 계획 수립 및 리더들의 실행 의지가 무엇보다 중요하다고 본다.

(3) DX 기술(AI, IoT, 3D 등) 활용 친환경 생산성·효율성·개발력 제고

기업의 operation 경쟁력을 확보하기 위해서는 DX 기술의 접목은 필연적이며, 이를 얼마나 자사 사업 환경에 맞게 스마트하고 효과적으로 활용할 것인가가 중요한 요소이다.

제철 부문에서 온실가스 배출 관련 핵심 설비인 고로 공정의 열풍로 효율 개선의 연료량·연소 자동 제어 시스템 개발 및 AI 머신러닝을 활용, 코크스로의 노온 예측 가상 센서를 개발하여 공급 열량을 절감(현대제철), AI 기반 해운선박의 자율 운항, 선박 엔진 기계의 실시간 모니터링 및 고장 예방 유지 관리를 통한 에너지 절감(한국조선해양), 자동차 생산에서 에너지 사용량 제어기술 활용(기아), 한국형 전투기 KF-21 개발 시 CAD 3D 모델 활용(KAI), IoT 시스템을 통한 건설 현장 소음 관리(현대건설), 비행을 준비 단계에서 운항 중량 예측을 통한 연료 절감(대한항공) 등이 있다.

특히 비제조 부문에서는 AI 기반 스마트 자동화 물류·배송 추진에 집중하고 있다. 생산지부터 최종 소비자까지의 공급망 관리(SCM) 전 과정을 DX 기반 자동화하고 무인화하여 고객들에게 더욱 효율적이고 신속한 서비스를 제공하고 있으며(현대글로비스), 친환경 이커머스 생태계 확대 차원에서 자체 AI 기술과 외부 업체(SK에너지)와의 협약 통해 미래 도심형 Fulfillment센터(MFC) 준비를 하고 있으며(네이버), 물류 단계에서부터 최적 배송 권역에 따른 배차 자동화 시스템을 도입하고 있다(롯데하이마트).

효과적인 DX 기술 접목을 위해서는 기업의 비즈니스 모델에 적합한 DX 비전과 DX 추진 전략이 선결 과제이며, DX 인프라(프로세스, 데이터, 네크워킹, 클라우드 등)와 AI 기술 역량 확보를 위한 중장기 투자가 병행되어야 한다고 본다.

(4) 지속 성장 가능의 미래 친환경 스마트 기업 비전 제시

다수의 기업들이 지속 가능 경영보고서에 기업 비전과 더불어 미래 성장 전략의 청사진을 제시하고 있으며, 이를 통해 지속 가능 성장의 모습을 이해관계자들에게 전달하고 있다.

조선 부문에서 '2030 초격차 스마트 조선소 구축'의 메시지를 선언하면서 새롭게 변신, 도약하는 로드맵을 제시(현대조선해양), 제약 바이오의 미래 신성장 동력, '디지털 헬스케어' 확장 계획을 제시(한미약품), 최첨단 기술과 빅데이터 기반 '스마트 물류 사업'의 구체 활동·계획을 발표(현대글로비스) 등이 있다.

이러한 메시지 전달과 더불어, 다수 기업은 DX 기술이 미래의 혁신 기술임을 명확히 표명하고, 이에 대해 실행 체계로 기업 R & D 연구소 내 DX 기술 개발 조직도를 제시해 주고 있다(LG에너지솔루션, 현대건설).

지속 가능 경영보고서에서 비전과 성장 전략을 제시하는 것은 단순한 보고서 작성 이상으로, 지속 가능성을 경영 전략의 중심으로 삼아 기업의 장기적인 발전과 이해관계자들과의 신뢰 구축을 목표로 하고 있음을 의미한다고 볼 수 있다. ESG와 경영 전략의 통합, 미래 친환경 지속 성장에 대한 차별적 의지 표명, 투자자 유치 촉진 및 규제 변화에 대한 선제적 대응 등의 의미를 내포하고 있다고 판단되며, 이러한 접근은 매우 고무적이며 적극적인 ESG 소통 자세라고 생각된다.

(5) DX 기반 환경 대응 관리 체계 구축·운영 통한 친환경 경영 내재화

ESG 탄소중립은 지속적인 온실가스 배출 감축과 에너지 효율성 제고의 개선 활동에 초점을 두고 있기에 단기적인 1회성 성과 창출이 중요한 것이 아니고, 그러한 지속적인 개선 활동을 해 나갈 수 있는 ESG 운영 체계가 핵심이다.

국내외 생산 제품 100%에 대해 전 과정 평가(LCA)를 구축하여 제품 탄소발자국 관리 시스템을 운영, 온실가스 데이터 현황화를 추진(LG화학), 반도체의 전 과정 평가(LCA)를 통해 제품 탄소발자국을 자동화 시스템 통해 산출(삼성전자), 구매 시스템과 연계, 온실가스 Scope3를 포함한 가치사슬 배출량을 자동 산출하여 동종 업계 기업과의 배출량 비교 분석(SK하이닉스). 또한, 건설 폐기물 관리 시스템을 고도화하여 폐기물을 실시간 현황 파악(현대건설), 금융에서는 국내 최초 금융 배출량 측정 시스템을 개발하여 시뮬레이션 시스템과 병행하여 포트폴리오의 금융 배출량을 측정, 분석, 전략 수립 등의 체계적 관리(신한금융)가 있다.

기업은 데이터 기반의 의사 결정과 지속적인 환경 대응 관리 시스템 개선을 통해 ESG 목표와 경영 전략을 통합하여 장기적인 친환경 성과를 창출해 나가야 한다.

(6) 디지털 환경·안전 투자 통한 Operation 경쟁력 제고

위에서 언급한 여러 사항들(데이터 경영, DX 기술 개발, 친환경 미래 비전 제시, 친환경 대응 관리 체계)이 제대로 작동되기 위해서는 ESG 융합 활동들을 실행할 수 있는 인프라 투자가 함께 병행되어야 한다.

디지털 기반 Safe Factory 환경·안전을 위해 폐가스 소각 설비의 이상을 사전 예측하기 위해 자동화 모델 구축 투자(LG화학), 친환경 설계부터 운영까지 고려한 최첨단 테크 컨버전스라 불리는 친환경 데이터센터 구축(네이버), DX 기반 옥상 태양열 설비, 태양관 발전설비, 냉각 효율 제고, 건물 에너지 관리 시스템(BEMS)을 전개(신한금융), 스마트 물류 인프라(자동화) 경쟁력 확보를 위해 보스턴 다이내믹스에 지분 투자(현대글로비스)가 있다.

DX 기술과 인프라 투자는 ESG의 융합 활동들을 가능케 하는 필수 조건이지만, ESG 목표와 DX 전략의 포괄적인 비전 설정, 투명한 ESG 성과 측정과 보고 시스템과의 병행, 투자 최적화 및 성과 극대화를 위한 내부 인적 자원에 대한 역량 강화가 선결 혹은 함께 진행되어야 될 중요한 사안임을 기억해야 한다.

2) Social 영역에서의 ESG 융합 유형

(1) AI, 로봇 기반 안전 혁신 및 안전 관리의 디지털화

기존 사람에 의존한 안전 관리의 패러다임에서 이제는 AI·로봇 기술을 활용하여 작업 환경이나 공정에서의 위험 요소를 사전에 예측하고, 실시간으로 안전을 관리하는 시스템 체계로 전환되고 있다. 제조업이나 물류업 등에서 안전사고를 예방하고, 근로자의 안전을 보장하는 데 매우 효과적으로 사용된다.

반도체 고위험 공정 내 4족 보행 로봇을 투입하여 무인 순찰 체계 구축, 위험의 사각지대(인적이 드문 지역 침입, 쓰러짐, 추락, 화재)에 대한 객체 탐지, 행동 판단 기반의 AI 영상 분석 모델을 학습시키는 'Safety Vision AI', IoT 센서를 통한 유해 화학물질 접촉확률 최소화(SK하이닉스), 고위험 시설인 코크스 오븐도어 밀폐화에 다관절 로봇 투입, 원료 이송 컨베이어 벨트 위에 마이크·카메라·열화상 가스 탐지기 등이 설치된 로봇(스마트 와이어볼) 투입(포스코), 자동차 생산에 직접 참여하여 작업자 팔, 어깨 등의 근육을 지지해 주는 산업용 어깨 보조 착용 로봇(X-ble Shoulder)과 의료 재활 로봇(현대자동차), 재해 예측 AI 개발을 통해 현장 안전 관리 및 건설업에 특화된 AI 영상 인식·분석 시스템으로 사물·사람을 구분하여 알람을 제공 등(현대건설) 디지털화 기반에서의 성공적인 안전 관리를 위해서는 사전에 작업 환경에 대한 정확한 위험 분석 및 평가, 안전 규제 및 산업 표준에 맞는 시스템 설계, 지속적인 모니터링과 유지 보수 운영 체계가 필요함을 고려해야 한다.

(2) 시스템 기반 스마트 품질 관리 및 제품 관리

전통적인 품질 관리 방식에서 벗어나, AI, IoT, 빅데이터 등을 활용해 제조 공정과 제품 품질을 실시간으로 모니터링하고 자동으로 품질 관리하는 체계가 확산되고 있다. 데이터와 자동화 기술을 통해 생산성과 품질을 동시에 개선하는 것이다.

이차전지 양극재 공장에서 Saggar(용기)의 자동 판정 AI 모델 적용하여 불량품에 대한 자동 교체(포스코퓨처엠), 협력 업체 업무의 전산화/자동화를 지원하여 항공우주방산 산업체 공통의 통합 품질 관리 시스템 구축 준비(KAI), 의약품 원자재 입고, 시험, 출고부터 제조, 유통까지 품질 관리 시스템에서 관리하고 유통 이후에도 제품 추적이 가능한 제품 관리 체계 운영(한미약품), 국내 건설사 최초로 모바일 기기 사용, 현장의 목적물 모니터링 및 품질 문제의 식별, 조치로 현장 품질을 향상(현대건설), 식품 업체에서도 생산에서 고객 전달 이전까지의 전 단계 제품이력 추적 가능한 통합 관리 시스템 운영(오뚜기) 등이 있다.

성공적인 스마트 품질 관리의 선결 과제로 데이터 인프라 구축, 기존 시스템(MES, ERP 등)과의 연계 및 통합, 지속적인 기술 업그레이드 및 스마트 품질 관리의 정기적 도입 효과를 점검하여 실효성을 파악해야 한다. 특히 시스템이나 장비 투자 이후 편의성이 떨어져 사용하지 않는 불행한 경우가 발생치 않도록 유의해야 한다.

(3) DX 인재 육성 및 지역사회 디지털 교육 통해 AI 기술 접근성 지원

기업과 조직이 디지털 전환을 성공적으로 추진하기 위해 필수적으로 수행해야 하는 과정이 DX 인재 육성이다. DX 체계를 잘 구축하였더라도 이를 운영하고 선도해 나갈 내부 인력들이 충분치 않다면 전혀 실효성이 없는 상황이 발생된다. 인적 자본의 중요성은 두말할 필요가 없는 사안이라고 본다.

연세대 인공지능 대학원과 협업으로 'LG Display AMP' 과정 운영을 통해 실무 활용 가능한 AI·빅데이터 분석 역량 강화(LG디스플레이), 다수의 기업이 DX 역량 강화를 위해 전문 인력 양성 과정을 운영(포스코퓨처엠, 현대제철, 현대글로비스, 팬오션, 오뚜기 등) 등이 있다.

한편, 사내 인력 양성뿐만 아니라 지역사회 혹은 소외 계층에 대한 DX 전문 인력 양성 교육을 통해 DX, AI 기술 접근성 기회와 전문가로의 성장 기회를 제공(삼성전자, 네이버) 등 어느 교육 과정과 마찬가지로 직무별 맞춤형 교육 설계(개발자, 데이터 분석가, 생산 관리자 등), 조직 내 디지털 마인드셋 확립(DX필요성 이해)과 동기 부여, 지속적인 학습 지원과 성과 평가 및 역량 개발 경력 관리 로드맵 등이 제시되어야 실질적인 교육 성과를 거둘 수 있을 것으로 본다.

위에서 언급한 Social 영역에서의 ESG 융합 유형 이외에도 다수의 금융 업체 중심으로 고객 데이터 기반, AI 기술 활용, 그리고 초개인화(Personalization) 솔루션 바탕으로 맞춤형 금융 서비스 제공 및 소외 계층에 대한 금융 접근성 향상을 위해 노력하고 있다.

3) Governance 영역에서의 ESG 융합 유형

(1) AI 기술 활용 개인·기술 정보 보호 및 사이버 보안 강화

다수의 기업들이 기존의 수동적인 보안 시스템을 넘어 AI 기술을 활용하여 개인 데이터를 암호화하고 사용자 정보 유출 혹은 오용되는 것을 방지하고 있으며, 실시간으로 네트워크 트래픽 모니터링, 위협 탐지, 자동 대응 등의 기능을 통해 사이버 보안을 더욱 강화하고 있다.

빅데이터 기반 전사 보안 로그 분석 바탕 이상 징후 모니터링을 통해 정보 유출 사고 예방체계를 구축하면서 업무망·인터넷망 물리적 망분리, 문서 암호화 고도화, 외부 메일 첨부파일 암호화 등으로 기술 보안(KAI), 금융에서 디지털 솔루션 및 AI 도입으로 고객 확인 및 보이스피싱 의심 거래와 사기 계좌에 대한 탐지 및 모니터링을 강화(신한금융), SNS에서 CLOVA AI 기술을 활용하여 유해성 이미지 분석으로 유해 게시물 차단(네이버), 홈쇼핑에서 클라우드·AI 기반 개인정보 보호 관리 체계 추진(현대홈쇼핑)이며, 가상화 데스크톱(VDI, Virtual Desktop Infrastructure)을 활용한 망 분리를 통해 중요 개인정보 시스템의 안전성 향상(현대글로비스) 등을 예로 들 수 있다.

정보 보호는 단순히 DX 시스템 구축만으로 해결되지 않는다. 지속적으로 유효한 보안 전략을 수행하기 위해서는 사전에 정확한 보안 위협과 취약점을 파악하여 보안 목표와 요구 사항을 정의하고 양질의 데이터 준비, AI 시스템 작동 기준과 정책 수립, 그리고 전문 인력 교육과 조직 내 디지털 보안 문화 조성이 함께 병행되어야 시행착오를 줄이면서 안전한 보안이 기대된다.

(2) DX 시스템(AI) 기반 리스크 관리 및 윤리 준법 경영

다수의 기업들은 다양한 리스크(재무, 운영, 규제, 법적 리스크 등)에 대해 AI와 데이터 분석 기술을 활용하여 실시간으로 분석, 예측하고 다양한 시나리오를 시뮬레이션하여 최악의 경우에 대비한 대응책을 마련하고 있으며, 동시에 윤리적 경영을 강화하는 도구로 활용하고 있다.

삼성과 LG 등 대기업에서는 IT 시스템 기반 위에서 크게 3가지 영역(단계) ① 리스크 식별(사전 예방 단계), ② 리스크 점검(모니터링 단계), ③ 리스크 평가·관리(사후관리 단계)로 구분하여 다양한 리스크를 체계적으로 관리하고 있다. 신한금융은 금융 리스크 규제인 바젤Ⅲ 유동성 리스크(LCR, NSFR) 관리 시스템을 운영하여 은행 건전성을 확보하고 있으며, BGF리테일은 가맹 계약 체결 프로세스를 전자화하여 불공정한 거래 행위를 사전에 예방하는 윤리 경영을 전개하고 있다. 또한, 네이버는 24년 AI 안전성 연구 전담 조직을 신설, AI 윤리 준칙을 국내 최초로 공개하면서 AI의 책임 경영 의지를 밝혔다.

DX, AI 기반 리스크 관리는 사업 리스크, 금융 리스크, 공급망 문제, 규제 변화 등을 빠르게 감지하여 실시간 대응이 가능케 해 주리라 기대하고 있다. 특히 기존의 수동적인 사후 대응을 넘어 사전 예방적 대응이 가능하다는 점에서 지속적인 시스템 기반 리스크 관리 체계 구축에 우선순위를 두어야 함은 당연하다. 이와 더불어, AI 시스템이 예상치 못한 리스크를 탐지하지 못하거나 잘못된 경고를 발송할 수 있으므로, 이에 대한 비상 대응 계획을 기업 내부적으로 항시 마련하고 있어야 한다.

지금까지 우리나라 주요 산업 업종별 관련 기업의 지속 가능 경영보고서에서 언급되어 있는 DX 기반 AI, ESG 융합 사례들을 살펴보았고, 그 내용들을 유형화시켜 보면서 앞으로 우리가 어떤 준비를 어떻게 해 나가야 될지에 대해 정리해 보았다. 물론, 이번에 정리한 ESG 융합 유형들이 전체를 의미하는 것은 아니며, 다루지 못한 여러 기업의 지속 가능 경영보고서 내에 또 다른 형태의 구체적인 융합 유형들이 있으리라 본다. 필자 본인도 이번 기회에 지속 가능 경영보고서를 통해 DX 기반 AI, ESG 융합 사례 트렌드를 처음 시도해 보았다. 필자가 바라는 바는 이번 ESG 융합 사례들을 통해 ESG 관련 경영진과 실무자가 스마트 ESG 경영에 도움이 될 만한 아이디어나 인사이트를 얻어 가기를 기원하는 것이다.

Part 2.

AI로 수익을 창출하는 ESG 공급망 전략

1.
ESG 공급망 관리의 이해

2.
ESG 공급망 관리 방법과 경영 성과

3.
글로벌 공급망 관리 트렌드 대응 방안

4.
AI로 강화하는 ESG 공급망 관리

1. ESG 공급망 관리의 이해

1) ESG 공급망 관리의 개념

ESG 공급망 관리는 단순한 환경적 또는 사회적 책임 이행을 넘어, 기업의 지속 가능성을 공급망 전체에 적용하고 이를 관리하는 전략적 과정이다. ESG(환경, 사회, 지배구조)는 기업의 운영뿐만 아니라, 제품과 서비스를 만드는 모든 과정에서 필수적인 요소로 자리 잡고 있다. 공급망은 원자재의 조달부터 제품 생산, 유통, 소비자에게 전달되는 모든 단계를 포함하는데, 여기에 ESG 기준을 적용하는 것은 이제 선택이 아니라 필수적인 요구사항이 되었다.

(1) 환경(Environmental) 요소

환경 요소는 ESG 공급망 관리에서 가장 중요한 부분 중 하나이며, 기업의 공급망이 환경에 미치는 영향을 최소화하는 데 중점을 둔다. 이는 탄소 배출, 자원 사용, 에너지 효율성, 폐기물 처리 등과 관련된 다양한 문제들을 다루며, 기업은 이를 통해 환경적 책임을 다함으로써 지속 가능한 경영을 실현할 수 있다. 환경적인 목표를 설정하고 이를 달성하기 위한 다양한 조치들이 필수적이며, 이는 장기적으로 기업의 비용 절감, 리스크 관리, 그리고 사회적 신뢰성을 강화하는 데 기여한다.

특히 공급망 관리에서 환경적인 요소를 관리하지 않을 경우, 단기적으로는 법적 규제를 위반하거나 소비자 신뢰 상실로 이어질 수 있으며, 장기적으로는 사업 지속 가능성 자체가 위협받을 수 있다. 반대로, 효과적인 환경 관리 시스템을 도입하면 기업은 비용을 절감하고, 에너지 효율성을 향상시키며, 환경 인증을 통해 글로벌 경쟁력을 높일 수 있다.

☐ **탄소 배출과 기후 변화 대응**

탄소 배출 관리와 기후 변화 대응은 환경 요소의 중심이다. 기후 변화는 전 세계적으로 기업이 당면한 가장 큰 문제 중 하나로, 많은 국가와 기업들이 탄소중립 목표를 설정하고 있다. 공급망에서 발생하는 탄소 배출량을 줄이기 위한 다양한 방법이 도입되고 있으며, 그중에서도 재생에너지 사용, 탄소 배출량 감축 프로그램 등이 중요하다.

자원 사용과 폐기물 관리

공급망에서의 자원 사용과 폐기물 관리는 환경 요소의 또 다른 중요한 측면이다. 이는 기업이 사용하는 원자재와 에너지 자원의 효율성을 높이고, 이를 통해 낭비를 줄이는 것을 목표로 한다. 자원 효율성은 기업의 생산성을 높이고 비용을 절감할 수 있는 중요한 요소이며, 특히 순환 경제 모델을 도입하여 자원의 재사용과 재활용을 통해 환경에 미치는 영향을 줄일 수 있다.

폐기물 관리는 환경 보호와 비용 절감에서 중요한 역할을 한다. 폐기물 처리 과정에서의 오염 문제나 자원 낭비를 줄이기 위한 노력은 ESG 공급망 관리에서 필수적이다. 기업은 폐기물 감축 프로그램을 통해 친환경적인 생산 방식을 도입하고, 자원의 재활용과 재사용을 통해 비용을 절감할 수 있다.

성공 사례: 유니레버(Unilever)

유니레버는 환경적 책임을 다하는 대표적인 성공 사례로, ESG 공급망 관리를 통해 기업의 지속 가능성을 극대화했다. 유니레버는 자사 제품의 원재료부터 유통, 재활용까지 모든 단계를 친환경적인 방식으로 운영하고 있으며, 탄소 배출 감축과 에너지 효율성을 최우선 과제로 설정했다.

(출처: 유니레버 홈페이지)

☐ **실패 사례: 폭스바겐(Volkswagen)**

반면, 폭스바겐의 디젤 게이트(Dieselgate)는 환경 요소를 제대로 관리하지 못한 대표적인 실패 사례로 꼽힌다. 2015년 폭스바겐은 자사 차량의 배기가스 배출량을 조작한 사실이 드러나면서 큰 논란을 일으켰다. 폭스바겐은 차량의 배기가스 배출을 줄이는 것처럼 보이기 위해 소프트웨어를 조작하여, 실제로는 법적 기준을 초과하는 배기가스를 배출하고 있었다.

(출처: 나무위키(2024.12.11.). 폭스바겐의 디젤게이트)

(2) 사회(Social) 요소

사회적 요소는 ESG 공급망 관리에서 인권 보호, 노동 조건 개선, 공정한 거래를 중심으로 다루어진다. 기업이 공급망에서 운영하는 방식은 수많은 노동자와 지역사회에 직접적인 영향을 미치며, 사회적 요소를 제대로 관리하지 않으면 기업의 평판과 법적 안정성에 심각한 타격을 줄 수 있다. 이 때문에 공급망에서의 사회적 책임은 기업이 지속 가능한 성장 경로를 유지하는 데 필수적인 요소로 자리 잡고 있다.

사회적 요소의 핵심은 공급망 내 인권 보호와 노동자 권리 보장이다. 이는 아동 노동 금지, 강제 노동 금지, 공정 임금과 안전한 근로 환경 제공을 포함하며, 공급망의 모든 단계에서 이러한 요소들을 충족해야 한다. 또한, 기업은 공정 거래를 통해 공급망 파트너들과의 협력 관계에서 윤리적 기준을 준수해야 한다.

🟩 노동 조건 개선과 인권 보호

기업의 공급망이 전 세계적으로 확장되면서, 특히 저개발국에서의 노동 조건 문제가 대두되고 있다. 저개발국의 공급망 파트너들이 노동자들에게 저임금을 지급하거나, 아동 노동 및 강제 노동을 사용하는 경우가 발생하는데, 이는 기업의 사회적 책임을 무너뜨리는 큰 문제로 작용한다. 이러한 문제를 해결하기 위해 많은 기업이 공급망 전반에서 윤리적 기준을 적용하고 있으며, 협력 업체의 노동 환경을 지속적으로 모니터링하고 있다.

🟩 공정 거래와 윤리적 경영

공급망에서의 공정 거래는 모든 협력 업체가 공정하게 거래하고, 윤리적 기준을 지키는 것을 보장하는 것이다. 기업은 협력 업체와의 계약에서 공정한 가격을 제시하고, 노동자들에게 공정한 대우를 할 수 있도록 지원해야 한다. 공정 거래는 공급망의 투명성을 높이는 데 기여하며, 특히 기업의 지속 가능성을 강화하는 중요한 요소로 작용한다.

⬛ 성공 사례: 파타고니아(Patagonia)

파타고니아(Patagonia)는 공급망 내에서 노동자 권리 보호와 공정 거래를 실현한 대표적인 성공 사례로 꼽힌다. 파타고니아는 자사 공급망에서 윤리적 기준을 엄격히 적용하고 있으며, 이를 준수하지 않는 협력 업체와의 거래를 중단하는 원칙을 고수하고 있다. 파타고니아는 공정 무역 인증을 받은 업체와만 거래하며, 노동자들이 공정한 임금을 받을 수 있도록 보장하고 있다.

파타고니아는 공급망에서 발생하는 인권 침해와 불공정 거래 문제를 해결하기 위해 자사의 윤리적 경영을 적극적으로 확산시키고 있다. 예를 들어, 파타고니아는 자사 공급망에서 생산되는 의류와 용품들이 친환경 재료로 만들어지고, 모든 과정에서 노동자들의 안전한 근로 환경이 보장되도록 철저히 관리하고 있다. 이러한 접근은 파타고니아의 브랜드 이미지를 강화하고, 전 세계적으로 신뢰받는 기업으로 자리매김하게 했다.

2011년 블랙프라이데이 게재된 파타고니아 광고
"이 자켓을 사지 마시오" ©PATAGONIA

실패 사례: 폭스콘(Foxconn)

폭스콘(Foxconn)은 애플(Apple)의 주요 공급 업체로 알려져 있지만, 2010년대 초반, 중국 공장에서 발생한 노동자들의 극단적 선택 사건으로 큰 논란을 불러일으켰다. 폭스콘은 공급망 내에서 노동자들이 극도로 열악한 근무 환경에서 일하고 있으며, 장시간 노동과 저임금에 시달리고 있다는 비판을 받았다. 이러한 문제는 결국 다수의 폭스콘 노동자들이 극단적 선택을 하는 비극으로 이어졌으며, 이는 애플과 폭스콘의 사회적 책임을 도마 위에 올리게 했다.

폭스콘의 실패는 사회적 책임을 다하지 못한 대표적인 사례로, 이는 단순한 노동 조건의 문제를 넘어 기업의 리스크 관리 실패로 연결되었다. 폭스콘은 이후 노동 시간 단축과 임금 인상, 근무 환경 개선 등의 조치를 취했지만, 이미 기업 평판에 큰 타격을 입은 상태였다. 이 사건은 글로벌 기업들이 공급망에서의 사회적 책임을 다하지 못할 경우 발생할 수 있는 심각한 결과를 잘 보여 준다.

애플 아이폰을 위탁 제조하는 대만 기업 폭스콘의 중국 현지 공장.
ⓒ로이터=뉴시스(출처: 프레시안, 2012.01.30.)

(3) 지배구조(Governance) 요소

지배구조 요소는 ESG 공급망 관리에서 기업의 투명성, 책임 경영, 윤리적 경영을 보장하기 위해 필수적으로 고려해야 할 요소이다. 기업이 공급망 내에서 어떠한 방식으로 의사 결정을 하고, 그 과정에서 투명성과 윤리적 기준을 얼마나 준수하는지에 따라 공급망의 안정성과 지속 가능성이 결정된다. 지배구조의 목표는 공급망 전반에서 발생할 수 있는 리스크를 사전에 파악하고, 이를 윤리적이고 효과적으로 관리하는 것이다.

지배구조의 역할과 중요성

지배구조는 기업이 공급망을 통해 이익을 창출하는 과정에서 책임성과 투명성을 보장하는 것이다. 공급망 관리에서의 지배구조는 법적 준수, 윤리적 경영 원칙을 적용하고, 기업 내외부에서 발생할 수 있는 부패와 비윤리적 관행을 방지하는 데 중점을 둔다. 특히 다국적 기업들은 다양한 국가에서의 법적 규제와 국제 표준을 준수해야 하기 때문에, 지배구조의 중요성은 더욱 크다.

□ 윤리적 경영과 투명성

지배구조에서 가장 중요한 부분 중 하나는 윤리적 경영과 투명성이다. 기업은 공급망 내에서의 모든 의사 결정이 윤리적 기준에 부합하는지 점검해야 하며, 이를 위해 내부적인 감사 체계와 내부 통제 시스템을 강화해야 한다. 특히 공급망 관리에서 윤리적 경영은 기업이 공정한 계약, 투명한 재무 처리, 부패 방지 등을 통해 사회적 책임을 다하는 것을 의미한다.

□ 성공 사례: 애플(Apple)

애플(Apple)은 공급망에서의 지배구조 강화를 통해 성공적인 ESG 관리를 실현한 대표적인 사례로 꼽힌다. 애플은 자사 공급망에서 발생할 수 있는 윤리적 문제와 환경적 위험을 사전에 예방하기 위해 강력한 지배구조 체계를 도입했다. 특히 애플은 투명한 공급망 관리를 목표로 공급 업체 행동 강령(Supplier Code of Conduct)을 도입하여, 모든 협력 업체들이 윤리적 기준을 준수하도록 강제하고 있다.

순위	이름	보유 비중
1	뱅가드그룹	7.96%
2	블랙록	6.44%
3	버크셔 해서웨이	5.73%

출처: 나무위키

애플 로고

이러한 노력 덕분에 애플은 환경 보호와 윤리적 지배구조를 동시에 달성하고 있으며, 공급망 전반에서 발생할 수 있는 법적, 윤리적 리스크를 최소화하는 데 성공했다.

☐ 실패 사례: 브라질 석유회사 페트로브라스(Petrobras)

페트로브라스(Petrobras)는 공급망 내 지배구조 실패로 인해 큰 법적 문제와 평판 손상을 겪은 사례이다. 페트로브라스는 브라질 정부 소유의 대규모 국영 석유 회사로, 2014년부터 발생한 대규모 부패 스캔들로 인해 전 세계적으로 비판을 받았다. 이 사건은 페트로브라스가 공급망 계약을 맺는 과정에서 부패와 뇌물 수수가 만연했음을 보여 주었다.

페트로브라스는 공사 계약을 체결하는 과정에서 공급망 내 일부 기업들에게 과도한 대가를 지급하고, 뇌물을 통해 계약을 성사시켰다. 이로 인해 수많은 협력 업체와의 거래가 비윤리적 방식으로 이루어졌으며, 페트로브라스는 수십억 달러의 손실을 입었다. 또한, 이 사건으로 인해 브라질 정부와 페트로브라스는 국제 사회와 투자자로부터 신뢰를 잃었다.

이 사건은 기업이 공급망 내에서 윤리적 기준을 준수하지 않고 부패를 방치할 경우, 심각한 법적 문제와 재정적 손실에 직면할 수 있음을 보여 준다. 페트로브라스는 이후 지배구조 개혁을 시도했지만, 이미 실추된 평판을 회복하는 데는 오랜 시간이 걸렸다.

(출처: AEROFLAP, 이미지: 페트로브라스)

2) ESG 공급망 관리의 필요성

ESG(환경, 사회, 지배구조) 공급망 관리는 기업이 지속 가능한 성장을 유지하고 글로벌 경쟁력을 확보하기 위해 필수적인 요소이다. ESG 공급망 관리는 단순한 기업의 자원 배분이나 경영 전략을 넘어, 환경적 책임, 사회적 기여, 투명한 지배구조를 통해 장기적으로 기업의 가치를 높이는 중요한 역할을 한다.

(1) 글로벌 환경 변화 대응

기후 변화는 전 세계적으로 가장 큰 위협 중 하나로 자리 잡았다. 기업은 그들의 공급망에서 발생하는 탄소 배출을 줄이기 위한 방법을 도입해야 하며, 그렇지 않으면 다양한 법적 제재와 소비자 신뢰 상실에 직면할 수 있다. 특히 많은 국가가 탄소중립 목표를 설정하고 있어, 공급망에서 발생하는 탄소 배출을 줄이는 것은 선택이 아닌 필수 사항이 되었다.

환경적 대응은 탄소 배출 관리뿐만 아니라, 에너지 효율성을 높이고, 자원 사용을 최적화하는 방식으로도 이뤄진다. 공급망에서 지속 가능성을 강화하는 것은 기업의 장기적인 비용 절감과 환경 규제 준수를 보장하는 중요한 방법이다.

(2) 사회적 요구와 책임 경영

사회적 요소는 기업이 공급망 내에서 인권, 노동 조건, 공정 거래와 같은 사회적 책임을 얼마나 다하고 있는지를 측정하는 중요한 기준이다. 오늘날의 소비자들은 단순히 품질 좋은 제품을 선택하는 것에서 벗어나, 해당 제품이 공정한 노동 조건과 윤리적 경영을 통해 생산되었는지 여부를 중시한다. 이는 노동 착취, 아동 노동, 강제 노동과 같은 문제를 해결하는 데 중점을 둔다.

기업은 공급망 내에서 사회적 책임을 다하지 않을 경우 소비자 보이콧과 같은 직접적인 피해를 입을 수 있으며, 이는 기업의 수익과 브랜드 이미지에 심각한 영향을 미칠 수 있다.

(3) 지배구조 투명성과 리스크 관리

지배구조는 ESG 공급망 관리의 핵심 요소 중 하나로, 투명성과 윤리적 경영을 보장한다. 기업은 공급망 내에서 발생할 수 있는 부패와 비윤리적 행위를 예방하고, 이를 통해 리스크 관리를 강화할 수 있다. 특히 다국적 기업은 여러 국가의 법적 규제를 준수해야 하며, 이를 위반할 경우 심각한 법적 문제와 재정적 손실에 직면할 수 있다.

공급망 관리에서의 지배구조는 기업의 장기적인 신뢰성과 투명성을 확보하는 데 중요하다. 특히 글로벌 시장에서 활동하는 기업은 지배구조 투명성을 통해 소비자와 투자자들로부터 신뢰를 유지할 수 있다.

(4) 규제 준수와 법적 책임

ESG 공급망 관리의 또 다른 중요한 이유는 글로벌 법적 규제 준수이다. 많은 국가가 기업의 환경적 책임과 사회적 책임을 강화하는 규제를 도입하고 있으며, 이를 위반할 경우 기업은 막대한 벌금과 법적 제재를 받을 수 있다. 이러한 법적 요구 사항을 충족하지 못하면 기업의 장기적인 생존 가능성이 크게 위협받을 수 있다.

특히 유럽연합(EU)의 지속 가능성 보고 지침(CSRD)이나 독일의 공급망 실사법은 기업들이 공급망에서 발생하는 ESG 문제를 투명하게 보고하도록 강제하고 있다. 기업이 이를 준수하지 않으면 글로벌 시장에서의 경쟁력을 잃을 뿐만 아니라, 투자자와 소비자의 신뢰도 잃을 수 있다.

(5) 브랜드 가치 향상과 고객 충성도

기업이 ESG 공급망 관리를 충실히 이행할 경우, 이는 브랜드 가치를 높이는 데 중요한 역할을 한다. 특히 현대 소비자들은 윤리적 경영을 실천하는 기업을 선호하며, ESG 경영을 실천하는 기업에게 높은 충성도를 보인다.

ESG를 준수하는 기업은 소비자들에게 지속 가능한 가치를 제공하며, 이는 장기적으로 고객 충성도를 강화하고 매출 증가로 이어질 수 있다. 특히 밀레니얼 세대와 Z세대는 지속 가능성에 대한 요구가 강하며, 기업의 ESG 실천 여부가 소비자 구매 결정에 큰 영향을 미친다.

🔲 성공 사례: 스타벅스(Starbucks)

스타벅스(Starbucks)는 ESG 공급망 관리의 성공적인 사례로, 특히 공급망 내에서 공정 거래와 지속 가능한 농업을 실천하며 고객 충성도를 높였다. 스타벅스는 자사 커피 공급망에서 공정 거래 인증을 받은 농장을 통해 원두를 공급받고 있으며, 이를 통해 전 세계적으로 사회적 책임을 다하고 있다.

공정 거래 인증: 스타벅스는 커피 원두를 구매할 때 공정 거래 인증을 받은 농장과만 거래하고 있다. 이를 통해 농부들에게 공정한 임금을 지급하며, 이들이 지속 가능한 농업 방식을 도입할 수 있도록 지원하고 있다.

지속 가능한 농업 실천: 스타벅스는 공급망에서 발생하는 환경적 영향을 최소화하기 위해 지속 가능한 농업을 적극 도입하고 있으며, 이를 통해 탄소 배출 감소와 자원 절감을 실현하고 있다. 특히 커피 원두의 재배 과정에서 물과 에너지를 절약하는 기술을 도입하고 있으며, 이를 통해 환경 보호와 사회적 기여를 동시에 이루고 있다.

고객 충성도 강화: 이러한 ESG 전략은 스타벅스가 전 세계적으로 친환경 기업으로 자리 잡게 했으며, 고객들은 스타벅스의 ESG 경영을 지지하고 브랜드에 대한 충성도를 보이고 있다. 스타벅스는 고객들에게 지속 가능한 가치를 제공함으로써 브랜드에 대한 신뢰를 높였으며, 이는 장기적인 매출 증가로 이어졌다.

🔲 실패 사례: 네슬레(Nestlé)

네슬레(Nestlé)는 전 세계적으로 큰 인기를 끌고 있는 글로벌 식품 기업이지만, 공급망에서의 윤리적 문제로 인해 많은 비판을 받았다. 특히 네슬레의 코코아 공급망에서 발생한 아동 노동 문제는 브랜드 이미지에 큰 타격을 입혔다.

아동 노동 문제: 네슬레의 코코아 공급망에서 아동 노동이 사용되고 있다는 사실이 드러나면서 큰 논란이 일었다. 많은 코코아 농장이 아프리카 서부에 위치해 있으며, 이곳에서 노동력이 부족해 아동 노동이 관행적으로 사용되었다. 이는 네슬레가 자사의 공급망을 제대로 관리하지 못했다는 비판을 불러일으켰다.

소비자 불매 운동: 아동 노동 문제로 인해 네슬레는 전 세계적으로 소비자 불매 운동에 직면했다. 특히 미국과 유럽의 소비자들은 네슬레 제품을 구매하지 않겠다는 캠페인을

벌였으며, 이는 네슬레의 매출에 부정적인 영향을 미쳤다.

브랜드 이미지 손상: 네슬레는 ESG 관리에서 큰 실패를 겪었으며, 이로 인해 브랜드 이미지가 크게 손상되었다. 많은 소비자가 네슬레를 윤리적 경영을 실천하지 않는 기업으로 인식하게 되었으며, 이는 장기적인 고객 충성도 하락으로 이어졌다.

(6) 투자 유치와 자본 시장에서의 신뢰

ESG 공급망 관리의 또 다른 중요한 필요성은 투자 유치와 자본 시장에서의 신뢰를 강화하는 데 있다. ESG 경영을 실천하는 기업은 사회적 책임과 지속 가능한 성장을 추구하며, 이는 투자자들에게 신뢰를 제공한다. 최근 들어 ESG 투자가 전 세계적으로 확대되고 있으며, ESG 실천 여부가 기업의 투자 유치에 중요한 기준이 되고 있다.

ESG 공급망 관리를 철저히 하는 기업은 녹색 금융, 사회적 금융과 같은 지속 가능한 투자 기회를 얻을 수 있으며, 이를 통해 장기적인 자본을 확보할 수 있다. 반면, ESG를 소홀히 하는 기업은 투자자들로부터 외면받을 수 있으며, 이는 기업의 재정적 안정성을 위협할 수 있다.

3) ESG 공급망 관리의 유형

ESG 공급망 관리는 기업이 책임감 있는 환경적, 사회적, 그리고 지배구조적 관점을 공급망 전반에 적용하는 핵심적인 방법이다. 이러한 관리 유형은 수직적, 수평적, 혼합적 방식으로 나눌 수 있으며, 각 유형은 기업이 운영하는 방식과 공급망에서 목표로 하는 ESG 요소에 따라 선택된다. 각각의 관리 방식은 기업의 성격, 산업, 그리고 공급망 단계별로 다르게 적용되며, 이들을 통해 기업은 환경적, 사회적 문제를 해결하고 투명한 지배구조를 유지할 수 있다.

(1) 수직적 공급망 관리

수직적 공급망 관리는 원재료 채취부터 최종 소비자에게 제품을 전달하는 전 과정을 기업이 직접 통제하는 방식이다. 이러한 방식에서는 원자재 생산, 제조, 물류, 유통까지 기업의 영향력이 미치는 모든 단계에서 ESG 요소를 관리할 수 있다. 수직적 공급망 관리의 가장 큰 장점은 기업의 전 과정에 대한 통제력을 높일 수 있다는 점이다. 기업이 모든 단계를 직접 관리하기 때문에 공급망 투명성을 확보하고, ESG 목표를 효과적으로 달성할 수 있다.

수직적 공급망 관리의 장점

전 과정에 대한 통제: 수직적 관리 방식은 원재료 생산에서부터 최종 판매까지의 모든 과정을 직접 관리할 수 있으므로, 기업이 지속 가능성을 달성하는 데 매우 유리하다. 이는 법적 리스크와 평판 리스크를 줄이는 데도 도움이 된다.

투명한 정보 제공: 수직적 관리 방식에서는 각 단계의 정보가 중앙에서 관리되므로 투명성이 높아진다. 이는 투자자나 소비자들에게 신뢰성을 제공할 수 있다.

협력 업체 의존도 감소: 협력 업체에 의존하지 않고 자체적인 운영을 할 수 있어 협력 업체 리스크를 최소화할 수 있다.

성공 사례: 테슬라(Tesla)

테슬라는 수직적 공급망 관리의 성공 사례로 자주 언급된다. 테슬라는 전기차의 핵심인 배터리를 직접 제조하기 위해 기가팩토리(Gigafactory)를 운영하며, 배터리 생산과 관련된 원료 조달부터 최종 제품 생산까지의 전 과정을 통제하고 있다. 테슬라는 이러한 방식으로 재생에너지 사용을 확대하고, 탄소 배출을 줄이는 데 기여하고 있다. 또한, 리튬과 같은 배터리의 핵심 원료를 친환경적 방식으로 채굴하고, 이를 자체 생산 라인에서 처리함으로써 배터리 공급망의 지속 가능성을 보장하고 있다.

(2) 수평적 공급망 관리

수평적 공급망 관리는 기업이 공급망에서 특정 부분, 예를 들어 제조나 물류 단계만을 집중적으로 관리하는 방식이다. 이 방식에서는 기업이 모든 단계를 통제하지 않고, 특정한 공급망 단계에서 ESG 목표를 달성하는 데 집중한다. 수평적 관리 방식은 일반적으로 대규모 기업보다 중소기업이나 특정 산업에서 많이 채택된다. 이는 각 단계에서의 효율성과 지속 가능성을 최적화하는 데 유리하다.

☐ 수평적 공급망 관리의 장점

비용 절감: 전 과정이 아닌 특정 단계만 관리하기 때문에 비용 효율성이 높다. 이는 특히 중소기업에서 유리하다.

전문성 강화: 특정 공급망 단계에 집중함으로써, 해당 분야에서의 전문성을 높이고 성과를 극대화할 수 있다.

유연성: 협력 업체와의 관계를 통해 다양한 단계에서 유연한 협력이 가능하다. 이는 각 단계에서 변화하는 환경에 적응하기에 유리하다.

☐ 성공 사례: 나이키(Nike)

나이키(Nike)는 수평적 공급망 관리의 성공 사례이다. 나이키는 자체적으로 제조 공장을 운영하지 않고 전 세계 협력 업체와의 계약을 통해 제품을 생산한다. 그러나 나이키는 협력 업체들이 공정 노동과 환경 보호 기준을 준수하도록 강력한 기준을 설정하고 감시한다. 나이키는 공정 노동 기준을 통해 노동자들의 권리를 보호하고, 협력 업체들이 탄소 배출을 최소화하는 제조 방식을 채택하도록 유도한다.

(3) 혼합적 공급망 관리

혼합적 공급망 관리는 수직적과 수평적 관리를 결합한 방식으로, 기업이 통제할 수 있는 영역은 직접 관리하고, 통제할 수 없는 영역은 협력 업체와의 협력을 통해 관리하는 방식이다. 이 방식은 기업이 전 과정에 대해 직접 관리할 수 없는 경우, 효율성과 통제력을 적절히 결합한 방식으로 ESG 목표를 달성한다.

☐ 혼합적 공급망 관리의 장점

균형 잡힌 관리: 수직적 관리의 통제력과 수평적 관리의 효율성을 결합할 수 있어, 비용 절감과 투명성을 동시에 달성할 수 있다.

리스크 분산: 협력 업체와의 관계를 통해 특정 단계에서 발생할 수 있는 리스크를 분산

시키고, 기업 자체에서 통제할 수 있는 부분은 직접 관리하여 리스크를 최소화할 수 있다.

유연성: 기업이 전 과정에 관여하지 않아도 지속 가능성을 달성할 수 있는 방식이다. 기업이 통제할 수 없는 영역은 협력 업체가 책임지도록 하여 지속 가능한 공급망을 구축할 수 있다.

□ 성공 사례: 지멘스(Siemens)

지멘스(Siemens)는 혼합적 공급망 관리 전략을 통해 ESG 목표와 리스크 관리를 효과적으로 수행하는 대표 사례다. 1차 공급 업체는 '공급 업체 행동 강령'을 적용해 윤리, 환경, 인권 등의 기준을 직접 점검하며 통제한다. 반면, 하위 공급망은 자발적 평가 도구와 기술 지원을 통해 협력적으로 관리한다. 특히 Scope 3 탄소 배출 저감을 위해 주요 공급처와는 공동 데이터 시스템을 구축하고, 비핵심 공급처는 자체 관리 방식으로 리스크를 분산한다. 이는 공급망의 지속 가능성과 글로벌 규제 대응에 기여하고 있다.

공급망 관리 유형

공급망 관리 유형	주요 특징	장점	단점
수직적 공급망 관리	원료 조달부터 제품 전달까지 모든 단계를 기업이 직접 통제.	높은 투명성, ESG 목표에 대한 완전한 통제, 외부 공급 업체로 인한 리스크 감소.	높은 운영 비용, 다양한 단계 관리의 복잡성.
수평적 공급망 관리	제조나 물류 등 특정 공급망 단계에 집중하고, 협력 업체와 협력하여 관리.	비용 효율성, 특정 공급망 단계에서의 전문성 강화, 유연한 파트너십.	전체 과정에 대한 통제력 부족, 협력 업체의 ESG 기준 준수 의존.
혼합적 공급망 관리	수직적 관리와 수평적 관리를 결합하여 통제력과 효율성을 균형 있게 유지.	균형 잡힌 통제력, 리스크 분산, 비핵심 영역에서 협력 업체와의 효율성 극대화.	통제와 협력 업체 의존의 균형 유지가 어려움, 협력 업체와의 관계 관리 필요.

2. ESG 공급망 관리 방법과 경영 성과

1) ESG 공급망 프로세스

ESG 공급망 관리 프로세스는 제품이 만들어지고, 유통되며, 소비자에게 전달되는 전 과정에 걸쳐 이루어진다. 이를 보다 세분화하여 각 단계에서의 ESG 요소를 분석함으로써, 보다 정교한 지속 가능성 관리가 가능해진다. 기업은 각 단계를 관리하며 환경적, 사회적, 윤리적 책임을 다할 수 있다.

(1) 원료 채취 및 조달

공급망의 시작은 원료 채취에서 이루어진다. 이 단계에서는 기업이 사용하는 자원들이 지속 가능한 방식으로 조달되었는지 확인하는 것이 매우 중요하다. 기업은 환경 파괴를 최소화하고 공정 거래 기준에 따라 윤리적 원료를 선택해야 한다.

지속 가능 자원: 기업은 공급망에서 사용되는 원료가 재생 가능 자원인지 확인하고, 과도한 자원 고갈을 방지해야 한다. 예를 들어, 재생 가능한 농업과 인증된 삼림 자원을 사용하는 것이 중요하다.

공정 거래: 원료 조달 과정에서 공정 거래 인증을 받은 공급 업체와 거래하여, 노동자들이 적정한 보상을 받고 공정하게 거래되도록 해야 한다.

☐ **성공 사례: 스타벅스(Starbucks)**

커피 원두의 조달 과정에서 공정 거래 인증을 받은 농장과 거래하여 윤리적 공급망을 유지하고 있다. 또한, 지속 가능한 농업 방식을 통해 환경을 보호하고 있다.

(2) 제조

제조 단계에서는 에너지 효율성, 폐기물 관리, 그리고 사회적 책임을 고려해야 한다. 기업은 제조 과정에서 발생하는 탄소 배출을 줄이고, 재생에너지를 사용하며 환경적 책임을 다해야 한다. 또한, 제조 업체에서 근로자들이 안전한 근로 환경을 제공받는지도 중요한 사회적 요소다.

에너지 사용: 제조 시설에서 재생에너지나 에너지 효율적인 기술을 도입하여 탄소 배출을 줄이고 비용을 절감한다.

폐기물 관리: 제조 과정에서 발생하는 폐기물을 줄이기 위한 리사이클링이나 순환 경제 모델 도입이 필요하다.

안전한 근로 환경: 제조 업체에서 공정한 임금과 근로 환경을 보장해야 하며, 강제 노동이나 아동 노동이 없는 환경을 조성해야 한다.

▣ 성공 사례: 레고(Lego)

제조 과정에서 발생하는 플라스틱 폐기물을 줄이고, 재활용 가능한 소재로 대체하는 방안을 도입했다. 또한, 모든 공장에서 재생에너지를 사용해 탄소 배출을 줄이고 있다.

(3) 물류 및 유통

유통과 물류 단계에서는 제품을 소비자에게 전달하는 과정에서 발생하는 탄소 배출을 최소화하고, 효율적인 물류 시스템을 구축하는 것이 중요하다. 특히 글로벌 물류는 환경적 영향이 크기 때문에, 친환경적인 물류 방식이 요구된다.

친환경 물류: 기업은 전기차나 재생 가능한 에너지를 사용하는 선박 등을 도입하여, 운송 과정에서 발생하는 탄소발자국을 줄인다.

저탄소 물류 전략: 창고 운영이나 유통 과정에서 저탄소 전략을 도입해 물류 효율성을 높인다.

▣ 성공 사례: 아마존(Amazon)

물류 과정에서 전기 배송 차량을 도입하고 있으며, 기후 서약(Climate Pledge)을 통해 2040년까지 탄소중립을 목표로 하고 있다.

(4) 판매 및 마케팅

소비자에게 제품이 전달되는 단계에서는 ESG 요소를 제품 마케팅과 홍보 전략에 반영해야 한다. 지속 가능한 제품이라는 메시지를 소비자에게 명확하게 전달함으로써 소비자들이 윤리적인 선택을 할 수 있도록 돕는 것이 필요하다.

지속 가능한 제품 마케팅: 소비자에게 제품이 환경 친화적이고 사회적 책임을 다한 결과물임을 강조하는 마케팅 전략을 채택한다.

지속 가능성 인증: 제품에 지속 가능성 인증을 부여하여 소비자들에게 신뢰를 줄 수 있는 증명을 제공한다.

■ 성공 사례: 이케아(IKEA)

이케아(IKEA)는 ESG 요소를 마케팅 전략에 효과적으로 통합한 대표적인 글로벌 기업이다. 이케아는 지속 가능한 소재 사용, 제품의 수명 연장, 친환경 소비 촉진 등 환경적 가치를 소비자에게 적극적으로 전달함으로써 윤리적 소비를 유도한다. 이 기업의 특징 및 전략은 다음과 같다.

지속 가능한 제품 마케팅: 제품에 재활용 소재를 사용했음을 명확히 표시하고, 환경 영향을 줄이는 제품 설계 특징을 강조한다.

지속 가능성 인증 및 라벨링: Forest Stewardship Council(FSC), Better Cotton Initiative(BCI) 등 공식 인증을 제품에 부착하여 신뢰를 제고한다.

순환 경제형 캠페인: 오래된 가구를 수거해 재판매하거나 부품 수리를 지원하는 'IKEA Buy Back & Resell' 프로그램을 통해 제품의 수명을 연장하고 소비자에게 책임 있는 소비 방식을 안내한다.

이러한 활동을 통해 이케아는 브랜드 이미지 제고, 소비자 신뢰 확보, 판매 증대와 함께 ESG 기반의 지속 가능한 공급망 완성에 기여하고 있다.

(5) 재사용, 재활용 및 폐기

제품이 소비자의 손을 떠난 이후의 폐기 단계에서도 ESG 관리는 필수적이다. 이 단계에서 기업은 순환 경제 모델을 통해 제품이 폐기되기 전에 재사용되거나 재활용될 수 있도록 지원해야 한다. 특히 전자 제품이나 플라스틱 제품은 재활용 프로그램을 운영해 환경적 영향을 최소화해야 한다.

폐기물 감소 프로그램: 기업은 제품이 수명이 다한 후 폐기물로 처리되지 않도록 재사용과 재활용 프로그램을 운영해야 한다.

순환 경제: 제품이 다시 자원으로 활용될 수 있는 시스템을 구축하여 자원을 효율적으로 관리하고 자원 낭비를 줄인다.

☐ 성공 사례: 애플(Apple)

오래된 기기를 리사이클 프로그램을 통해 회수하여, 부품을 재활용하거나 재사용함으로써 전자 폐기물을 줄이고 있다. 또한, 환경 친화적 포장재를 사용해 플라스틱 사용을 줄였다.

공급망 관리 프로세스

공급망 관리 단계	ESG 중점 요소	예시 기업
원료 조달	지속 가능한 자원 조달, 윤리적 노동 관행, 환경 보호.	유니레버(지속 가능한 팜유 조달)
제조	에너지 효율성, 탄소 배출 감소, 공정한 노동 조건, 폐기물 관리.	BMW(재생에너지를 이용한 제조)
물류 및 유통	저탄소 운송, 지속 가능한 포장재 사용, 물류 노동의 공정한 대우.	아마존(전기 배송 차량 도입)
판매 및 마케팅	지속 가능성 중심의 마케팅, 소비자 교육, ESG 활동의 투명성.	이케아(지속 가능한 제품 마케팅 및 순환 경제 캠페인)
재사용 및 재활용	재활용 프로그램, 순환 경제 실천, 폐기물 최소화.	애플(제품 재활용 및 리퍼브 프로그램)

2) ESG 공급망 관리의 경제적 효과

ESG 공급망 관리는 단순한 윤리적 선택이 아니라, 기업과 사회 전체에 실질적인 경제적 이익을 가져다주는 중요한 요소로 자리 잡고 있다. 이 장에서는 ESG 공급망 관리가 기업, 개인, 사회 공동체 측면에서 경제적 이익을 어떻게 창출하는지, 실사례와 데이터를 바탕으로 설명하겠다.

(1) 기업 측면에서의 경제적 이익

🟩 비용 절감 및 운영 효율성 향상

ESG 공급망 관리의 주요 장점 중 하나는 운영 효율성을 극대화하고 비용 절감을 가능하게 한다는 점이다. 에너지 절감, 재생에너지 사용, 폐기물 최소화와 같은 실천은 장기적으로 상당한 비용 절감 효과를 가져온다.

CDP(탄소 정보 공개 프로젝트)의 보고서에 따르면, ESG 관리에 적극적인 기업은 에너지 효율성 향상으로 평균 9%의 비용 절감을 경험했으며, 일부 기업은 탄소 배출을 줄이면서 운영 비용의 20%를 절감했다. 이는 ESG 실천이 단순한 환경 보호를 넘어 실제로 기업의 운영 비용 절감에 기여함을 보여 준다.

🟩 매출 증대 및 브랜드 이미지 강화

ESG 공급망 관리는 기업의 브랜드 가치와 소비자 신뢰를 높이며, 이는 매출 증가로 이어진다. 친환경적이고 윤리적인 제품을 제공하는 기업은 소비자로부터 선호와 충성도를 얻을 수 있다. 소비자들이 더 나은 세상을 위해 기여하는 기업의 제품을 선택함으로써, 지속 가능한 브랜드는 시장에서 차별화된다.

Nielsen의 연구에 따르면, 전 세계 소비자의 66%가 ESG를 실천하는 기업의 제품을 더 선호한다고 답했으며, 친환경 인증을 받은 제품의 판매 성장은 다른 제품보다 3배 높다. 이는 ESG가 소비자의 구매 결정에 큰 영향을 미치고, 기업 매출 증대로 이어진다는 것을 보여 준다.

🟩 투자자 신뢰와 자본 시장에서의 이익

투자자들은 ESG 실천을 중요한 투자 기준으로 삼고 있으며, ESG 평가 등급이 높은 기업은 녹색 금융과 사회적 책임 투자(SRI)에서 더 많은 자본을 유치할 수 있다. ESG 경영을 강화한 기업은 장기적으로 자본 비용을 절감하고, 주가 상승 효과를 얻는다.

Harvard Business Review 연구에 따르면, ESG 등급이 높은 기업은 평균적으로 4.8% 더 높은 주식 수익률을 기록하고 있으며, ESG 평가를 통해 자본 시장에서 더 유리한 조건으로 자본을 조달하고 있다.

법적 리스크 감소 및 규제 대응

글로벌 시장에서는 ESG 규제가 강화되고 있으며, 이를 준수하지 않는 기업은 법적 제재와 막대한 벌금을 피할 수 없다. ESG 공급망 관리는 이러한 법적 리스크를 줄이고, 기업이 지속 가능한 법적 대응을 할 수 있도록 도와준다.

(2) 개인 측면에서의 경제적 이익

ESG 공급망 관리는 기업과 사회에만 이익을 제공하는 것이 아니라, 개인 소비자들에게도 실질적인 경제적 이익을 제공한다. 소비자들은 ESG를 실천하는 기업의 제품을 선택함으로써 장기적인 비용 절감을 경험할 수 있고, 윤리적 소비를 실천함으로써 심리적 만족을 얻는다.

소비자의 선택과 비용 절감

ESG 실천 기업이 생산하는 제품들은 에너지 효율이 높거나, 지속 가능한 소재로 만들어져 장기적으로 비용 절감 효과를 제공한다. 초기 구매 비용이 다소 높을 수 있지만, 제품의 수명이 길거나 에너지 사용이 절약되어 총 소유 비용이 낮아진다.

전자제품이나 가전제품의 경우, 에너지 절약형 제품을 선택하면 전기 요금을 절약할 수 있다. 예를 들어, 에너지 소비가 적은 세탁기, 냉장고, 전기차 등의 제품은 전기세 절약과 더불어 환경 보호에도 기여할 수 있다.

LG전자는 에너지 효율성을 높인 가전제품을 생산하고 있으며, 소비자들은 에너지 절약형 세탁기나 냉장고를 통해 연간 최대 20%의 전기 요금을 절약할 수 있다. 에너지 스타(Energy Star) 인증을 받은 LG전자의 냉장고는 일반 냉장고보다 25~30% 더 적은 에너지를 소비하여 전기세 절감에 큰 도움을 준다.

테슬라(Tesla)의 전기차는 전통적인 내연기관 차량보다 에너지 효율이 높고, 연료 비용을 절감할 수 있어 구매자들은 장기적으로 연간 1,000달러 이상의 연료비 절감을 경험한다. 또한, 전기차 소유자는 정부의 세금 감면 혜택까지 받을 수 있다.

McKinsey의 연구에 따르면, 에너지 효율 제품을 사용하는 소비자들은 전통적인 제품을 사용할 때보다 평균 15~30%의 에너지 비용을 절감할 수 있다. 특히 에너지 절약형 가전제품의 경우 소비자는 5년 내 투자 비용을 회수할 수 있으며, 이후로는 전기세 절감 효과로 인한 순수익을 얻게 된다.

윤리적 소비와 심리적 만족

소비자들은 ESG 실천 기업의 제품을 구매함으로써 단순히 비용 절감을 넘어, 윤리적 소비에 따른 심리적 만족감을 느낀다. 윤리적 소비는 사회적 책임을 실천하는 기업의 제품을 구매함으로써, 소비자가 자신의 소비 행위로 사회적 기여를 하고 있다는 자부심을 갖게 한다.

스타벅스(Starbucks)는 공정 거래 커피를 도입해 윤리적 소비의 대표적 사례로 자리 잡았다. 스타벅스는 사회적 책임을 다하는 기업으로 소비자들에게 인식되고 있으며, 이를 통해 소비자들은 스타벅스 제품을 구매함으로써 윤리적 만족감과 함께 브랜드 충성도를 높였다.

TOMS 신발은 한 켤레를 구매할 때마다 아프리카와 남미의 빈곤 지역에 신발 한 켤레를 기부하는 One for One 캠페인을 진행해 큰 인기를 끌었다. 소비자들은 단순한 신발 구매를 넘어, 빈곤 지역에 기여하는 기회를 통해 큰 심리적 만족감을 느끼며 윤리적 소비를 실천했다.

Nielsen 보고서에 따르면, 전 세계 소비자의 66%가 윤리적 소비를 중요하게 여기며, Millennials(밀레니얼 세대)와 Gen Z(제트 세대)의 73%가 사회적 책임을 실천하는 브랜드를 선호한다고 답했다. 이는 윤리적 소비가 소비자들에게 심리적 만족과 경제적 선택을 동시에 제공한다는 것을 보여 준다.

일자리 창출 및 소득 증가

ESG 공급망 관리는 사회적 책임을 다하고 공정한 노동 환경을 제공함으로써 개인적 소득을 증가시키고, 지속 가능한 일자리를 창출하는 데 기여한다. 기업이 공정한 임금을 지급하고 안전한 작업 환경을 조성할 때, 근로자는 경제적으로 안정된 삶을 살 수 있다.

삼성전자는 자사의 글로벌 공급망에서 공정 노동 기준을 준수하며, 협력 업체에 공정 임금을 보장한다. 이를 통해 협력 업체 직원들은 안전한 근로 환경에서 공정한 임금을 받고 있으며, 이는 지역 경제 활성화에도 기여하고 있다.

이케아(IKEA)는 제품을 생산하는 글로벌 협력 업체들에 공정한 노동 조건을 요구하며, 협력 업체들이 노동자 권리 보호와 안전한 근로 환경을 제공하도록 지원하고 있다. 그 결과, 이케아와 협력하는 다국적 공급 업체의 근로자들은 임금 인상과 노동권 향상을 경험하며 경제적 이득을 얻고 있다.

☐ 건강한 제품과 사회적 비용 절감

ESG 공급망을 실천하는 기업들은 친환경적이고 무해한 제품을 생산하며, 이는 소비자의 건강과 장기적인 의료 비용 절감에 기여한다. 유해 화학물질이 없는 제품이나 친환경 재료로 만든 제품은 소비자의 건강을 보호하고, 불필요한 의료비 지출을 줄여 준다.

H&M은 공급망에서 유해 화학물질 사용을 줄이고, 친환경 섬유를 사용해 의류를 생산함으로써 소비자의 건강을 보호하고 있다. H&M은 이러한 친환경 섬유를 활용해 의류 폐기물을 줄이고, 소비자들이 친환경 패션을 통해 건강하고 지속 가능한 삶을 살 수 있도록 돕는다.

러쉬(Lush)는 천연 재료를 사용하여 피부에 무해한 화장품을 생산하며, 소비자들은 피부 자극이나 알레르기 문제를 피할 수 있다. 이러한 천연 제품은 장기적으로 소비자들의 의료 비용 절감에 기여한다.

(3) 사회 공동체 측면에서의 경제적 이익

ESG 공급망 관리는 기업과 개인의 이익을 넘어, 사회 공동체 전체에 걸쳐 경제적 이익을 창출한다. 사회 공동체 측면에서 ESG는 환경 보호, 사회적 안정성, 지속 가능한 경제 성장을 촉진하며, 이는 공공의 복지와 경제적 발전에 기여한다. 이 장에서는 ESG 공급망 관리가 사회 공동체에 미치는 구체적인 경제적 영향과 실사례, 연구 데이터를 통해 그 이익을 분석해 보겠다.

☐ 환경 보호와 자원 절감

ESG 공급망 관리는 환경 보호를 통해 사회 전체의 경제적 비용을 절감하는 데 기여한다. 기업들이 자원 소비를 줄이고 탄소 배출을 최소화함으로써, 장기적으로 환경 관련 사회적 비용을 줄이고, 자원 고갈을 방지한다. 이는 지역사회와 국가 경제에 큰 경제적 이익을 가져다준다.

유니레버(Unilever)는 ESG 공급망 관리의 일환으로 지속 가능한 팜유 사용을 도입하였다. 그 결과, 유니레버는 자원 고갈을 방지하고, 탄소발자국을 줄이며 20억 유로 이상의 비용을 절감했다. 이는 환경 보호가 기업뿐만 아니라, 사회적 자원 보호에도 기여하고 있음을 보여 준다.

스타벅스(Starbucks)는 지속 가능한 농업을 통해 자사의 커피 원두를 조달하고 있으며, 이를 통해 지속 가능한 농업 방식을 도입한 농부들의 경제적 자립을 돕고 있다. 이로 인해 커피 농장 지역사회는 더 나은 자원 관리와 경제적 안정성을 얻게 되었으며, 스타벅스는 장기적인 원료 공급망을 안정화하는 데 성공했다.

ESG 연구 데이터 요약

Category	실사례명	연구 데이터	특징
기업 측면	BMW	CDP 보고서: ESG 실천 기업은 에너지 효율성 향상으로 평균 9% 비용 절감, 일부 기업은 운영 비용의 20% 절감.	에너지 절감과 비용 절감 효과를 증대시키는 ESG 실천.
기업 측면	유니레버	유니레버: 지속 가능한 생활 계획을 실천하는 브랜드들이 회사 전체 매출 성장의 75% 차지.	매출 성장의 주요 동력으로 ESG 실천이 기여함.
개인 측면	LG전자	McKinsey 보고서: 에너지 효율 제품을 사용하는 소비자들은 평균 15~30% 에너지 비용 절감.	에너지 절약과 장기적인 비용 절감 혜택을 제공.
사회적 측면	유니레버	유니레버: 지속 가능한 팜유 사용으로 자원 고갈 방지 및 20억 유로 이상의 비용 절감.	자원 보호와 장기적 비용 절감의 성공 사례.
사회적 측면	World Economic Forum	WEF 보고서: ESG 공급망 관리로 2030년까지 글로벌 경제에서 약 26조 달러 경제적 이익 창출.	전 세계적으로 ESG 실천이 경제 성장을 이끄는 주요 요소로 평가됨.

□ **지역사회 발전과 경제 활성화**

ESG 공급망 관리는 지역사회의 경제적 활성화를 촉진하고, 지속 가능한 발전을 도모한다. 기업이 공정 거래와 지역 기반 생산을 장려할 경우, 해당 지역의 경제가 활성화되고, 일자리 창출과 인프라 개선으로 이어진다. 이는 지역 주민들의 삶의 질 향상과 경제적 안정을 가져온다.

코카콜라(Coca-Cola)는 아프리카 지역에서 공정 거래를 통해 지역사회 기반 생산을 확대하였다. 이를 통해 아프리카 여러 국가에 안정적인 일자리가 창출되었고, 지역 경제가 활성화되었다. 코카콜라는 이를 통해 지속 가능한 자원 공급망을 확보하였고, 지역사회는 경제적으로 자립할 수 있는 기반을 마련했다.

TOMS는 신발 판매를 통해 개발도상국에 신발을 기부하는 One for One 프로그램을 운영하여, 현지 사회에서 필수 자원을 제공하고 있다. 이를 통해 현지 경제 활성화와 동시에 공공 보건 개선에 기여하고 있다.

포스코는 포항 지역에서 공정 거래와 친환경 철강 생산을 통해 지역사회와 상생하는 공급망 관리를 추진했다. 포스코는 지역 협력 업체와 협력하여 친환경 생산 공정을 도입함으로써 포항 지역의 경제 활성화에 기여하고, 지역 주민들에게 안정적인 일자리를 제공했다.

현대차그룹은 전라북도 군산에 전기차 생산 공장을 세우며, 지역 경제에 활력을 불어넣었다. 현대차는 지역 기반 생산을 통해 수천 개의 일자리를 창출하였으며, 군산 지역 경제가 침체된 상황에서 경제 활성화를 이루는 데 큰 역할을 했다.

☐ 공공 건강과 사회적 비용 절감

ESG 공급망 관리가 사회적 책임을 다하는 기업은 지역사회의 공공 건강을 증진시키고, 사회적 비용을 줄이는 데 기여한다. 특히 유해 화학물질이나 환경 오염을 줄이는 ESG 관리 방침은 사회 전체의 건강 상태를 개선시키며, 이는 의료 비용 절감과 같은 사회적 비용 절감으로 이어진다.

H&M은 공급망에서 유해 화학물질 사용을 줄이고, 친환경 섬유를 사용하여 의류를 생산하고 있다. 이를 통해 소비자 건강을 보호하는 동시에 환경 오염을 줄였다. 이는 H&M 제품을 구매하는 소비자들의 건강 문제를 줄이는 데 기여하며, 장기적으로 사회적 의료 비용을 절감할 수 있었다.

다우(Dow)는 ESG 실천을 통해 폐수 관리와 공기 질 개선을 위한 환경 프로젝트를 진행하고 있으며, 이를 통해 주변 지역사회의 환경 위험을 줄였다. 다우의 프로젝트는 지역 주민들의 질병 발생률을 낮추었고, 공공 의료비 절감에 기여하고 있다.

한국전력공사(Kepco)는 석탄 발전소에서 신재생에너지로 전환하며, 환경 오염을 줄이고 지역사회의 공공 건강을 보호했다. 이로 인해 석탄 발전소 인근 주민들의 호흡기 질환 발생률이 크게 감소했고, 장기적인 사회적 의료 비용 절감에 기여했다.

삼성전자는 자사의 공급망에서 유해 물질을 줄이고, 친환경 반도체 생산 공정을 도입했다. 이로 인해 지역 주민들이 건강하게 생활할 수 있게 되었으며, 사회적 의료 비용이 줄어드는 효과를 가져왔다.

□ 기후 변화 대응과 지속 가능한 경제 성장

기후 변화는 전 세계적인 문제로 대두되고 있으며, 기업들이 ESG 공급망 관리를 통해 탄소 배출을 줄이고 친환경 에너지를 사용함으로써 기후 변화에 대응하는 것이 필수적이다. 이러한 노력은 기후 변화로 인한 사회적 재난 비용을 줄이고, 지속 가능한 경제 성장을 촉진하는 데 기여한다.

아마존(Amazon)은 탄소 배출을 줄이기 위해 전기 배송 차량을 도입하고 있으며, 기후 서약(Climate Pledge)을 통해 2040년까지 탄소중립을 달성하는 목표를 세웠다. 이로 인해 아마존은 물류 과정에서 발생하는 탄소 배출을 크게 줄였으며, 글로벌 기후 변화 대응에 기여하고 있다.

도이치 텔레콤(Deutsche Telekom)은 모든 협력 업체에 재생에너지 사용을 권장하고 있으며, 이를 통해 독일 내에서만 수천만 유로의 에너지 비용 절감 효과를 가져왔다. 또한, 탄소 배출을 줄임으로써 독일 사회 전체의 기후 변화 대응에 기여하고 있다.

SK이노베이션은 탄소중립 목표를 달성하기 위해 재생에너지와 친환경 배터리 생산을 확대했다. 이를 통해 탄소 배출량을 30% 줄였으며, 기후 변화 대응에 기여함으로써 장기적으로 사회적 비용 절감에 기여하고 있다.

한화그룹은 태양광 에너지 사업을 적극적으로 확대하여, 한국 내에서 신재생에너지 비율을 높이고 있다. 이를 통해 한화는 탄소 배출을 줄이면서 기후 변화로 인한 피해를 줄이고, 친환경 에너지 산업을 선도하고 있다.

3) ESG 공급망 관리가 기업 수익에 미치는 영향

ESG 공급망 관리는 단순히 환경적, 사회적 책임을 다하는 차원에서 그치는 것이 아니라, 기업의 수익성에 직접적인 영향을 미친다. ESG 원칙을 공급망에 도입한 기업은 비용 절감, 매출 증대, 투자 유치 등에서 경쟁 우위를 점할 수 있으며, 장기적으로 지속 가능한 성장을 이룰 수 있다. 이 장에서는 ESG 공급망 관리가 어떻게 기업의 수익성에 긍정적인 영향을 미치는지 구체적으로 살펴보자.

(1) 비용 절감과 운영 효율성 향상

ESG 공급망 관리의 가장 큰 장점 중 하나는 비용 절감과 운영 효율성 향상이다. 기업은 자원 절약, 재생에너지 사용, 폐기물 감소 등을 통해 장기적으로 운영 비용을 절감할 수 있다. 특히 에너지 효율화는 전력 비용을 줄이는 데 효과적이며, 이는 기업의 고정 비용을 낮춰 순이익을 증대시킨다.

삼성전자는 자사 반도체 공정에 재생에너지를 도입하고 에너지 효율화 시스템을 구축한 결과, 연간 수백억 원의 에너지 비용을 절감했다. 또한, 폐기물 처리 비용을 절감함으로써 공급망 운영 비용을 최소화하였다. 삼성전자는 이를 통해 수익성을 높이고, 전 세계 반도체 시장에서 경쟁력을 강화했다.

스타벅스는 전 세계 매장에서 친환경 운영 방침을 도입하고, 물 절약 기술과 재생에너지를 사용해 연간 5억 달러 이상의 비용 절감 효과를 얻었다. 스타벅스는 지속 가능한 공급망을 통해 장기적인 비용 절감을 달성하고 있다.

(2) 매출 증대와 브랜드 가치 강화

ESG 공급망 관리는 기업의 브랜드 이미지를 강화하고, 매출 증대에 긍정적인 영향을 미친다. 소비자들은 윤리적이고 친환경적인 제품을 더 선호하는 경향이 있으며, 이러한 기업의 제품을 선택함으로써 매출 증대 효과가 발생한다. ESG 실천은 기업이 고객 신뢰를 얻는 중요한 요소로, 이는 궁극적으로 고객 충성도와 반복 구매로 이어진다.

유니레버(Unilever)는 자사 제품에 지속 가능한 생활 계획(Sustainable Living Plan)을 도입한 이후, 해당 브랜드의 매출이 다른 브랜드보다 50% 이상 빠르게 성장했다. 유니레버는 ESG 원칙을 공급망에 적용하여 소비자들로부터 높은 신뢰를 얻고 있으며, 이를 통해 매출 증대를 이루었다.

테슬라(Tesla)는 친환경 전기차 생산과 ESG 공급망 관리를 통해 전 세계적으로 높은 인기를 끌며, 2020년에만 매출이 36% 증가했다. 테슬라는 지속 가능한 공급망 관리로 인해 소비자들이 친환경 제품을 선택하면서 기업 매출이 급성장했다.

(3) 투자자 신뢰와 자본 시장에서의 이익

ESG 평가는 현재 글로벌 자본 시장에서 중요한 투자 기준으로 자리 잡고 있다. 사회적 책임 투자(SRI)와 같은 ESG 관련 투자 상품이 증가하면서, ESG를 실천하는 기업은 투자자 신뢰를 얻고 더 많은 자본을 유치할 수 있다. 또한, ESG 등급이 높은 기업은 자본 비용을 절감할 수 있어, 장기적으로 수익성에 긍정적인 영향을 미친다.

SK이노베이션은 ESG 평가에서 높은 점수를 받으면서, 글로벌 녹색 금융을 통해 10억 달러 이상의 자금을 조달했다. 이 자금을 바탕으로 친환경 에너지 사업을 확대하면서, 투자자들의 신뢰를 높이고 자본 시장에서 경쟁력을 강화했다.

신한금융그룹은 ESG 공급망 관리를 강화하여 지속 가능한 금융 상품을 제공하고, 이를 통해 ESG 실천 기업들에게 자금을 지원하면서 자산 운용 규모를 확대했다. 신한금융은 ESG 평가에서 높은 점수를 받은 덕분에 해외 자본 시장에서도 긍정적인 평가를 받고 있다.

(4) 법적 리스크 감소 및 규제 대응

글로벌 ESG 규제는 점차 강화되고 있으며, 이를 준수하지 않는 기업은 법적 제재와 벌금을 피할 수 없다. ESG 공급망 관리를 통해 기업은 법적 리스크를 줄이고, 규제를 사전에 대비하여 장기적인 재정적 안정성을 확보할 수 있다. 이는 법적 비용 절감과 명성 유지에도 도움이 된다.

LG화학은 자사 공급망에서 ESG 기준을 강화하여, 해외 환경 규제와 탄소 배출 규제를 사전에 대비하였다. 이를 통해 LG화학은 글로벌 시장에서 법적 리스크를 줄였으며, 수백억 원에 이르는 법적 비용을 절감할 수 있었다.

SK하이닉스는 반도체 제조 공정에서 유해 물질 배출을 줄이기 위한 ESG 관리를 도입하여, 국내외 환경 규제를 미리 충족하고 있다. 이를 통해 SK하이닉스는 환경 관련 법적 분쟁을 피하고, 규제 대응에 성공함으로써 기업 수익성을 유지할 수 있었다.

ESG 공급망 관리가 기업 수익에 미치는 영향 요약

영역	기업 실사례	연구 데이터	특징
비용 절감	삼성전자: 에너지 절감으로 연간 수백억 원 절감	CDP: ESG 실천 기업 평균 20% 비용 절감	재생에너지 사용, 자원 절약 등으로 운영 효율성 극대화
매출 증대	유니레버: 지속 가능성 도입 후 매출 50% 성장	Nielsen: ESG 기업의 제품 판매 성장률 5배 높음	브랜드 가치 강화 및 소비자 신뢰 증가
투자자 신뢰	SK이노베이션: 녹색 금융 통해 10억 달러 자금 조달	MSCI: ESG 등급 높은 기업, 주식 수익률 4% 더 높음	자본 비용 절감 및 더 많은 자본 유치 가능
법적 리스크 감소	LG화학: ESG 규제 준수로 법적 리스크 최소화	OECD: ESG 준수 기업, 법적 비용 25% 절감	법적 비용 절감 및 규제 대응 능력 향상

3. 글로벌 공급망 관리 트렌드 대응 방안

1) 글로벌 공급망 관리 규제 현황

글로벌 공급망 관리 규제는 각국 정부와 국제 기구들이 지속 가능한 발전을 목표로 ESG 원칙을 공급망에 도입하도록 요구하는 법적 장치이다. ESG 공급망 관리에 대한 규제는 환경 보호, 인권 보호, 그리고 투명성 강화를 목적으로 하며, 이러한 규제를 준수하지 않는 기업에게는 법적 제재와 벌금이 부과된다. 국가마다 다르게 시행되는 공급망 관리 법규는 기업들에 책임 있는 경영을 요구하며, 글로벌 시장에서 규제 준수 여부가 기업의 경쟁력에 중요한 영향을 미친다. 전 세계적으로 ESG(Environmental, Social, Governance) 경영이 기업의 핵심 과제로 부상함에 따라, ESG 공급망 관리에 대한 규제와 기대 수준도 빠르게 진화하고 있다. 특히 EU를 중심으로 한 글로벌 규제는 공급망 전반에 걸쳐 인권, 환경, 기후 리스크에 대한 실질적 책임을 기업에 요구하고 있으며, 이를 이행하지 않을 경우 법적 제재나 시장 접근 제한으로 이어질 수 있다.

이러한 흐름의 중심에 있는 것이 EU가 2025년 2월에 발표한 'EU 옴니버스 간소화 패키지(EU Omnibus Proposal – Simplification Omnibus Package)'이다. 이 패키지는 기존의 복잡하고 중첩된 ESG 규제를 통합적이고 일관된 방향으로 조율함으로써, 기업의 실행 가능성을 높이고 행정 부담을 줄이기 위한 목적에서 출발하였다. EU 옴니버스 간소화 안은 특히 CSRD(지속 가능성 보고 지침), CSDDD(지속 가능성 실사 지침), EU Taxonomy(지속 가능 금융 분류 체계) 등 핵심 ESG 규제 간의 정책 정합성과 연계성을 강화하고자 하였다.

주요 간소화 내용으로는 첫째, 기업들의 중복보고 부담을 완화하기 위해 보고 일정과 형식을 표준화하고, 둘째, 중소기업에 대해서는 단계적 이행과 단순화된 의무를 부과하여 현실적 이행을 유도하며, 셋째, 각국의 법제화 단계에서 통일된 해석과 적용을 가능하게 하는 표준 지침을 제시하였다. 이는 단순한 절차 축소를 넘어, ESG 정책의 체계적 이행과 기업 경영의 실효성 확보를 위한 전략적 간소화로 평가된다.

(1) EU의 국가별 공급망 관련 법규 및 규제 현황

유럽연합(EU)은 지속 가능성과 사회적 책임을 강화하기 위해 공급망 관리에 대한 엄격한 규제를 도입하고 있으며, 이는 국가별로 세부적인 법규로 적용되고 있다.

특히 CSDDD(Corporate Sustainability Due Diligence Directive)는 EU 전체에 적용되는 통합 법안으로, 대기업들이 공급망에서 인권과 환경에 대한 실사를 수행하도록 요구한다. 이 외에도 독일, 프랑스, 네덜란드, 스웨덴, 이탈리아 등 각국이 독자적으로 공급망 관련 규제를 시행하고 있다.

▢ EU 자체 법규: CSDDD (Corporate Sustainability Due Diligence Directive)

CSDDD(기업 지속 가능성 실사 지침)는 EU 전체에 적용되는 지속 가능성 실사법으로, 기업들이 글로벌 공급망에서 발생할 수 있는 인권 침해와 환경 파괴를 예방하고, 이를 공시하도록 요구하는 법안이다.

CSDDD 적용 대상은 직원 수가 1,000명이 넘고 전 세계 순매출액(전년도 기준)이 4억 5,000만 유로를 초과하는 EU기업 및 그 모기업 또는 EU 역내 순매출액(전전년도 기준)이 4억 5,000만 유로를 초과하는 역외 기업 및 그 모기업에 적용되며, 시행 시기는 2028년부터 단계적으로 시행한다.

기업들은 글로벌 공급망에서 발생할 수 있는 인권 침해, 노동 착취, 환경 오염 등을 사전에 실사하고, 이를 방지하기 위한 조치를 취해야 한다.

공급망의 각 단계에서 발생하는 탄소 배출과 환경 영향을 공개하고, 지속 가능한 자원 관리와 인권 보호를 실현해야 한다.

규정을 위반한 경우 전 세계 연간 매출의 4% 또는 2천만 유로 중 더 큰 금액을 벌금으로 부과하며, 실사를 제대로 수행하지 않았거나 허위 보고를 할 경우, 민사 소송에 직면할 수 있다.

▢ 독일: 공급망 실사법 (Lieferkettensorgfaltspflichtengesetz, LkSG)

독일은 2023년 1월 1일부터 공급망 실사법(LkSG)을 시행하여, 대기업들이 공급망에서 인권 침해와 환경 오염을 예방하도록 강력한 규제를 도입하였다. 독일은 기업의 공급망 관리에서의 투명성과 책임을 강조하고 있다.

적용 대상은 3,000명 이상의 대기업(2024년부터는 1,000명 이상으로 확대)이며, 기업들은 공급망에서 발생할 수 있는 인권 침해와 환경 파괴 문제를 사전에 실사하고, 이를 방지하기 위한 조치를 취해야 한다.

공급망 내 모든 협력 업체에 대해 리스크 평가를 실시하고, 실사를 기반으로 위험 요소를 식별하여 조치를 취해야 한다.

위반 시 최대 800만 유로 또는 연 매출의 2%에 해당하는 벌금 부과하며, 기업은 실사 의무를 이행하지 않을 경우 공공 계약에서 배제될 수 있으며, 민사 소송에 직면할 수 있다. 그러나 2025년 4월 11일 EU의 옴니버스 개정안에 발맞추어 동일 날짜에 독일 공급망 실사법(LkSG)의 폐지 수순에 들어간다고 밝혔다. 대신에 EU 공급망 실사법(CSDDD)으로 이행 준비를 하고 있다.

☐ 프랑스: 기업의 인권과 환경 실사법 (Loi de Vigilance)

프랑스는 2017년부터 Loi de Vigilance(주의 의무법)을 시행하여, 기업이 글로벌 공급망에서 발생할 수 있는 인권 침해와 환경 문제를 사전에 예방하도록 하고 있다.

적용 대상은 5,000명 이상 직원이 있는 프랑스 내 기업 또는 1만 명 이상 직원을 둔 글로벌 기업으로서, 공급망에서 발생할 수 있는 인권 침해, 환경 오염, 건강 침해를 사전에 예방하기 위한 경영 계획을 수립해야 한다.

위험 요소를 사전에 평가하고, 이를 개선하기 위한 구체적인 계획을 프랑스 정부에 보고해야 한다.

벌금이 부과될 수 있으며, 인권 침해나 환경 피해 발생 시 피해 보상을 해야 한다. 법적 의무를 이행하지 않을 경우 법원 명령에 의해 실사 이행을 강제받을 수 있다.

☐ 네덜란드: 아동 노동 실사법 (Child Labor Due Diligence Law)

네덜란드는 2019년부터 아동 노동 실사법을 시행하여, 기업들이 공급망에서 발생할 수 있는 아동 노동 문제를 예방하기 위한 규제를 강화했다.

적용 대상은 네덜란드 내에서 활동하는 모든 기업을 대상으로 하고, 기업들은 공급망 내 아동 노동 위험성을 식별하고, 이를 방지하기 위한 실사를 수행해야 하며, 관련 내용을 정부에 보고해야 한다.

규정 위반 시 최대 82만 유로의 벌금이 부과되며, 반복 위반 시 최고 경영진이 형사 처벌을 받을 수 있다.

☐ 스웨덴: 기후 변동성 관리법 (Climate Act)

스웨덴은 기후 변화 대응을 위해 기후 변동성 관리법을 도입하여, 기업들이 공급망에서 발생하는 탄소 배출을 줄이고 기후 리스크를 평가하도록 요구하고 있다.

적용 대상은 연 매출 2억 크로나 이상의 대기업이며, 기업들은 공급망에서 발생하는 탄소 배출량을 줄이고, 이를 연간 보고해야 하며, 기후 변화에 대응할 수 있는 재생에너지 사용 계획을 수립해야 한다.

규정 위반 시 최대 1천만 크로나의 벌금이 부과되며, 탄소 배출 목표를 달성하지 못한 기업은 환경 보상금을 지급해야 한다.

☐ 이탈리아: 공급망 관리 및 지속 가능성 보고 규제

이탈리아는 ESG 규제를 강화하고, 공급망에서의 지속 가능성을 중요시하는 정책을 도입하고 있다. 이탈리아의 공급망 규제는 탄소 배출과 인권 보호를 중심으로 하며, 이를 준수하지 않을 경우 경제적 제재가 뒤따른다.

적용 대상은 연 매출 5천만 유로 이상의 대기업으로서, 주요 규제 사항은 기업들은 지속 가능성 보고서를 제출해야 하며, 공급망에서 발생하는 탄소 배출과 에너지 사용에 대한 정보를 투명하게 공개해야 한다.

기업은 공급망에서 발생할 수 있는 인권 침해와 환경 파괴를 방지할 책임이 있으며, 이를 위해 협력 업체와 함께 리스크 관리 시스템을 구축해야 한다.

규정 위반 시 최대 500만 유로의 벌금이 부과되며, 반복 위반 시 기업의 최고 경영진이 형사 처벌을 받을 수 있다. 기업은 지속 가능성 보고서를 미제출하거나 허위 보고할 경우 민사 소송에 직면할 수 있다.

(2) 미국의 공급망 관리 규제 현황

미국은 환경 보호, 인권 보호, 투명한 경영을 실현하기 위한 다양한 공급망 관리 규제를 시행하고 있으며, 특히 기후 변화와 노동력 착취를 방지하는 데 초점을 맞추고 있다. 미국의 공급망 관련 규제는 주로 미국 증권거래위원회(SEC)와 주별 법령을 통해 도입되며, 기업들이 글로벌 공급망에서 지속 가능한 운영을 유지하도록 요구한다. 투명성, 공정 노동, 탄소 배출 감소 등이 미국의 공급망 규제의 핵심 요소이다.

□ SEC 기후 관련 공시 규칙 (SEC Climate Disclosure Rules)

미국 증권거래위원회(SEC)는 기업들이 공급망에서 발생하는 기후 리스크와 탄소 배출량을 보고하도록 요구하는 기후 공시 의무 규정에 관한 초안을 2022년 3월공개하였고, 2024년 3월에 최종 규정이 채택되었다. 이는 미국 내 상장 기업들에게 투명한 정보 공개를 강조하며, 환경적 책임을 실천하도록 하는 중요한 규제이다. 그러나 ESG 공시의 속도 조절 확산에 따라 미국의 기후 공시 규칙의 철회 가능성이 높아지고 있는 상황이다.

SEC 기후 관련 공시 규칙 적용대상

대상	중요한 지출과 영향 이외 모든 공시 항목	중요한 지출과 영향	Scope 1, 2	제한적 검증	합리적 검증
대기업	FY2025	FY2026	FY2026	FY2029	FY2033
중견기업	FY2026	FY2027	FY2028	FY2031	면제
소기업	FY2027	FY2028	면제	면제	면제

참고:
- 제한적 검증은 합리적 검증에 비해 제한적인 증거를 수집하고 기업의 진술에도 의존함
- 대기업(Large Accelerated Filer, LAF)는 시총 약 7억 달러 초과, 중견기업(Accelerated Filer, AF)은 시총 75백만~7억 달러 미만, 소기업(Non-accelerated Filer, NAF)은 LAF/AF에 해당되지 않는 기업, SRC(소규모기업), EGC(신생성장기업)/ 자료: SEC, 삼성증권정리

적용 대상은 상장 기업 및 연 매출 1억 달러 이상의 대기업으로서, 기업은 스코프 1, 2에 해당하는 탄소 배출량을 보고해야 한다. 즉 기업 자체의 직접적인 배출(스코프 1), 기업이 소비하는 에너지에서 발생하는 간접 배출(스코프 2)을 포함한다.

기업들은 기후 변화 리스크가 재무 성과에 미치는 영향을 평가하고, 이를 투자자와 규제 당국에 공개해야 한다.

탄소 감축 계획을 수립하고 이를 정기적으로 보고할 의무가 있으며, 재생에너지 사용 비율도 포함된다.

기후 리스크와 탄소 배출 정보를 제대로 보고하지 않을 경우 최대 500만 달러의 벌금을 부과받을 수 있으며, 허위 보고 시 추가적인 법적 제재가 따를 수 있다.

민사 소송의 위험에 직면할 수 있으며, 법적 의무를 이행하지 않는 기업은 투자자 신뢰에 악영향을 끼칠 수 있다.

☐ 캘리포니아 공급망 투명성법 (California Transparency in Supply Chains Act)

캘리포니아는 2012년부터 공급망 투명성법을 시행하여, 기업들이 공급망에서 발생하는 인신매매와 노동 착취 문제를 해결하기 위한 규제를 도입했다. 이 법은 공정 노동을 보장하는 데 중점을 두고 있으며, 공급망에서의 윤리적 책임을 강화한다.

기업은 공급망 내에서 발생하는 인신매매 및 강제 노동의 위험성을 파악하고, 이를 방지하기 위한 감사 프로그램을 운영해야 한다.

공급 업체들이 공정 노동 기준을 준수하는지 여부를 검증하기 위해 실사 보고서를 작성해야 하며, 윤리적 공급망을 유지하기 위한 계획을 수립해야 한다.

공급망 관리와 관련된 정보는 기업의 웹사이트에 공개하여 소비자와 투자자들이 쉽게 접근할 수 있도록 해야 한다.

기업이 실사 보고서를 작성하지 않거나, 웹사이트에 정보를 공개하지 않을 경우 캘리포니아 법원에서 소송을 제기할 수 있으며, 벌금이 부과될 수 있다.

규정 위반 시 기업의 이미지와 신뢰도에 악영향을 미칠 수 있으며, 소비자 불매 운동이나 법적 소송의 대상이 될 수 있다.

☐ 미국 공정 노동 기준법 (Fair Labor Standards Act, FLSA)

공정 노동 기준법(FLSA)는 노동 착취와 저임금 문제를 해결하기 위해 도입된 미국의 핵심 노동법 중 하나이다. 이 법은 최저 임금, 시간 외 수당, 아동 노동 방지 등 공급망에서의 노동권 보호를 중점으로 다룬다.

적용 대상은 미국 내 모든 기업 및 공급망 내 협력 업체로서 공급망에서 최저 임금을 준수해야 하며, 시간 외 근무 시 초과 수당을 제공해야 한다.

아동 노동을 엄격히 금지하며, 이를 위반한 기업은 법적 처벌을 받을 수 있다.

노동자 권리 보호와 관련된 정보를 보고하고, 공급 업체가 이를 준수하는지 검토해야 한다.

최저 임금을 준수하지 않거나, 노동권을 침해할 경우 과태료 및 소송이 발생할 수 있으며, 위반이 지속될 경우 기업의 영업 허가가 취소될 수 있다.

노동권 침해와 관련된 분쟁이 발생할 경우, 기업은 피해자에게 배상금을 지급해야 한다.

◻ **Dodd-Frank 법안: 분쟁 광물 규제 (Conflict Minerals Rule)**

Dodd-Frank 금융 개혁 법안의 일환으로 도입된 분쟁 광물 규제는 기업들이 분쟁 지역에서 조달된 광물 사용을 보고하도록 요구한다. 이 규제는 아프리카 중앙부 등 분쟁 지역에서 생산된 탄탈럼, 주석, 텅스텐, 금과 같은 광물이 인권 침해와 군사 분쟁을 자금 지원하는 데 사용되지 않도록 통제하는 것을 목표로 한다.

적용 대상은 상장된 제조업 기업 중 분쟁 광물을 사용하는 기업으로서, 기업들은 자사 제품에 사용된 광물이 분쟁 지역에서 조달되었는지 여부를 파악해야 하며, 이를 공시해야 한다.

공급망에서 분쟁 광물의 출처를 확인하기 위한 실사를 수행해야 하며, 이를 위한 감사 프로그램을 시행해야 한다.

분쟁 광물 관련 정보를 공개하지 않거나, 출처가 불확실한 광물을 사용할 경우 벌금이 부과되며, 투자자와 소비자들로부터 신뢰 상실을 겪을 수 있다.

민사 소송의 위험이 있으며, 기업의 평판에 악영향을 미칠 수 있다.

◻ **위구르 강제 노동 방지법(Uyghur Forced Labor Prevention Act)**

미국은 2021년 12월 23일, UFLPA 제정을 통해 강제 노동을 통한 생산품이 미국 내로 수입되는 것을 금지하였다. 동 법에 따르면, 중국의 신장 위구르자치구에서 전체 또는 일부가 채굴, 생산, 제조된 상품의 경우, 강제 노동 제품으로 추정되어 관세국경보호청(Customs and Border

Protection, 이하 "CBP")에 의해 통관이 정지되며, 해당 제품이 강제 노동과 관련되지 않았다는 사실을 수입자가 입증할 경우에만 통관이 재개되고, 그렇지 않을 경우 반출 또는 압류된다.

미 정부는 2022년 처음으로 20개 제재 기업 리스트를 발표한 이후 계속 리스트를 추가해 왔으며, 현재 수입 제한 대상 기업은 70개 이상으로 늘어났다. 품목별로는 의류, 섬유, 신발, 자동차 부품, 알루미늄, 식품 등이 망라돼 있다.

또한, 2024년 7월, 미 국토부가 발표한 '위구르 강제 노동 방지법 전략 보고서' 업데이트 내용에 따르면 미 관세국경보호청(CBP)은 위구르 강제 노동 금지법 발효 이후 9,000건(340억 달러 상당)의 선적을 검사했으며, 그중 3,500건의 선적(6억9,599만 달러 상당)에 대해 통관을 거부했다.

2) 해외 시장에서의 ESG 전략과 수익 창출 방안

ESG(환경, 사회, 지배구조)가 글로벌 경영의 핵심 요소로 자리 잡으면서, 기업들이 해외 시장에서 ESG 전략을 통해 수익을 창출하는 방안에 대한 관심이 커지고 있다. ESG는 단순한 윤리적 경영뿐만 아니라, 기업의 경제적 이익과 장기적인 성장을 실현할 수 있는 중요한 수단으로 작용한다. 특히 글로벌 시장에서의 규제 강화, 소비자 요구 변화, 투자자의 선호 등은 기업들이 ESG를 통해 경쟁 우위를 확보하고 수익성을 높일 기회를 제공한다.

이 장에서는 해외 시장에서 ESG 전략을 통해 수익을 창출할 수 있는 방법을 구체적으로 살펴보자.

(1) 지속 가능한 제품 및 서비스 개발

글로벌 시장에서 지속 가능한 제품을 개발하는 것은 ESG 전략의 중요한 축이다. 소비자들은 이제 더 이상 단순히 제품의 가격과 품질만을 고려하지 않으며, 환경적 책임과 사회적 가치를 중시한다. 이에 따라 기업은 친환경 제품이나 윤리적 제품을 통해 소비자들의 요구에 부응할 수 있으며, 이를 통해 매출을 증대시킬 수 있다.

유니레버(Unilever)는 자사의 지속 가능성 프로젝트인 Sustainable Living Plan을 통해 친환경 제품을 개발하고 있으며, 이를 통해 ESG 목표를 실현하면서 동시에 50% 이상의 매출 성장을 이루었다.

파타고니아(Patagonia)는 친환경 의류를 통해 글로벌 시장에서 성공을 거두었으며, 이는 기업의 매출뿐만 아니라 브랜드 이미지를 강화하는 데 기여했다.

(2) 에너지 효율화 및 재생에너지 사용 확대

에너지 효율화와 재생에너지 사용은 ESG 전략의 중요한 요소이며, 이는 기업의 비용 절감과 수익성 증대를 동시에 실현할 수 있는 방안이다. 특히 글로벌 시장에서 탄소 배출 규제가 강화됨에 따라, 기업은 재생에너지를 적극적으로 도입해 탄소 배출을 줄이고 지속 가능한 경영을 실현할 수 있다.

구글(Google)은 전 세계 데이터센터에서 재생에너지를 사용하여 에너지 비용을 절감하고 있으며, 이를 통해 글로벌 시장에서 탄소중립을 실현하는 대표적인 기업으로 자리 잡았다. 이는 비용 절감과 동시에 브랜드 이미지를 강화하는 효과를 가져왔다.

테슬라(Tesla)는 태양광 패널과 배터리를 통해 재생에너지 기반 전기차 생산 시스템을 구축하여 생산 비용 절감과 탄소 배출 감소를 동시에 달성하고 있다.

(3) 글로벌 투자자와의 ESG 기반 협력 확대

ESG 전략은 글로벌 투자자에게 매우 중요한 요소로 자리 잡고 있다. 사회적 책임 투자(SRI)와 같은 ESG 관련 투자 상품이 증가하면서, ESG 실천 기업들은 더 많은 투자 자본을 유치할 수 있다. 특히 글로벌 시장에서 투자자 신뢰를 얻는 것은 기업의 장기적인 수익성을 높이는 중요한 요소이다.

SK이노베이션은 녹색 금융을 통해 10억 달러 이상의 자금을 조달하고, 재생에너지 기반 사업을 확장하여 글로벌 시장에서 투자자 신뢰를 강화했다.

블랙록(BlackRock)과 같은 글로벌 투자 회사들은 ESG 실천 기업에 대한 투자 비율을 높이며, 장기적인 수익성을 ESG 실천 기업에서 찾고 있다.

(4) 국제 규제와 인증 활용

글로벌 시장에서 ESG 규제와 인증을 활용하는 것도 중요한 수익 창출 방안이다. 각국의 ESG 관련 법규를 적극적으로 준수하고, 이를 기반으로 국제 인증을 취득함으로써 글로벌 신뢰성을 확보할 수 있다. 국제 인증을 받은 기업은 글로벌 시장에서의 경쟁 우위를 확보하고, 소비자와 투자자로부터 높은 평가를 받을 수 있다.

삼성전자는 ISO 14001 인증을 통해 글로벌 시장에서 환경 경영의 신뢰성을 확보하고 있으며, 이를 통해 글로벌 고객사와의 거래를 확대하고 있다.

유니레버는 공정 무역 인증을 받은 제품을 통해 글로벌 시장에서 소비자들의 신뢰를 얻고 있으며, 이를 통해 매출 성장을 이루고 있다.

3) 규제 준수와 인증 획득을 통한 비즈니스 확장

국제 규제와 인증은 글로벌 시장에서 비즈니스 확장의 중요한 요소로 작용하고 있다. ESG(환경, 사회, 지배구조) 요구 사항이 강화되면서, 기업들이 국제적으로 인정된 ESG 규제를 준수하고 인증을 획득하는 것이 수익성을 높이고 성장을 촉진하는 필수적인 전략이 되었다. 이를 통해 기업은 글로벌 시장에서의 경쟁력을 강화하고, 법적 리스크를 줄이며, 소비자 신뢰와 투자자 신뢰를 얻을 수 있다. 국제 규제와 인증을 통한 비즈니스 확장은 기업이 글로벌 무대에서 지속 가능성을 실현하는 중요한 방법이다.

(1) 국제 규제 준수에 따른 시장 접근성 관리

최근 ESG 관련 규제가 일부 산업과 국가를 중심으로 조정되거나 속도 조절이 이루어지고 있으나, 탄소 배출, 공급망 투명성, 인권 보호 등 핵심 분야에 대한 규제 틀은 여전히 유지되고 있다. 특히 미국, EU 등 주요 경제권의 정책 방향에 따라 향후 규제 강도는 유동적으로 변화할 수 있다. 따라서 기업은 단기적인 규제 완화에만 주목하기보다, 중장기적으로는 지속 가능 경영을 위한 체계적인 대응 역량을 갖추는 것이 중요하다. 이는 단지 시장 접근성을 위한 수단이 아니라, 미래 경쟁력 확보를 위한 필수적인 경영 전략이 되어야 한다.

SK하이닉스는 유럽의 탄소 배출 규제에 대응하여 재생에너지 사용을 확대하였으며, 이를 통해 유럽에서의 환경 인증을 획득하고 글로벌 반도체 시장에서 경쟁 우위를 확보했다. 유럽연합 내에서의 공공 계약을 통해 새로운 비즈니스 기회를 창출하고 있다.

아디다스(Adidas)는 독일 공급망 실사법을 준수하고, 자사 공급망 내 인권 보호와 공정 노동 기준을 엄격하게 적용하고 있다. 이를 통해 글로벌 소비자들에게 윤리적 브랜드로 인정받았으며, 글로벌 시장에서의 매출 성장을 이루었다.

(2) 국제 인증을 통한 신뢰성 확보와 경쟁력 강화

국제 인증은 글로벌 시장에서 비즈니스 확장을 위한 중요한 수단으로, 기업이 ESG(환경, 사회, 지배구조) 원칙을 충실히 이행하고 있다는 것을 증명하는 방법이다. 국제 인증을 획득한 기업은 투명성과 신뢰성을 갖춘 기업으로 평가되며, 글로벌 고객사, 투자자, 소비자로부터 높은 신뢰를 얻을 수 있다. 이를 통해 비즈니스 경쟁력을 강화하고, 더 많은 시장 진입 기회를 제공받을 수 있다.

국제 인증의 범위는 매우 넓으며, 특히 환경 관리, 사회적 책임, 정보 보안, 산업 안전과 같은 ESG 관련 요소들이 포함된다. 이를 통해 기업은 지속 가능한 경영을 실천하고 있다는 명확한 신호를 글로벌 시장에 전달할 수 있다.

☐ ESG 관련 국제 인증의 종류

다양한 ESG 관련 국제 인증이 존재하며, 각 인증은 특정 분야에서 기업이 지속 가능성과 사회적 책임을 다하고 있음을 증명한다. 아래에서는 대표적인 환경, 사회, 정보 보안, 안전과 관련된 인증을 소개하면 다음과 같다.

ESG 관련 국제 인증의 종류

인증 명	적용 대상	효과
ISO 14001 (환경 관리 시스템)	전 산업군 (특히 제조업, 에너지 기업, 자원 채굴 기업)	환경적 리스크 관리, 글로벌 고객사와 거래에서 신뢰성 확보
ISO 45001 (산업 안전 및 보건 관리 시스템)	제조업, 건설업, 위험 작업 환경이 있는 기업	안전한 작업 환경 보장, 보험료 절감 및 법적 분쟁 예방
ISO 27001 (정보 보안 관리 시스템)	금융 서비스, IT 서비스, 전자 상거래, 정보 처리 기업	정보 보안 신뢰성 확보, 금융 거래 및 IT 서비스 계약에서 필수
ISO 50001 (에너지 관리 시스템)	에너지 사용량이 많은 제조업, 공공 기관, 서비스업	에너지 효율성 증대, 운영 비용 절감 및 탄소 배출 규제 준수

SA8000 (사회적 책임 인증)	제조업, 의류업, 식품 가공업, 공정 무역 기업	공정 노동 관행 실천, 글로벌 시장에서 윤리적 브랜드로 신뢰 획득
FSC 인증 (산림 관리 인증)	목재 제품, 종이, 가구 등 산림 자원 사용 기업	환경적 책임 강조, 글로벌 소비자 및 기업 파트너와 신뢰 구축

☐ **국제 인증의 신뢰성 확보와 경쟁력 강화 효과**

국제 인증은 기업이 지속 가능한 경영을 실천하고 있다는 신뢰성을 확보할 수 있게 해 준다. 이는 특히 글로벌 시장에서 비즈니스 확장과 경쟁력 강화의 중요한 요소로 작용한다. 글로벌 기업과의 파트너십, 공공 입찰에서의 우위, 그리고 국제 투자자들로부터의 자금 유치는 모두 국제 인증을 통한 신뢰성에서 비롯된다.

4. AI로 강화하는 ESG 공급망 관리

AI(인공지능) 기술은 오늘날 ESG(환경, 사회, 지배구조) 경영의 핵심 요소로 자리 잡고 있으며, 특히 공급망 관리에서 중요한 역할을 하고 있다. AI는 데이터를 분석하고 패턴을 인식하는 데 있어 인간의 능력을 뛰어넘는 역량을 보유하고 있으며, 이를 통해 공급망 관리에서의 비용 절감과 효율성 향상을 실현할 수 있다. AI를 도입한 ESG 공급망 관리는 기업이 지속 가능성을 추구하면서도 운영 비용을 절감하고 프로세스를 최적화하는 데 기여하고 있다.

AI(인공지능)는 ESG(환경, 사회, 지배구조) 목표를 실현하는 데 핵심적인 도구로 떠오르고 있다. 특히 공급망 관리에서 AI 기술은 기존의 비효율적이고 제한적인 방식들을 개선하며, ESG 이니셔티브를 실행하는 데 비용 절감과 효율성 향상이라는 두 가지 중요한 이점을 제공한다. 이 장에서는 AI 기술이 ESG에 어떻게 적용되고 있는지, 기존 방법과의 비교를 통해 새로운 활용 방식이 경제적, 운영적 효과를 가져오는지 구체적으로 살펴본다.

1) 기존 공급망 관리와 AI 기술의 비교

기존의 공급망 관리 방법은 사후 대응적이고 수동적인 방식이 많았다. 수작업 기반 데이터 처리, 느린 의사 결정 프로세스, 제한적인 실시간 모니터링 시스템 등이 공급망의 효율성과 ESG 목표 달성에 큰 제약으로 작용했다. 반면, AI 기술은 방대한 데이터를 실시간으로 처리하고 예측 분석을 통해 미래의 리스크와 기회를 미리 파악하는 등 공급망 관리의 패러다임을 변화시키고 있다.

기존 방식과 AI 기술의 차이점 비교

기준	기존 방식	AI 기반 방식
데이터 처리 속도	수작업 또는 제한된 IT 시스템으로 인해 느리고 부정확한 처리	대규모 데이터 실시간 분석 및 빠른 의사 결정
리스크 관리	과거 데이터에 기반하여 사후 대응	예측 분석(Predictive Analytics)으로 사전 대응 가능
효율성	반복 작업과 수작업으로 인한 비효율성	프로세스 자동화를 통해 생산성 극대화
환경적 책임	탄소 배출, 에너지 사용량 등을 사후에 평가	AI를 통해 실시간으로 탄소 배출 모니터링 및 에너지 최적화
비용 절감 효과	제한적; 비효율적 자원 관리로 인해 비용 증가	자원 최적화를 통해 운영 비용 절감

(1) AI 기술의 주요 활용 사례와 ESG 적용 방식

AI 기술은 ESG 공급망 관리의 다양한 영역에서 혁신적으로 적용되고 있다. 특히 환경적 책임(탄소 배출 절감), 사회적 책임(공정 노동 및 윤리적 공급망), 그리고 효율적 지배구조(데이터 투명성 강화)라는 세 가지 축에서 주요한 변화를 가져왔다.

☐ 환경적 책임: 탄소 배출 및 에너지 관리

기존 방식: 기업들은 과거 데이터를 수동으로 분석하거나 주기적인 감사 보고서를 통해 탄소 배출을 관리했다. 이는 실시간 모니터링이 어려웠고, 데이터 불일치로 인한 오류가 자주 발생했다.

AI 활용: AI 기반 시스템은 탄소 배출을 실시간으로 추적하고, 생산 공정의 에너지 사용량을 최적화한다. 또한, 기후 데이터를 분석하여 탄소 배출 감소를 위한 대체 경로를 제안한다.

사례: 구글(Google)은 AI 기술을 통해 데이터센터의 에너지 사용량을 30% 절감하고, 탄소 배출을 크게 줄였다.

☐ 사회적 책임: 윤리적 공급망 관리

기존 방식: 공급망에서의 인권 침해 및 비윤리적 관행은 감사 시스템에 전적으로 의존했다. 이는 주기적이거나 임시적인 평가로 인해 실시간 대응이 불가능했다.

AI 활용: AI는 공급망에서 인권 리스크와 비윤리적 관행을 빅데이터 분석으로 실시간 감지하고, 개선점을 제시한다.

사례: 스타벅스(Starbucks)는 AI 기술을 활용하여 커피 원두의 윤리적 생산을 추적하고, 공정 거래와 지속 가능한 농업을 보장했다.

☐ 효율적 지배구조: 데이터 투명성 및 리스크 관리

기존 방식: 데이터 수집 및 검증이 수작업으로 이루어지면서, 투명성이 낮고 오류 발생 가능성이 높았다.

AI 활용: AI는 데이터의 투명성을 강화하고, 리스크 요인을 사전에 경고하여 관리 시스템의 신뢰도를 높인다.

사례: IBM Watson은 AI를 활용해 공급망의 모든 데이터를 통합 관리하며, 리스크 사전 경고 시스템을 구축하였다.

(2) AI 기술 도입으로 인한 비용 절감 및 효율성 향상

AI 기술의 도입은 기업의 ESG 공급망 관리에서 비용 절감과 효율성 향상을 실현하는 데 중요한 역할을 한다. AI는 자동화, 예측 분석, 최적화를 통해 운영 비용을 줄이고, 반복 작업에서 발생하는 인적 오류를 감소시킨다.

□ 비용 절감 효과

재고 관리 최적화: AI는 실시간 수요 예측을 통해 재고 초과나 부족을 방지하여 재고 비용을 20~40% 절감한다.

사례: 월마트(Walmart)는 AI를 활용한 재고 관리로 물류 비용을 25% 감소시켰다.

물류 경로 최적화: AI는 최적의 물류 경로를 설계하여 운송 비용을 절감하고, 탄소 배출을 줄인다.

사례: UPS는 AI 기반 경로 최적화를 통해 연간 1억 달러 이상의 비용을 절감하였다.

□ 효율성 향상 효과

프로세스 자동화: AI는 단순하고 반복적인 작업을 자동화하여 생산성을 크게 높인다.

사례: 테슬라(Tesla)는 생산 공정에서 AI 기반 로봇을 도입하여 생산 속도를 30% 향상시키고, 불량률을 크게 줄였다.

리스크 관리 강화: AI는 공급망에서 발생할 수 있는 리스크를 실시간으로 감지하고 대응하여 운영 중단을 예방한다.

사례: IBM은 AI 예측 분석 도구를 활용해 공급망 리스크를 40% 줄였다.

(3) ESG 목표 실현과 AI의 경제적 효과

AI 기술을 도입한 ESG 공급망 관리는 환경, 사회, 지배구조 전반에서 강력한 효과를 발휘하며, 동시에 기업의 경제적 이익을 실현한다. AI는 탄소 배출 감소, 윤리적 공급망 관리, 운영 효율성 증대를 통해 기업의 브랜드 가치와 주주 신뢰를 높이는 동시에 비용 절감과 수익 증대를 이루어낸다.

> ☐ **ESG 목표 달성과 경제적 효과의 상관관계**
> 환경적 책임: AI 도입으로 탄소 배출 감소와 에너지 비용 절감 실현
> 사회적 책임: 윤리적 공급망 관리 강화로 소비자와 투자자 신뢰 획득
> 지배구조 강화: 데이터 투명성 확보로 법적 리스크 및 비용 감소

2) AI가 적용된 ESG 공급망 관리 플랫폼

ESG 공급망 관리 플랫폼은 기업들이 공급망의 투명성을 확보하고, 환경적 책임과 사회적 책임을 다하면서 효율성을 높이는 데 중요한 역할을 하고 있다. 특히 AI 기술을 접목한 플랫폼은 데이터 분석, 리스크 관리, 자동화된 보고서 작성 등의 기능을 제공하며, 기존의 단순 관리 도구에서 벗어나 의사 결정 지원 시스템으로 발전하고 있다.

(1) AI 기반 ESG 공급망 관리 플랫폼의 필요성

ESG 공급망 관리는 단순히 기업 내부의 문제가 아니라 글로벌 규제와 투자자의 요구, 소비자의 기대에 부응하기 위해 필수적인 과제가 되었다. 하지만 기존의 수작업 기반 또는 단순 데이터베이스 기반의 공급망 관리 도구는 다음과 같은 한계를 가지고 있다.

> 첫째, 데이터의 실시간 처리와 대규모 분석이 어렵다.
> 둘째, 리스크 예측보다는 사후 대응에 의존한다.
> 셋째, 다양한 이해관계자와의 협업과 소통이 제한적이다.

이에 따라 AI 기반 플랫폼은 이러한 문제를 해결하며, 기업이 ESG 목표를 실현할 수 있는 통합적인 솔루션을 제공한다. AI 기술은 다음과 같은 이점을 제공한다.

첫째, 실시간 데이터 분석을 통해 공급망의 투명성을 강화할 수 있다.

둘째, 예측 분석으로 리스크를 사전에 감지 및 대응할 수 있다.

셋째, 자동화된 보고서 생성으로 규제 준수 및 투자자 보고 간소화한다.

(2) AI 기반 ESG 공급망 관리 플랫폼의 종류와 특징 비교

다양한 IT 기업들이 개발한 공급망 관리 플랫폼은 각각의 특징과 강점을 가지고 있다. 아래 표는 주요 플랫폼의 특징을 비교한 내용이다.

플랫폼	개발사	주요 기능	특징
Watson Supply Chain	IBM	실시간 데이터 분석, 예측 분석, 규제 보고 지원	AI 기반 리스크 관리 및 ESG 보고서 자동화 가능
Microsoft Dynamics 365	Microsoft	ESG 데이터 통합, 탄소 배출 모니터링, 공급망 투명성 확보	클라우드 기반 통합 관리 시스템, 블록체인 기술 지원
SAP Ariba	SAP	윤리적 소싱, 공급망 리스크 관리, 지속 가능한 공급 업체 평가	글로벌 공급 업체 네트워크와의 통합, 지속 가능성 평가 도구 포함
EcoVadis	EcoVadis	공급망 지속 가능성 평가, 실시간 리스크 분석, ESG 스코어링	공급망 전반에 대한 ESG 점수 제공, 9만 개 이상의 기업 데이터 커버
Trace Carbon	Oracle	탄소 배출 추적, 에너지 사용 최적화, ESG 규제 준수 도구	탄소 데이터 실시간 추적 및 시각화, 에너지 최적화 기능 포함

(3) AI 기반 ESG 공급망 관리 플랫폼의 주요 기능

AI가 적용된 플랫폼은 기존 공급망 관리 시스템과 비교해 다음과 같은 혁신적인 기능을 제공한다.

□ 리스크 예측 및 관리

AI 알고리즘을 활용하여 공급망 내에서 발생할 수 있는 윤리적, 환경적 리스크를 사전에 파악한다. 예측 데이터를 기반으로 대체 공급 업체 또는 경로를 제안하여 리스크를 최소화한다.

□ 탄소 배출 모니터링 및 보고

AI가 탄소 배출 데이터를 실시간으로 분석하고, 국제 규제 기준에 따라 보고서를 자동 생성한다. Oracle의 Trace Carbon 플랫폼은 기업이 탄소 배출 규제를 준수하도록 설계된 대표적인 사례이다.

공급 업체 평가 및 지속 가능성 점수화

AI를 통해 공급 업체의 윤리적, 환경적 성과를 점수화하여 투명한 평가 기준을 제공한다. EcoVadis는 9만 개 이상의 기업 데이터를 활용해 공급망 지속 가능성을 점검하고 ESG 점수를 제공한다.

데이터 투명성 및 블록체인 기술

블록체인 기술을 활용하여 공급망 데이터의 변경 불가능성과 투명성을 보장한다. 이는 ESG 실사를 강화하고, 소비자와 투자자에게 신뢰를 제공한다.

3) 한국 기업의 공급망 관리 플랫폼 개발 및 활용 현황

한국 기업들은 ESG 경영과 공급망 투명성 강화라는 글로벌 트렌드에 발맞추어 AI 기반 공급망 관리 플랫폼 개발 및 활용에 박차를 가하고 있다. 특히 대기업들은 국제적인 ESG 규제 요구와 투자자 신뢰를 얻기 위해 자체적인 플랫폼을 개발하거나 글로벌 플랫폼을 도입하여 활용하고 있다. 중소기업들은 정부의 지원을 바탕으로 디지털 전환과 ESG 공급망 관리를 확대하고 있다.

(1) 한국 주요 대기업의 공급망 관리 플랫폼 활용 사례

삼성전자

개발 및 활용 현황: 삼성전자는 AI 기반 데이터 분석 플랫폼을 통해 공급망 전반의 데이터를 실시간으로 모니터링하고 리스크를 예측한다. 블록체인 기술을 적용하여 공급망 내 데이터의 투명성과 추적 가능성을 강화한다. 탄소 배출 데이터를 자동으로 수집하여 글로벌 규제 준수 및 보고서 작성에 활용한다.

성과: 글로벌 ESG 평가에서 높은 점수를 획득하고, 주요 고객사 및 투자자 신뢰도를 강화함. 탄소 배출 절감과 에너지 효율화 프로젝트를 통해 연간 수백억 원의 비용 절감을 실현함.

☐ LG화학

개발 및 활용 현황: LG화학은 자체적으로 개발한 Eco Platform을 통해 공급망 내 자원 순환과 탄소 배출 관리를 실현하고 있다. 친환경 원료 사용 비율을 실시간으로 분석하고, ESG 평가 데이터를 체계적으로 관리한다.

성과: 지속 가능한 공급망 관리를 통해 글로벌 시장에서의 입지를 강화함. RE100 목표 달성을 위한 에너지 전환 프로젝트를 효과적으로 실행함.

☐ SK이노베이션

개발 및 활용 현황: SK이노베이션은 공급망 내 탄소 배출 추적 시스템과 AI 기반 재생에너지 최적화 플랫폼을 운영한다. AI를 활용하여 공급망에서 발생하는 탄소 배출의 주요 원인을 분석하고 대안을 제시한다.

성과: ESG 평가에서 높은 등급을 유지하며, 글로벌 투자자로부터 약 10억 달러 이상의 녹색 금융을 조달함. 공급망 전반에서 연간 30% 이상의 탄소 배출 감소 효과를 달성함.

☐ 현대자동차

개발 및 활용 현황: 현대자동차는 스마트 팩토리 플랫폼과 연계된 AI 기반 공급망 관리 시스템을 도입하여 부품 공급의 효율성을 높였다. 공급망 내 협력사의 ESG 데이터를 실시간으로 관리하고, 탄소중립 실현을 위한 목표를 설정했다.

성과: 공급망에서의 리스크를 최소화하고 글로벌 시장에서의 경쟁력을 강화함. 친환경 자동차 생산 비용 절감 및 투자자 신뢰를 확보함.

(2) 중소기업의 공급망 관리 플랫폼 활용 현황

☐ 제약 및 바이오 산업

주요 활용 사례: 국내 중소 제약 기업들은 EcoVadis와 같은 글로벌 ESG 플랫폼을 활용하여 공급망 투명성을 강화한다. AI 기반 플랫폼을 통해 원자재 조달 과정에서의 윤리적 리스크를 최소화하고, 글로벌 고객사와의 신뢰를 구축한다.

성과: 글로벌 제약사의 공급망에 포함되어 수출 기회를 확대함.

☐ 전자 및 IT 산업

주요 활용 사례: 중소 전자 기업들은 Microsoft Dynamics 365를 활용하여 공급망 데이터를 통합 관리하고, ESG 규제 준수를 위한 보고서를 자동으로 생성한다. AI 기반 물류 경로 최적화 시스템을 통해 비용을 절감한다.

성과: 공급망 관리 효율성 증대와 ESG 요구 사항 준수를 통해 주요 대기업과의 협력 확대함.

(3) 한국 정부의 지원과 기업의 활용

한국 정부는 중소기업의 공급망 관리 역량 강화를 위해 다양한 지원 정책을 추진하고 있다. 이러한 지원을 바탕으로 기업들은 디지털 전환과 ESG 관리 플랫폼 도입을 적극 활용하고 있다.

☐ 지원 정책 및 활용 사례

K-ESG 지표 개발 및 보급: 정부는 기업들이 ESG 평가를 체계적으로 받을 수 있도록 K-ESG 지표를 개발한다. 중소기업들은 이를 활용해 ESG 관리 플랫폼을 도입하고, 글로벌 규제에 부합하는 보고서를 생성한다.

공급망 실사 지원 프로그램: 산업통상자원부는 ESG 공급망 실사와 관련된 기술적 지원을 제공하며, 중소기업들의 실사 비용을 보조함. 이를 통해 많은 중소기업이 EcoVadis와 같은 글로벌 플랫폼에 접근할 수 있게 됨.

디지털 전환 지원: 과학기술 정보통신부는 AI 및 IoT 기반의 공급망 관리 플랫폼 개발을 지원하며, 중소기업들이 효율적인 관리 시스템을 구축하도록 돕고 있음. 일부 기업은 이를 통해 연간 20% 이상의 운영 비용 절감 효과를 실현함.

(4) ESG 공급망 관리 플랫폼 도입의 경제적 효과
· 비용 절감 효과
· 글로벌 시장 접근성 확대
· 투자자 신뢰 확보

(5) 비영리 사단법인과 IT 전문 기업에서 개발한 공급망 관리 플랫폼 소개

산자부 산하 디지털 ESG 얼라이언스와 같은 비영리 사단법인과 IT 전문 기업들은 ESG 경영과 공급망 관리의 중요성이 대두됨에 따라, 다양한 공급망 관리 플랫폼을 개발하여 시장에 선보이고 있다. 이러한 플랫폼들은 주로 데이터 통합, 리스크 관리, ESG 요구 사항 준수를 지원하며, 특히 중소기업과 대기업의 ESG 공급망 관리 역량을 강화하는 데 기여하고 있다. 아래에서 주요 IT 전문 기업들의 공급망 관리 플랫폼과 그 특징을 소개한다.

국내 공급망 관리 플랫폼 비교표

플랫폼	주요 기능	특징	활용 사례
KOSMOS (㈔디지털 ESG 얼라이언스)	첨단 데이터 스페이스 기술 기반 공급망 데이터 호환 플랫폼 생태계 구축	비영리 사단법인의 공공성 기반 국가 차원의 데이터 스페이스 허브 지향, 글로벌 연동 및 표준화 주도	탄소발자국, 유해 물질 관리, ESG 등 공급망 대응이 필요한 디지털 솔루션 제공
하나에코 (하나루프)	환경 데이터 분석, 공급망 리스크 평가, ESG 목표 추적	K-ESG 연동, 모듈형 설계로 기능 확장 가능	중소 제조 기업의 ESG 실사 및 신뢰도 강화
KunTech ESG Solution(쿤텍)	공급망 데이터 보안, ESG 성과 평가, 자동화된 규제 준수	ESG 관리와 데이터 보호 융합, 클라우드 및 온프레미스 지원	IT 기업의 데이터 보호 및 ESG 목표 달성
GreenChain (LG CNS)	블록체인 기반 데이터 추적, 지속 가능성 평가, 탄소 배출 관리	블록체인 기술로 데이터 투명성과 신뢰성 강화	LG CNS 협력사 ESG 데이터 통합 관리
TradeLens (IBM &Maersk)	실시간 물류 데이터 관리, 탄소 배출 추적, 글로벌 규제 준수	글로벌 물류에 최적화된 플랫폼, 블록체인 기반	글로벌 물류 기업의 공급망 효율성 증대 및 탄소 절감

한국 IT 전문 기업들은 글로벌 트렌드와 국내 ESG 규제 강화에 발맞춰 다양한 AI 기반 공급망 관리 플랫폼을 개발하고 있다. 이러한 플랫폼들은 ESG 규제 준수를 돕는 것뿐만 아니라, 공급망 내 투명성 강화, 탄소 배출 관리, 리스크 예측 등을 통해 기업의 효율성과 경제적 이익을 높이고 있다. 한국 기업들이 이러한 솔루션을 적극적으로 활용하면 글로벌 시장에서의 경쟁력을 더욱 강화할 수 있을 것이다.

Part 3.

AI×ESG 융합으로 여는 새로운 비즈니스 기회

1. AI와 ESG가 만드는 새로운 기회

2. AI로 혁신하는 ESG 경영

3. 생성형 AI의 ESG 활용

4. AI×ESG 융합을 통한 비즈니스 참여와 수익화 전략

1. AI와 ESG가 만드는 새로운 기회

1) 왜 지금 AI×ESG 융합인가?

(1) 글로벌 메가트렌드로서의 AI와 ESG

AI와 ESG(환경, 사회, 지배구조)는 각각의 분야에서 글로벌 메가트렌드로 자리 잡고 있으며, 이들의 융합은 여러 요인에 의해 촉진되고 있다.

AI는 경제, 산업, 사회를 근본적으로 재편하고 있다. PwC의 연구에 따르면, AI는 2030년까지 세계 경제에 최대 15.7조 달러를 기여할 수 있으며, 이는 중국과 인도의 총생산량을 초과할 수 있다. AI에 대한 투자도 급증하여 2013년 145억 7,000만 달러에서 2023년 1,890억 달러로 증가했다. 이러한 자본 유입은 혁신을 촉진하고 있으며, 헬스케어, 금융, 제조업 등 다양한 분야에서 새로운 AI 응용 프로그램의 개발을 이끌고 있다.

ESG는 사회적 가치 변화, 규제 압력, 시장 역학에 의해 주도되고 있다. 기관 투자자들은 ESG 관련 투자에 대한 관심을 높이고 있으며, 이는 지속 가능한 관행이 더 나은 재무 성과로 이어질 수 있다는 인식이 확산되고 있음을 보여 준다. 또한, 정부는 ESG 보고 요구 사항을 의무화하여 기업이 환경 및 사회적 영향을 공개하도록 하고 있다.

AI와 ESG의 융합은 데이터 관리 및 보고를 용이하게 하는 기술 혁신, 투명성과 책임을 요구하는 규제 프레임워크, 지속 가능한 관행을 장려하는 시장 압력에 의해 주도된다. 이러한 요소들의 성공적인 통합은 장기적인 지속 가능성 목표를 달성하고 이해관계자 간의 신뢰를 구축하는 데 중요하다.

인공지능 분야 석학 중 하나인 앤드류 응 교수는 AI 커뮤니티가 해결해야 할 가장 중요한 문제 중 하나로 기후 변화와 환경 문제를 꼽았고, 응 교수의 스탠포드대학 머신러닝 그룹은 메탄 배출원 식별, 산림 파괴 요인 인식, 태양 에너지 가용성 예측 등 다양한 기후 관련 주제에 AI를 적용하고 있다.

한편, 대규모 AI 모델은 일반적으로 상당한 양의 에너지를 소비하고 많은 양의 탄소 배출을 발생시킨다. 이는 대형 AI 모델의 훈련과 운영 과정에서 막대한 에너지가 필요하기 때문이다. 이러한 과정은 대기 오염, 수자원 사용, 기후 변화 촉진에 기여하는 탄소 배출을 증가시킨다.

연구 결과에 의하면, 단일 딥러닝 자연어 처리(NLP) 모델을 훈련하는 과정에서 약 60만 파운드의 이산화탄소 배출이 발생할 수 있다. 이는 차량 5대의 수명 동안 발생하는 것과 유사한 탄소량이다. 구글의 알파고 제로(AlphaGo Zero)는 40일 동안의 연구 훈련에서 96톤의 이산화탄소를 발생시켰으며, 이는 1,000시간의 항공 여행 또는 미국 가정 23가구의 연간 탄소발자국에 해당한다.

GPT-4, 람다(LaMDA), 라마(LLaMA), 클로드(Claude) 등과 같은 대규모 언어 모델(LLM)로 인해 2027년까지 잠재적 전력 소비량이 스웨덴이나 아르헨티나의 에너지 소비량과 비슷한 최대 134테라와트시(TWh)에 이를 것으로 예상하는 연구 결과도 있다.

(2) AI×ESG 융합이 가져올 산업 혁신

AI와 ESG의 융합은 산업에 중대한 변화를 가져오고 있으며, 이는 특히 리스크 관리와 시장 회복력에 큰 영향을 미치고 있다.

☐ 리스크 관리 개선

AI는 기업들이 ESG 관련 리스크를 보다 효과적으로 관리할 수 있도록 돕는다. 예를 들어, AI 기반의 시나리오 계획은 기업들이 시장의 혼란에 더 잘 대응할 수 있게 해 준다. 이는 기업들이 ESG 목표를 달성하는 데 필요한 데이터 분석과 예측을 통해 리스크를 사전에 식별하고 완화할 수 있도록 한다.

☐ ESG 데이터 관리

AI는 ESG 데이터를 수집하고 분석하는 데 있어 중요한 역할을 한다. AI는 대량의 데이터를 처리하여 ESG 성과를 측정하고 보고하는 데 필요한 정확한 정보를 제공한다. 이는 기업들이 규제 요구 사항을 충족하고 이해관계자에게 신뢰할 수 있는 정보를 제공하는 데 필수적이다.

환경적 영향

AI의 사용은 환경에 부정적인 영향을 미칠 수 있다. 예를 들어, 대규모 AI 모델은 상당한 양의 에너지를 소비하며, 이는 탄소 배출 증가로 이어질 수 있다. 따라서 기업들은 AI의 환경적 영향을 최소화하기 위한 전략을 마련해야 한다.

사회적 책임

AI는 사회적 불평등을 심화시킬 위험이 있으며, 이는 ESG 목표와 상충할 수 있다. 따라서 기업들은 AI 시스템이 공정하게 작동하도록 보장하고, 알고리즘의 편향성을 줄이기 위한 조치를 취해야 한다.

결론적으로, AI와 ESG의 융합은 기업들에게 새로운 기회를 제공하는 동시에 복잡한 도전 과제를 안겨 주고 있다. 기업들은 이러한 변화를 효과적으로 관리하기 위해 기술적 혁신과 지속 가능한 비즈니스 관행을 통합해야 한다.

(3) 새로운 수익 모델 창출 가능성

데이터 활용도 향상

AI 기술은 방대한 양의 ESG 데이터를 분석하여 기업이 숨겨진 위험과 기회를 파악할 수 있도록 지원한다. 이러한 기능을 통해 기업은 ESG 전략을 최적화하여 성과를 개선하고 잠재적인 매출 성장으로 이어질 수 있다. 예를 들어, AI는 ESG 보고 프로세스를 간소화하여 규정 준수를 지속 가능성에 초점을 맞춘 투자자를 유치할 수 있는 전략적 이점으로 전환할 수 있다.

새로운 제품 및 서비스 혁신

생성형 AI는 특히 ESG 목표에 부합하는 혁신적인 제품과 개인화된 서비스를 만드는 데 큰 영향력을 발휘한다. 생성형 AI를 활용하는 기업은 시장 수요를 충족할 뿐만 아니라 지속 가능한 관행을 준수하는 고유한 고객 경험을 개발할 수 있다. 이러한 혁신은 환경에 민감한 소비자층을 공략하여 새로운 수익원으로 이어질 수 있다.

☐ 시장 확장 및 경쟁 우위

AI를 ESG 프레임워크에 효과적으로 통합하는 기업은 경쟁사보다 더 나은 성과를 거둘 가능성이 높다. 보스턴 컨설팅 그룹 보고서에 의하면, 생성형 AI 투자는 30% 성장할 것으로 예상되며, 생성형 AI 성숙도가 높은 기업의 리더는 향후 3년 동안 투자 수익률이 기술을 거의 또는 전혀 도입하지 않은 기업보다 3배 높을 것으로 예상하고 있다.

AI 기반 ESG 전략을 채택함으로써 기업은 시장 도달 범위와 경쟁력을 강화하여 궁극적으로 매출 성장을 촉진할 수 있다.

☐ 지속 가능한 비즈니스 모델

AI와 ESG 원칙의 통합은 지속 가능한 비즈니스 모델 개발을 촉진한다. 기업들은 점점 더 지속 가능성을 단순한 규정 준수 요건이 아니라 가치 제안의 핵심 요소로 간주하고 있다. 이러한 변화는 윤리적 관행과 장기적인 지속 가능성을 우선시하는 새로운 수익 모델 창출로 이어질 수 있으며, 점점 더 많은 사회적 의식을 가진 소비자와 투자자에게 어필할 수 있다.

2) AI×ESG 융합 비즈니스 모델

(1) 데이터 수집 및 분석 분야

AI 기반 데이터 인프라 플랫폼 개발사 ESG 플로(ESG Flo)는 2023년 11월 시드 525만 달러의 시드 투자를 유치했다. 2022년 베인앤드컴퍼니(Bain&Company)의 파운더스 스튜디오(Founder's Studio)에서 설립된 ESG 플로는 산업, 제조 및 인프라 관련 기업을 대상으로 강력한 ESG 데이터 인프라를 구축하도록 지원하고 있다. 이 기술은 AI 자동화와 딥러닝을 활용하여 조직 전체에서 데이터를 수집하여 EU 기업 지속 가능성 보고 지침(CSRD) 및 미국 증권거래위원회(SEC) 비재무 공개 요구 사항을 준수하는 보고서를 작성해 준다.

Credibl은 AI 기반의 ESG 데이터 관리 및 보고 플랫폼을 제공하는 기업이다. 이 플랫폼은 기업이 ESG 성과를 측정, 관리 및 추적할 수 있도록 지원하며, 다양한 ESG 프레임워크와 표준에 걸쳐 자동화된 데이터 수집, 분석 및 보고 기능을 제공한다.

특히 생성형 AI와 대규모 언어 모델을 활용하여 ESG 데이터에 대한 통찰력과 벤치마킹, 자연어 쿼리 기능을 제공함으로써 기업의 ESG 준수를 간소화하고 투명성을 높이며 지속 가능한 비즈니스 관행을 촉진하고 있다.

(2) 환경 모니터링 분야

그래메너(Gramener)는 데이터 과학, 엔지니어링 및 AI 전문 기업으로, ESG 분야에서 AI와 컴퓨터 비전 기술을 활용하여 생물 다양성 모니터링을 자동화하고 있다. 이를 통해 환경 보호에 기여하며, 기업들이 ESG 목표를 달성할 수 있도록 지원하고 있다. 또한, 그래메너는 다양한 산업 분야에서 복잡한 비즈니스 문제를 해결하기 위해 데이터 스토리텔링과 AI 솔루션을 제공하고 있다.

언라벨 카본(Unravel Carbon)은 기업의 회계 데이터를 분석하여 공급망의 탄소 배출량을 추정하고, 이를 기반으로 탄소 감축 전략을 지원하는 플랫폼을 제공하고 있다. 이를 통해 기업들이 탄소 배출을 효과적으로 관리하고, 지속 가능한 경영을 실현할 수 있도록 돕고 있다.

(3) ESG 플랫폼 분야

스택스(STACS)는 AI를 활용하여 31만 개 이상의 기업 지속 가능성 데이터를 표준화하고 있으며, 이를 통해 기업들이 ESG 성과를 효과적으로 관리할 수 있도록 지원하고 있다. 또한, 스택스는 금융 기관과 기업들이 지속 가능성 목표를 달성할 수 있도록 다양한 솔루션을 제공하고 있다.

홍콩에 본사를 둔 그린 데이터 스타트업인 미오테크(MioTech)는 자연어 처리 기술을 활용하여 기업의 공개 정보를 분석하고 온실가스 배출량을 추정한다. AI 기술을 활용하여 회사의 자체 공개, 웹사이트 정보, 정부 기록 또는 미디어 보고서를 포함한 공개적으로 사용 가능한 데이터를 분석하고 텍스트 기반 키워드를 기반으로 관련 정보를 추출한다.

이러한 기업들의 성공을 이끄는 핵심 동력은 AI 기술을 활용한 데이터 수집과 분석 능력에 있으며, 규제 요건을 충족하는 솔루션 제공과 실시간 지원 및 벤치마킹 기능이 중요한 차별화 요소로 작용하고 있다.

2. AI로 혁신하는 ESG 경영

디지털 혁신과 지속 가능 경영의 융합은 현대 기업의 새로운 과제이다. AI 기술은 ESG 경영을 혁신하는 핵심 동력이 되고 있으며, 기업들은 AI를 통해 환경 보호, 사회적 책임, 투명한 지배구조를 효과적으로 구현하고 있다. 특히 실시간 데이터 분석, 예측 모델링, 자동화된 의사 결정 지원 등 AI의 핵심 기능은 ESG 경영의 실행력을 크게 높이고 있다.

환경, 사회, 지배구조 분야별로 AI 활용 사례를 살펴보는 것은 ESG 경영의 AI 전환이 구체적으로 어떻게 실현되고 있는지 이해하는 데 도움이 될 것이다.

1) 환경(E) 분야의 AI 활용

환경 분야에서 AI 기술은 기업의 지속 가능성을 높이고 환경 영향을 최소화하는 데 중요한 역할을 하고 있다. 주요 활용 사례를 살펴본다.

(1) 탄소 배출 모니터링

중국 과학원 항공우주정보연구소(AIR) 연구팀은 AI 알고리즘을 활용해 도시의 상세한 탄소 배출 지도를 작성했다. 이 기술은 도로 교통, 건물, 식생 등 다양한 탄소 배출원과 흡수원을 식별하고 각각의 기여도를 추정한다.

이는 도시 관리자가 지구 온난화에 대응하기 위한 시도로서 중국이 2030년까지 이산화탄소 배출량을 정점에 도달시키고 2060년까지 탄소중립을 달성하려는 노력의 일환이다. 개조된 탄소 모니터링 차량을 이용하여 중국 남부 도시 선전의 번화한 지역에서 총 650km의 주행이 완료되었고, 10만 개 이상의 기록을 통해 고화질 지도를 만들고 있다. 국내도 정부와 지자체, 산학연 공동으로 이러한 시도가 필요할 것으로 보인다.

(2) 에너지 효율화

슈나이더 일렉트릭(Schneider Electric)은 AI를 활용해 건물의 에너지 소비를 줄이고 있다. 이 회사의 에코스트럭처(EcoStruxure) 플랫폼은 AI 알고리즘을 사용하여 센서, 미터, 건물 시스템의 데이터를 분석한다. 이를 통해 에너지 사용을 최적화하고, 비효율성을 식별하며, 목표 에너지 절감 조치를 추천한다.

슈나이더 일렉트릭 동아시아 및 일본 본부는 싱가포르 칼랑에 위치한 25년 된 다중 임대 건물을 2018년에 에코스트럭처 솔루션으로 개조한 결과, 에너지 사용량을 45% 줄였다. 2018년부터 2020년까지 연간 12만 2,000 kWh의 전기와 3,700m^3의 물을 절약하고, 2021년 4월부터 100% 친환경 에너지를 사용하고, 연간 탄소 배출량을 1,650톤 감소하는 데 기여했는데 이는 자동차 353대가 감소하는 효과에 해당된다.

이 프로젝트로 해당 건물은 싱가포르 건설청으로부터 Green Mark Platinum Zero Energy Award를 수상했다.

(3) 자원 순환 관리

웨이스트 로보틱스(Waste Robotics)는 AI 기반 로봇을 사용하여 폐기물 분류 및 재활용 과정을 혁신적으로 개선하고 있다. AI 알고리즘과 고급 센서를 사용하여 다양한 폐기물의 유형을 정확하게 식별하고 물체의 크기와 형태를 정확히 인식하고 재료의 구성과 특성에 대한 상세 정보를 제공한다.

다양한 형태, 크기, 질감의 물체를 처리할 수 있는 지능형 그리퍼 시스템을 개발하여 이를 통해 분류 생산성을 향상시키고, 정밀도를 높이며, 다양한 폐기물 흐름에 원활하게 통합함으로써 재활용률 향상, 작업 효율성 증대, 비용 절감 등의 효과를 제공한다.

2) 사회(S) 분야의 AI 솔루션

(1) 작업장 안전 모니터링

AI 기반 컴퓨터 비전 기술을 활용하여 작업장 내 위험 요소를 실시간으로 감지하고 경고할 수 있다. 예를 들면, 산업 현장에서 AI 카메라가 안전 장비 미착용 직원을 식별하여 즉시 알림을 보낸다.

(2) 근로자 건강 관리

웨어러블 기기와 AI를 결합하여 근로자의 건강 상태를 모니터링하고 이상 징후를 조기에 감지한다. 예를 들어, AI 알고리즘이 근로자의 심박수, 체온 등을 분석하여 과로나 스트레스 징후를 파악하고 대응할 수 있게 해 준다.

(3) 다양성과 포용성 증진: 채용 과정에서의 편견 제거

AI 기반 채용 시스템이 지원자의 이력서를 분석할 때 성별, 나이, 인종 등 편견을 유발할 수 있는 정보를 제거하고 순수하게 능력 위주로 평가하는 데 기여할 수 있다.

(4) 고객 경험 개선

AI 기반 추천 시스템이 고객의 선호도와 요구 사항을 분석하여 맞춤형 제품이나 서비스를 제안한다. 아마존(Amazon)의 알렉사(Alexa)는 고객 경험에서 가장 중요한 AI 사례 중 하나다. 알렉사는 AI로 구동되는 아마존의 가상 비서로, 알림 설정, 음악 재생, 날씨 업데이트 제공, 심지어 음성 명령을 통한 구매와 같은 다양한 작업을 지원한다.

아마존은 또한 AI 기반 추천 시스템을 사용하여 고객의 검색 기록, 구매 행동 및 선호도에 따라 제품을 추천하여 쇼핑 경험을 향상시키고 판매를 촉진한다. 또한, 사용자가 제품을 추적하고, 주문에 대한 질문을 하고, 인간 상담원 지원과 연결하는 데 도움이 되는 AI 기반 채팅 지원도 제공한다.

3) 지배구조(G) 개선을 위한 AI 적용

(1) 의사 결정 능력 향상

IBM은 왓슨(Watson)을 활용하여 의료 전문가의 의사 결정 프로세스를 개선했다. 방대한 양의 의료 데이터와 환자 병력을 분석하여 왓슨은 종종 인간의 능력을 능가하는 정확도로 질병을 진단하고 있다.

한 연구에 따르면, AI의 도움을 받은 의사는 기존 방법에만 의존하는 의사에 비해 상태를 진단하는 정확도가 15% 더 높게 나타나고 있다.

(2) 위험 관리

인공지능(AI)이 위험 관리 분야에 접목되면서 기업들의 잠재적 위협 감지와 대응 방식이 획기적으로 변화하고 있다.

JP모건 체이스(JPMorgan Chase)는 AI 기반 분석에 대규모 투자를 단행해 규정 준수 관련 문제를 75%나 감소시키는 성과를 거두었고, 2년 만에 대출 불이행률이 20% 감소되었다. 또한, JP모건 체이스는 COiN(Contract Intelligence)이라는 AI 시스템을 구축하여 법률 문서를 검토하고 위험을 식별하여 이전에는 변호사 팀이 몇 주 걸렸던 작업을 몇 초 만에 완료했다.

딜로이트(Deloitte)의 보고서에 따르면, 위험 관리에 AI를 활용하는 회사는 운영 비용이 50% 감소하는 효과를 거두고 있다고 한다.

(3) AI 시스템을 이사회 구성원으로 활용

홍콩의 벤처 캐피털 회사인 딥 놀로지 벤처스(Deep Knowledge Ventures)는 VITAL(Validating Investment Tool for Advancing Life Sciences)이라는 AI 시스템을 이사회 구성원으로 임명했다. 이는 투자 의사 결정에 AI를 활용하는 혁신적인 사례로 볼 수 있다.

3. 생성형 AI의 ESG 활용

1) ESG 경영에서 생성형 AI 활용의 필요성

(1) ESG 데이터의 폭발적 증가

최근 글로벌 ESG 공시 의무화와 이해관계자들의 요구 증가로 인해 기업들이 다뤄야 할 ESG 데이터의 양이 폭발적으로 증가하고 있다. EU의 기업 지속 가능성 보고지침 (CSRD)과 미국 SEC의 기후 공시 규제 등으로 인해 기업들은 더욱 상세하고 광범위한 ESG 데이터를 수집하고 분석해야 하는 상황이다.

(2) 데이터 수집과 분석의 복잡성

ESG 데이터는 그 특성상 정량적 데이터와 정성적 데이터가 혼재되어 있으며, 데이터의 출처도 다양하다. 재무제표처럼 표준화된 형식이 없어 데이터의 수집과 분석이 매우 복잡하다. 각기 다른 형식으로 제공되는 데이터를 통합하고 분석하는 과정에서 많은 시간과 노력이 소요된다.

또한, 시계열 데이터의 일관성이 부족하여 장기적인 트렌드를 파악하기 어려우며, 산업별 특수성을 반영하기 위해서는 추가적인 데이터 가공이 필요하다. 이러한 복잡성으로 인해 ESG 데이터의 효율적인 관리와 분석이 기업의 주요 과제로 대두되고 있다.

(3) 일관된 보고 체계 구축의 어려움

GRI, SASB 등 다양한 ESG 보고 프레임워크가 존재하며, 각각의 요구 사항이 다르다. 이로 인해 기업들은 일관된 보고 체계를 구축하는 데 어려움을 겪고 있다.

(4) 방대한 데이터의 효율적 처리 및 개관적 분석

생성형 AI는 자연어 처리 능력을 통해 비정형 데이터를 포함한 방대한 ESG 데이터를 효율적으로 처리할 수 있다. 또한, 생성형 AI는 프로그래밍된 기준에 따라 일관된 분석을 수행할 수 있다. 인간의 주관적 판단이나 편향을 최소화하고, 데이터에 기반한 객관적인 분석이 가능하다.

(5) 실시간 모니터링 및 예측 가능

생성형 AI는 실시간으로 데이터를 수집하고 분석하여 ESG 리스크를 조기에 감지하고 대응할 수 있도록 지원한다. 또한, 과거 데이터를 기반으로 미래의 ESG 성과를 예측할 수 있다.

2) 생성형 AI 도입 시 고려 사항

(1) 데이터 품질 관리

생성형 AI의 분석 결과는 입력 데이터의 품질에 크게 의존한다. 이를 위해서는 먼저 데이터의 정확성을 철저히 검증하는 프로세스가 필요하다. 또한, 일관된 데이터 수집을 위해 표준화된 프로세스를 구축하고, 데이터의 최신성을 유지하기 위한 정기적인 업데이트 체계를 마련해야 한다. 특히 민감한 ESG 데이터를 다루는 만큼, 데이터 보안 체계를 구축하여 정보 유출을 방지하고 데이터의 무결성을 보장해야 한다.

(2) AI 윤리와 책임

생성형 AI를 활용할 때는 윤리적 측면에 대한 깊은 고려가 필요하다. AI의 의사 결정 과정은 투명하게 공개되어야 하며, 결과에 대한 설명이 가능해야 한다. 특히 ESG 데이터에는 개인정보가 포함될 수 있으므로, 엄격한 개인정보 보호 정책을 수립하고 이행해야 한다. 알고리즘의 편향성을 주기적으로 모니터링하고 검증하는 체계를 구축하여, 공정하고 객관적인 분석이 이루어지도록 해야 한다. 또한, AI가 도출한 결과를 검증할 수 있는 독립적인 체계를 마련하여 신뢰성을 확보해야 한다.

(3) 조직 역량 강화

생성형 AI를 효과적으로 활용하기 위해서는 조직 전반의 역량 강화가 필수적이다. 임직원들의 AI 이해도를 높이기 위한 AI 리터러시 교육을 실시하고, ESG 분야의 전문성을 갖춘 인재를 지속적으로 육성해야 한다. 데이터 기반의 의사 결정을 위해 조직 구성원들의 데이터 분석 역량을 향상시키는 것도 중요하다.

3) 생성형 AI를 활용한 ESG 전략 수립

(1) ESG 데이터의 체계적 수집

ESG 전략 수립의 첫 단계는 관련 데이터를 체계적으로 수집하는 것이다. 생성형 AI는 다양한 출처의 ESG 데이터를 자동으로 수집하고 분류할 수 있다. 내부 운영 데이터, 외부 평가 데이터, 이해관계자 피드백 등 다양한 형태의 데이터를 통합하여 분석에 활용할 수 있다. 특히 비정형 데이터를 포함한 광범위한 데이터를 효율적으로 처리할 수 있다는 점이 큰 장점이다.

[데이터 수집 프롬프트 예시]

 우리 기업의 ESG 현황 파악을 위해 다음 데이터를 수집하고 분석해 주세요.
1. 내부 데이터:
   - 최근 3년간 지속 가능 경영보고서
   - 환경/안전/보건 관련 운영 데이터
   - 임직원 만족도 조사 결과
2. 외부 데이터:
   - ESG 평가 기관의 평가 결과
   - 경쟁사 ESG 성과 데이터
   - 관련 규제 및 정책 동향
분석 요청 사항:
1. 각 영역별 주요 성과 및 한계점
2. 경쟁사 대비 강점과 약점
3. 시급히 개선이 필요한 영역

(2) 산업별 벤치마킹 분석

생성형 AI는 산업 특성을 고려한 ESG 벤치마킹 분석을 수행할 수 있다. 동종 산업 내 선도 기업들의 ESG 전략과 성과를 분석하여 우리 기업의 상대적 위치를 파악하고, 개선이 필요한 영역을 도출할 수 있다. 이는 실행 가능한 ESG 목표 설정의 기초가 된다.

[벤치마킹 분석 프롬프트 예시]

 동종 산업 Top 5 기업의 ESG 전략을 분석해 주세요.
분석 대상:
   - 기업 A, B, C의 ESG 보고서
   - 투자자 프레젠테이션 자료
   - 언론 보도자료
분석 요청 사항:
1. ESG 핵심 전략과 목표
2. 주요 이니셔티브와 투자 계획
3. 성과 측정 지표
4. 특징적인 차별화 요소

위에서 언론 보도자료는 뉴스 빅데이터 분석 서비스 사이트 빅카인즈(https://www.bigkinds.or.kr/)를 활용할 수 있다.

(3) 핵심 성과 지표(KPI) 설정

수집된 데이터를 바탕으로 생성형 AI는 기업의 특성에 맞는 ESG KPI를 제안할 수 있다. 이때 국제 표준과의 정합성, 측정 가능성, 개선 가능성 등을 종합적으로 고려한다. 또한, 설정된 KPI의 달성 여부를 지속적으로 모니터링하고 평가할 수 있는 체계를 구축해야 한다.

(4) 이해관계자 요구 사항 분석

ESG 전략의 성공적인 수립과 실행을 위해서는 다양한 이해관계자의 요구 사항을 정확히 파악하고 반영하는 것이 중요하다. 생성형 AI는 이해관계자들의 피드백을 수집하고 분석하여 주요 관심사와 기대 사항을 도출할 수 있다. 이는 ESG 전략의 우선순위를 설정하는 데 중요한 기준이 된다.

[이해관계자 설문지 프롬프트 예시(화장품 제조 및 판매 기업)]

 당신은 20년 이상의 경력을 가진 ESG 전문가이며, 화장품 산업에 특화된 ESG 컨설턴트입니다. 다음 기업의 ESG 이해관계자 설문조사를 설계해 주세요.

#기업 정보:
- 회사명: (주)한국화장품
- 업종: 화장품 제조 및 판매
- 주요 제품: 기초 화장품, 색조 화장품
- 매출액: 약 500억원
- 임직원 수: 120명
- 주요 시장: 국내 및 동남아시아
- 공급망 현황: 국내 중소 협력사 30개사
- ESG 보고서: 첫 발간 예정

#고려해야 할 산업 특성
1. 원료의 안전성과 친환경성, 2. 동물실험 금지, 3. 패키지 폐기물 이슈, 4. K-뷰티 글로벌 경쟁력, 5. 화장품 산업 특수 규제

#이해관계자 그룹:
1. 고객 (일반 소비자, B2B 고객), 2. 임직원, 3. 협력사/공급 업체
4. 주주/투자자, 5. 지역사회, 6. 정부/규제 기관, 7. NGO/시민단체

#요청 사항:
1. 각 이해관계자 그룹별 맞춤형 설문 문항 설계
2. ESG 각 영역(환경/사회/지배구조)별 중요 이슈 포함
3. 화장품 산업 특성을 반영한 특화 문항 포함
4. 5점 척도 및 주관식 문항의 적절한 구성
5. 응답자의 피로도를 고려한 적정 문항 수
6. 이해관계자 참여 독려를 위한 설문 안내문

설문 결과는 중대성 평가에 활용될 예정이므로, 이를 고려한 문항 설계를 부탁드립니다.

다음은 챗GPT-4o를 통해 위 프롬프트를 실행한 답변의 결과이다.

 "안녕하세요, (주)한국화장품의 ESG 관련 설문조사에 참여해 주셔서 감사합니다. 본 설문조사는 한국화장품이 지속 가능한 경영을 실천하고, 이해관계자 여러분의 의견을 반영해 ESG 경영 전략을 수립하는 데 중요한 자료로 활용됩니다. 응답은 약 10분이 소요되며, 여러분의 의견은 기밀로 처리됩니다. 여러분의 소중한 참여 부탁드립니다."

1. 고객 (일반 소비자, B2B 고객)

[환경]

☐ 한국화장품의 제품 원료가 친환경적이라고 생각하십니까?
: 전혀 그렇지 않다 (1) ~ 매우 그렇다 (5)

☐ 한국화장품의 포장재가 재활용 가능하도록 개선될 필요가 있다고 생각하십니까?
: 전혀 그렇지 않다 (1) ~ 매우 그렇다 (5)

[사회]

☐ 한국화장품이 동물실험을 금지한 화장품을 제공하는 점에 대해 신뢰하십니까?
: 전혀 그렇지 않다 (1) ~ 매우 그렇다 (5)

☐ 한국화장품의 제품이 안전하다고 느끼십니까?
: 전혀 그렇지 않다 (1) ~ 매우 그렇다 (5)

[지배구조]

☐ 한국화장품의 ESG 활동에 대해 얼마나 알고 계십니까?
: 전혀 모른다 (1) ~ 매우 잘 알고 있다 (5)

☐ 한국화장품이 개선해야 할 환경적 측면이나 사회적 책임에 대해 의견이 있다면 남겨주세요.

… (이하 생략)

ChatGPT로 설문 초안을 작성한 후 프롬프트에 "위 설문지를 구글 앱스 스트립트 코드로 작성해 주세요."라고 명령하면 순식간에 설문지를 구글 폼으로 바꿀 수 있다.

 다음은 위 설문지를 구글 설문지로 자동 생성하는 Google Apps Script 코드입니다. 이 스크립트는 구글 설문지를 생성하고, 각 질문을 5점 척도 또는 주관식 질문으로 추가합니다.
1. 구글 드라이브에서 Google Apps Script를 엽니다.
2. 새로운 프로젝트를 생성하고 아래 코드를 붙여넣고 실행하면 됩니다.

```javascript
function createESGSurvey() {
  // 설문 제목 및 설명
  const form = FormApp.create('(주)한국화장품 ESG 이해관계자 설문조사')
    .setDescription("본 설문조사는 (주)한국화장품이 지속 가능한 경영을 실천하고, 이해
```

다음 단계로 script.google.com에서 "New project"를 클릭하고 위 ChatGPT에서 생성된 "코드복사"를 붙여 넣는다. 이후 "Untitled project"를 파일명을 부여하고(예:한국화

장품 설문지) 프로젝트를 저장을 한다. 다음 단계로 "Run(실행)"을 클릭하면, Execution log 에 구글 설문지가 URL 형태로 생성된다.

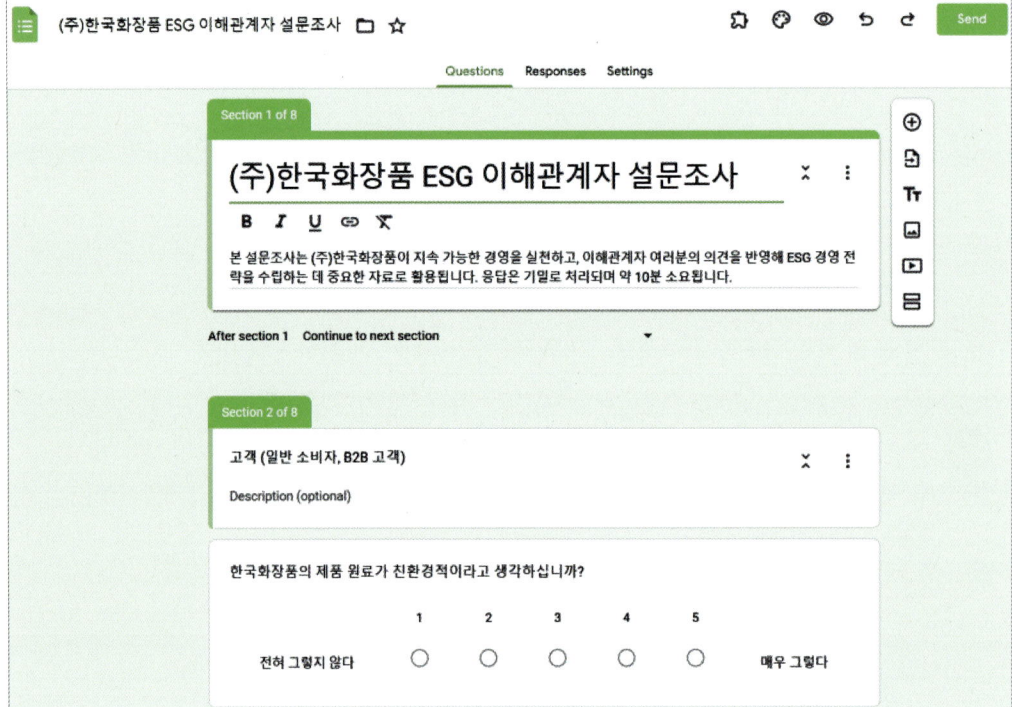

해당 URL을 복사하여 실행하면 아래와 같은 구글 폼의 형태로 바로 전환이 됨을 알 수 있다.

(5) 중대성 평가

이해관계자들의 관심사와 기업에 미치는 영향을 종합적으로 고려한 중대성 평가는 ESG 전략 수립의 핵심 과정이다. 생성형 AI는 다양한 ESG 이슈들의 중요도와 시급성을 분석하여 우선순위를 제시할 수 있다. 이를 통해 한정된 자원을 효율적으로 배분하고, 실질적인 ESG 성과를 창출할 수 있다.

(6) 커뮤니케이션 전략 수립

이해관계자별 특성과 니즈를 고려한 맞춤형 커뮤니케이션 전략의 수립도 생성형 AI를 통해 가능하다. 각 이해관계자 그룹에 대한 효과적인 메시지와 소통 채널을 설계하고, 피드백을 지속적으로 수집하여 전략을 개선할 수 있다.

[커뮤니케이션 전략 프롬프트 예시]

이해관계자별 ESG 커뮤니케이션 전략을 수립해 주세요.
1. 각 이해관계자 그룹의 특성
2. 주요 메시지와 강조점
3. 선호하는 커뮤니케이션 채널
4. 피드백 수집 방법
5. 위기 커뮤니케이션 대응 방안
성공적인 ESG 커뮤니케이션을 위한 구체적인 실행 계획도 함께 제시해 주세요.

다음으로는 ESG 캠페인 송을 제작하여 활용하는 방법을 소개한다.

작사, 작곡을 잘해 주는 생성형 AI 도구 중에 가장 인기 있는 것이 수노(SUNO)와 유디오(UDIO)가 있는데 여기서는 수노를 활용해 본다.

수노에서 작사, 작곡을 동시에 할 수도 있으나, 가사를 좀 더 내 맘에 들게 작성하려면 ChatGPT에서 먼저 작사를 하고, 해당 가사를 수노에 붙여넣기 하여 진행하는 것이 효과적일 수 있다.

[캠페인 송 가사 작성을 위한 프롬프트 예시]

한국화장품은 한국의 아름다움과 지속 가능성을 결합하여 한국 및 동남아시아에 화장품을 판매하는 중소기업입니다. ESG 가치를 담은 1분짜리 캠페인 송 가사를 써 주세요. 이 노래는 한국의 자연과 순수함을 상징하며, 환경을 보호하고 사회적 책임을 다하는 기업 이미지를 전달합니다. 특히 젊은 세대(Z세대)에게 친근하게 다가갈 수 있도록 희망적이고 밝은 어조로 쉽게 따라 부를 수 있는 가사로 해 주세요.

프롬프트 실행 결과는 다음과 같다.

 (Verse 1)
맑은 물처럼 깨끗하게, 숲의 숨결을 담아내어,
한국의 아름다움, 그대에게 피부에 자연을 선물해요
(Chorus)
함께해요, 우리 지구를 위해 한 걸음씩 내딛는 이 길에
지켜가요, 아름다운 내일을 우린 모두 하나, 함께 만들어가요
(Verse 2)
환경을 위해, 사회를 위해 작은 실천이 큰 변화를 이뤄
한국화장품, 함께 나누며 아름답고 지속 가능한 세상으로
(Chorus)
함께해요, 우리 지구를 위해 한 걸음씩 내딛는 이 길에
지켜가요, 아름다운 내일을 우린 모두 하나, 함께 만들어가요
(Outro)
우린 모두 하나, 함께 만들어가요

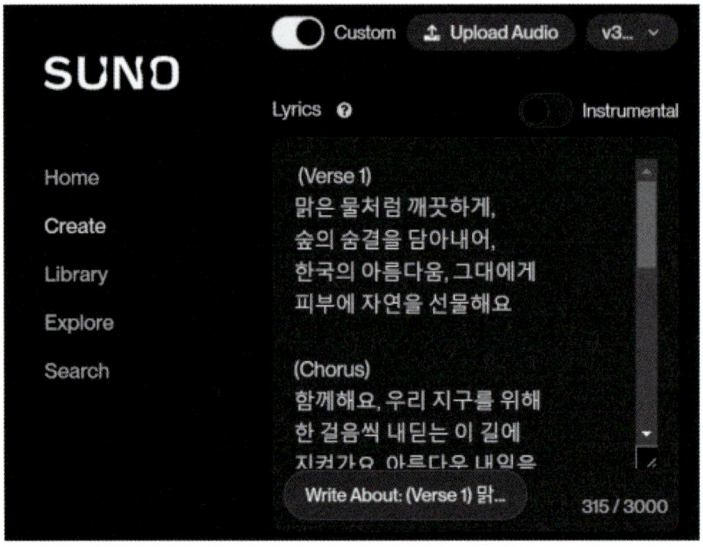

다음 단계는 이 가사를 복사하여 수노(https://suno.com)의 Create 메뉴에서 Lyrics에 붙여넣은 후 생성을 하면 약 10초 만에 2개의 곡이 만들어진다. 음악 스타일을 선택할 수도 있다.

(7) 리스크 식별 및 평가

생성형 AI는 기업이 직면할 수 있는 ESG 리스크를 포괄적으로 식별하고 평가할 수 있다. 환경 리스크, 사회적 리스크, 지배구조 리스크 등 다양한 유형의 리스크를 분석하고, 각각의 발생 가능성과 영향도를 평가하여 대응 우선순위를 설정할 수 있다.

(8) 선제적 리스크 관리

생성형 AI는 뉴스, 소셜미디어, 규제 동향 등 다양한 데이터 소스를 실시간으로 모니터링하여 잠재적 리스크를 조기에 감지할 수 있다. 이를 통해 리스크가 현실화되기 전에 선제적으로 대응할 수 있는 체계를 구축할 수 있다. 특히 기후 변화, 인권, 공급망 등과 관련된 ESG 리스크는 기업의 지속 가능성에 큰 영향을 미칠 수 있으므로, 체계적인 모니터링과 대응이 필수적이다.

(9) 리스크 대응 전략 수립

식별된 리스크에 대해 생성형 AI는 다양한 시나리오를 생성하고, 각 시나리오별 최적의 대응 전략을 제시할 수 있다. 리스크의 특성과 기업의 대응 역량을 고려하여, 회피, 저감, 전가, 수용 등 다양한 대응 방안 중 최적의 전략을 선택할 수 있도록 지원한다.

(10) ESG 목표 설정

생성형 AI는 기업의 현재 ESG 수준, 이해관계자 기대 사항, 산업 동향, 규제 환경 등을 종합적으로 고려하여 달성 가능하면서도 도전적인 ESG 목표를 제안할 수 있다. 목표 설정 시에는 측정 가능성, 달성 가능성, 시간 제한, 구체성 등 SMART 원칙을 준수해야 한다.

[ESG 목표 설정 프롬프트 예시]

 우리 기업의 ESG 목표를 다음 조건을 고려하여 제안해 주세요:
#고려 사항
1. 현재 ESG 성과 수준, 2. 산업 평균 및 선도 기업 벤치마크, 3. 규제 요구 사항, 4. 이해관계자 기대수준, 5. 가용 자원
#도출 요청 사항:
1. 단기(1-2년) 목표, 2. 중기(3-5년) 목표, 3. 장기(5년 이상) 목표
4. 목표별 핵심 성과 지표(KPI)

(11) ESG 실행 계획 수립

설정된 목표를 달성하기 위한 구체적인 실행 계획의 수립도 생성형 AI를 통해 지원할 수 있다. 각 목표별로 필요한 과제를 도출하고, 과제별 우선순위와 추진 일정, 소요 자원, 책임자 등을 명확히 하여 실행력을 확보해야 한다.

[실행 계획 수립 프롬프트 예시]

 ESG 목표 달성을 위한 세부 실행 계획을 수립해 주세요.
1. 과제 정의: 목표별 핵심 과제 도출, 과제 우선순위 설정, 과제 간 연관관계 분석
2. 일정 계획: 마일스톤 설정, 단계별 추진 일정, 주요 의사 결정 시점
3. 자원 계획: 소요 예산 산정, 필요 인력 도출, 시스템/인프라 요구 사항
4. 거버넌스 체계: 과제별 책임자 지정, 보고 및 점검 체계, 협업 프로세스

(12) 성과 모니터링 체계 구축

생성형 AI는 ESG 과제의 추진 현황과 성과를 실시간으로 모니터링하고 평가할 수 있는 체계를 구축하는 데 활용될 수 있다. 정기적인 성과 점검과 피드백을 통해 계획의 실행력을 제고하고, 필요시 적절한 개선 조치를 취할 수 있도록 지원한다.

[성과 모니터링 구축 프롬프트 예시]

 ESG 과제 추진 현황을 모니터링하기 위한 대시보드를 설계해 주세요.
#모니터링 항목: 1. KPI 달성도, 2. 과제 진행 현황, 3. 예산 집행 현황

> 4. 주요 이슈 및 리스크
> #보고서 구성: 1. 주간 현황 리포트, 2. 월간 성과 보고서, 3. 분기별 종합 평가

(13) 조직 변화 관리

ESG 전략의 성공적인 실행을 위해서는 전사적인 변화 관리가 필수적이다. 생성형 AI는 임직원의 ESG 인식도를 제고하고 실행력을 강화하기 위한 다양한 변화 관리 프로그램을 설계하는 데 활용될 수 있다. 교육 프로그램 개발, 내부 소통 강화, 우수 사례 공유 등을 통해 ESG 경영을 조직 문화로 정착시켜야 한다.

[조직 변화 관리 프롬프트 예시]

> ESG 조직 변화 관리를 위한 AI 기반 프로그램을 설계해 주세요.
> #프로그램 구성 요소: 1. ESG 인식도 향상 교육 콘텐츠, 2. 임직원 참여를 유도하는 내부 커뮤니케이션 채널 구축 방안, 3. ESG 우수 사례 발굴 및 전파 프로세스
> #기대 효과 평가 지표: 1. 임직원 ESG 인식도 변화율, 2. 프로그램 참여율, 3. 우수 사례 적용 확대 정도

(14) 성과 보상 체계 연계

ESG 성과를 임직원 평가 및 보상 체계와 연계하여 동기 부여를 강화하는 것도 중요하다. 생성형 AI는 객관적이고 공정한 ESG 성과 평가 기준을 설계하고, 이를 기존 성과 관리 체계에 통합하는 방안을 제시할 수 있다.

[성과 보상 체계 프롬프트 예시]

> ESG 성과를 임직원 평가 및 보상 체계와 연계하기 위한 AI 기반 평가 체계를 설계해 주세요.
> #평가 항목: 1. ESG 목표 달성률, 2. 개인 및 팀별 기여도 평가, 3. 장기적 성과 영향력
> #보상 연계 방안: 1. 성과 인센티브 설정 기준, 2. 승진 평가 시 ESG 성과 반영 비율, 3. ESG 성과를 반영한 특별 포상 제도

(15) ESG 전략 수립을 위한 구조화된 프롬프트

생성형 AI를 활용하여 단계적으로 ESG 전략을 수립하는 방법에 대해 알아 보았다. 이를 한 번에 구조화된 프롬프트를 사용하여 ESG 전략 전반에 대한 초안을 작성하는 방법에 대해 살펴보기로 한다. 아래는 ChatGPT-O1 pro를 활용하여 ESG 전략 수립 프롬프트를 작성한 사례 및 답변이다.

 당신은 ESG 전문가로 활동해 줘.
한국 중소, 중견 기업의 ESG 전략을 수립하려고 해.
보고서 목차를 정리해 주고, 내용을 잘 작성하기 위한 구조화된 프롬프트를 구체적으로 작성해 줘. 공급망 ESG 관점을 포함해 줘.

[1. 보고서 목차 예시]

1. Executive Summary (요약)
   - 보고서의 목적 및 주요 내용 요약
   - 기업이 ESG를 도입해야 하는 긴급성 및 기대 효과

2. ESG 개념 및 산업 동향
   2.1. ESG의 정의와 배경
   2.2. 글로벌 ESG 트렌드 및 규제 동향
   2.3. 산업별 ESG 요구 사항과 한국 중소·중견기업에 미치는 영향

3. 중소·중견 기업 현황 및 시장 분석
   3.1. 국내외 시장 및 경쟁 환경
   3.2. 주요 이해관계자(정부, 투자자, 파트너, 소비자 등)의 요구 사항
   3.3. ESG 도입 현황과 수준(벤치마크, Gap 분석 등)

4. ESG 전략 목표 및 핵심 지표(KPI)
   4.1. 전략적 방향 설정(환경, 사회, 지배구조 측면)
   4.2. ESG 목표 수립 프로세스
   4.3. 목표 달성을 위한 핵심 지표(KPI) 선정 방법

5. ESG 실행 전략 및 상세 과제

　5.1. 환경(E) 분야

　　- 에너지 효율화, 탄소 배출 저감, 자원 절약 등

　　- 친환경 제품·서비스 개발 및 녹색 공급망 구축

　5.2. 사회(S) 분야

　　- 인권·노동·안전 정책 및 지역사회 기여 방안

　　- 협력사 및 파트너사(공급망)와의 동반 성장 전략

　5.3. 지배구조(G) 분야

　　- 이사회 구성, 내부 통제, 윤리·컴플라이언스 체계 강화

　　- 투명 경영 및 이해관계자 커뮤니케이션 개선

6. 공급망 ESG 관점의 통합 전략

　6.1. 공급망 ESG 이슈 정의 및 리스크 분석

　6.2. 공급망 ESG 진단 및 평가 방법(협력사 설문, 현장 실사 등)

　6.3. 공급망 파트너 선정 기준(ESG 성과 반영)

　6.4. 공급망 ESG 관리 체계 구축 및 개선 방안

7. ESG 리스크 분석 및 대응 방안

　7.1. 기후 변화·재무적 리스크 분석

　7.2. 공급망·지역사회 리스크 식별

　7.3. 리스크 완화(방지) 및 대응 메커니즘

8. ESG 추진 로드맵

　8.1. 단기(1년), 중기(3~5년), 장기(5년 이상) 추진 계획

　8.2. 내부 역량 강화 방안 및 조직 체계 구축(ESG 위원회 등)

　8.3. 예산 계획 및 모니터링 프로세스

9. 사례 연구 및 벤치마크

　9.1. 국내외 중소·중견기업의 성공·실패 사례

　9.2. 우수 공급망 ESG 관리 사례

　9.3. 시사점 및 적용 방안

10. 결론 및 제언
   - 주요 성과 기대치 및 미래 과제
   - 이해관계자별 협력 방안(정부, 투자자, 협력사 등)
   - 지속적인 모니터링과 개선을 위한 제언

11. 부록(선택)
   - 세부 지표 및 평가 체크리스트
   - 관련 법령 및 가이드라인(ISO 14001, ISO 26000, GRI 등)
   - 용어 정리

[2. 각 목차별 작성 시 고려 사항]

1. Executive Summary (요약)
   - 핵심 질문: "우리 기업이 ESG를 왜 지금 당장 시작해야 하는가?"
   - 주요 포인트: 기업 가치 상승, 리스크 예방, 글로벌 경쟁력 확보 등

2. ESG 개념 및 산업 동향
   - 핵심 질문: "우리 산업에서 요구하는 최신 ESG 트렌드는 무엇인가?"
   - 주요 포인트: 국내외 주요 정책, 투자자·소비자들의 관심 영역, 업종별 규제

3. 중소·중견 기업 현황 및 시장 분석
   - 핵심 질문: "우리 기업이 처한 시장 환경과 ESG 도입 수준은 어느 정도인가?"
   - 주요 포인트 : 점검해야 할 내부 프로세스, 경쟁사 대비 강점/약점, Gap 분석

4. ESG 전략 목표 및 핵심 지표(KPI)
   - 핵심 질문: "ESG를 통해 달성하고자 하는 구체적 목표와 측정 기준은 무엇인가?"
   - 주요 포인트: 중장기 목표 설정, 정량·정성 지표, 목표 달성 시기 구체화

5. ESG 실행 전략 및 상세 과제
   - 핵심 질문: "실제 실행 방안은 무엇이며, 어떻게 내부 전반에 적용할 것인가?"
   - 주요 포인트: 부문별 세부 과제(환경/사회/지배구조), 예산 및 책임 부서 설정

6. 공급망 ESG 관점의 통합 전략
   - 핵심 질문: "우리 공급망 전반에서 발생할 수 있는 ESG 리스크와 기회는 무엇인가?"

- 주요 포인트: 협력사 선정 기준, 공급망 실사, 공급망 내 ESG 성과 모니터링
- 특징 협력사와의 성과 공유 및 동반 성장 모델, 인증·평가 시스템 활용

7. ESG 리스크 분석 및 대응 방안
   - 핵심 질문: "ESG 추진 과정에서 우리 기업이 직면할 리스크는 무엇이며 어떻게 대응할 것인가?"
   - 주요 포인트: 재무적·비재무적 리스크 식별 및 대응 프로토콜, 위기 커뮤니케이션

8. ESG 추진 로드맵
   - 핵심 질문: "우리 기업이 1년, 3~5년, 5년 이상의 기간 동안 어떻게 ESG 목표를 달성할 것인가?"
   - 주요 포인트 : 각 단계별 목적, 핵심 성과지표(KPI), 담당 조직 및 예산 배분

9. 사례 연구 및 벤치마크
   - 핵심 질문: "우수 기업 혹은 실패 사례로부터 무엇을 배울 수 있는가?"
   - 주요 포인트: 적용 가능한 솔루션, 리스크 예방 전략, 협력사 관리 체계

10. 결론 및 제언
    - 핵심 질문: "결론적으로 ESG 전략이 우리 기업의 미래에 어떤 의미를 갖는가?"
    - 주요 포인트: 성공 가능성, 추가 연구·개선 필요 사항, 조직 문화 측면의 변화

[3. 구조화된 프롬프트 예시]

아래 예시는 ChatGPT 등 생성형 AI를 활용해 ESG 보고서 초안을 작성하고자 할 때 사용할 수 있는 '프롬프트 가이드'이다. 기업의 실제 상황과 목표에 맞춰 대괄호 부분을 수정하거나 구체화해 활용하면 좋다.

[예시 프롬프트]

 1) 보고서 목적과 범위 설정
- 우리 기업(기업명)은 중소·중견 기업으로서 ESG 경영 전략을 체계적으로 수립하고자 합니다.
- 본 보고서는 (1) ESG 개념과 산업 동향, (2) 중소·중견기업 현황 및 시장 분석, (3) ESG 전략 목표와 핵심 지표 (KPI), (4) 실행 전략 및 공급망 관점 통합, (5) 리스크 관리 및 대응, (6) 추진 로드맵, (7) 사례 연구와 시사점, (8) 결론 및 제언 순으로 작성해 주세요.
2) 기업 현황 및 시장 환경 구체화

- 우리 기업은 산업 분야에 종사하고 있으며, 현재 글로벌 시장에서 주요 경쟁사 등과 경쟁 중입니다.
- 우리 산업에서 중요한 ESG 이슈로는 이슈 1, 이슈 2, 이슈 3 등이 있으며, 관련된 규제·정책은 (예: EU 탄소국경세, RE100, K-Taxonomy등) ○○가 있습니다.
- ESG 현황과 수준을 명확히 비교할 수 있도록 업계 평균 혹은 선도 기업의 사례를 함께 제시해 주세요.

3) ESG 목표 및 지표 설정
- 우리 기업이 달성하고자 하는 ESG 목표는 (1) 환경 측면에서 ○○, (2) 사회 측면에서 ○○, (3) 지배구조 측면에서 ○○입니다.
- 각 목표별로 정량적(KPI), 정성적 평가 방법을 명확히 제시하고, 우선순위와 달성 기한도 설정해 주세요.

4) 공급망 ESG 전략과 연계
- 우리 기업은 공급망 ESG 관점을 강화하기 위해, 협력사 선정 기준과 성과 평가 시스템을 구축하고자 합니다.
- 협력사 평가 요소: 탄소 배출량, 윤리 경영 정책, 근로자 안전, 재료·원자재 추적 가능성 등
- 공급망에서 ESG 리스크가 발생할 경우 어떻게 식별하고 대응할 수 있는지, 구체적 운영 프로세스와 체크리스트를 제안해 주세요.

5) 실행 전략 및 리스크 관리
- 실행 전략으로 단기(1년), 중기(3~5년), 장기(5년 이상) 계획을 수립해 주세요.
- 각 기간별로 필요한 조직 역량, 예산, 파트너십, 기술 지원 사항을 구체적으로 나열해 주세요.
- ESG 리스크(기후 변화, 공급망, 안전사고, 데이터 윤리 등)를 체계적으로 관리할 모니터링 기법과 대응 프로세스를 설명해 주세요.

6) 사례 연구 및 벤치마크
- 동종 업계 혹은 유사 규모 기업 중에서 ESG를 성공적으로 도입해 긍정적인 효과를 본 사례와, 도입 실패로 인해 리스크에 직면한 사례를 함께 제시해 주세요.
- 각 사례에서 배울 수 있는 교훈과 구체적 벤치마킹 포인트를 구조화해 주세요.

7) 결론 및 제언
- 최종적으로 우리 기업이 ESG를 도입함으로써 얻을 수 있는 기대 효과(금융 접근성 개선, 브랜드 가치 제고 등)와 장기적 성장 전략을 제시해 주세요.
- 보고서의 마지막에는 정부 지원 사업 또는 각종 ESG 인증(ISO 14001, ISO 45001, GRI Standards 등) 활용 방안을 간략히 언급해 주세요.

[활용팁]

1. 본 보고서 내 데이터 및 지표

정확성과 신뢰도를 높이기 위해, 정부·공공기관 발표 자료나 업계 리서치 등 참고 자료를 구체적으로 지시(예: "한국무역협회 2024 보고서 수치 참고")하여 생성형 AI에게 요약·분석을 요청할 수 있다.

2. 추가 질문 및 후속 질의

생성형 AI가 작성한 초안을 검토한 후, 부족한 부분이나 세부 사례, 정성적·정량적 데이터를 보강하기 위한 추가 프롬프트를 구체적으로 제시한다. 예: "사례 연구 부분에서 글로벌 소비재 기업의 공급망 ESG 모범 사례 2가지 추가해 주세요."

3. 보고서 형식

"문서 분량 페이지 수, 표지·본문·부록 서식, 표/그래프/도식의 활용 방식, 글머리 기호 등"과 같이 세부적인 형식을 지정해 두면, 생성형 AI가 원하는 레이아웃과 스타일로 결과물을 만들어낼 수 있다.

[결론]

· 제시된 목차 구조와 프롬프트 예시를 토대로, 중소·중견기업 맞춤형 ESG 전략 보고서를 보다 쉽고 구체적으로 작성할 수 있다.
· 특히 공급망 ESG 관점을 보고서에 통합함으로써, 협력사와의 상생, 제품·서비스의 환경 영향 최소화, 기업 가치 제고 등을 기대할 수 있다.
· 생성형 AI를 활용할 때는 기업 고유의 상황을 최대한 구체적으로 입력해 주고, 결과물을 꼼꼼히 검토·수정하여 보고서의 완성도를 높이는 것이 중요하다.

4) 생성형 AI를 활용한 ESG 보고서 작성

(1) ESG 보고서 프레임워크 설정

ESG 보고서 작성의 첫 단계는 적절한 보고 프레임워크를 선택하는 것이다. GRI, SASB, TCFD 등 다양한 글로벌 표준이 존재하는 가운데, 생성형 AI는 기업의 특성과 산업 동향을 분석하여 최적의 프레임워크 조합을 제안할 수 있다. ESG 보고서를 처음 발간하는 중소기업의 경우, GRI 가이드라인을 를 기본 프레임워크로 작성하는 것을 추천한다.

또한, 생성형 AI는 각 프레임워크의 요구 사항을 체계적으로 분석하여 누락 없이 보고서를 작성할 수 있도록 지원한다.

[보고 프레임워크 분석 프롬프트 예시]

 우리 기업에 적합한 ESG 보고 프레임워크를 제안해 주세요.
#기업 정보:
- 산업: [산업명]
- 규모: [매출액, 임직원 수 등]
- 사업 지역: [국내/해외 비중]
- 주요 이해관계자: [목록]
#분석 요청 사항:
1. 권장되는 보고 프레임워크 조합
2. 프레임워크별 핵심 요구 사항
3. 프레임워크 간 중복/상충 요소
4. 효율적인 대응 방안 제시

(2) 보고서 목차 및 구성 설계

생성형 AI는 선택된 프레임워크를 기반으로 보고서의 전체적인 구성을 설계할 수 있다. 기업의 ESG 전략과 성과를 효과적으로 전달할 수 있는 목차를 구성하고, 각 섹션별 주요 내용과 분량을 제안한다. 이때 이해관계자들의 관심 사항과 업계 동향을 반영하여 차별화된 구성을 도출할 수 있다.

[보고서 구성 설계 프롬프트 예시]

 ESG 보고서의 목차와 세부 구성을 설계해 주세요:
#고려 사항:
1. 선택된 보고 프레임워크, 2. 주요 이해관계자 관심 사항, 3. 당해 연도 주요 성과, 4. 경쟁사 보고서 벤치마킹
#요청 사항:
1. 전체 목차 구성, 2. 섹션별 주요 포함 내용, 3. 섹션별 적정 분량, 4. 차별화 포인트 제안

(3) CEO 메시지 작성

ESG 보고서의 시작을 여는 CEO 메시지는 기업의 ESG 경영 의지와 방향성을 명확히 전달해야 한다. 생성형 AI는 기업의 ESG 전략, 주요 성과, 미래 계획 등을 종합적으로 고려하여 설득력 있는 CEO 메시지를 작성할 수 있다.

[CEO 메시지 작성 프롬프트 예시]

 ESG 보고서용 CEO 메시지를 작성해 주세요.
#입력 정보:
1. 기업의 ESG 비전과 전략, 2. 당해 연도 주요 성과, 3. 중장기 목표와 계획, 4. 이해관계자 대상 핵심 메시지, 5. CEO의 평소 어투와 표현 스타일
#작성 요청 사항:
1. 메시지의 전체적 흐름, 2. ESG 경영 의지 표명, 3. 구체적 성과와 목표 언급, 4. 이해관계자 대상 약속, 5. 적절한 분량(1~2페이지)

(4) 하이라이트 페이지 구성

보고서의 핵심 내용을 한눈에 파악할 수 있는 하이라이트 페이지는 매우 중요하다. 생성형 AI는 방대한 ESG 성과 데이터 중에서 가장 중요하고 인상적인 내용을 선별하여 효과적으로 제시할 수 있다.

[하이라이트 페이지 구성 프롬프트 예시]

 ESG 보고서의 하이라이트 페이지를 구성해 주세요.
#대상 데이터:
환경/사회/지배구조 영역별 주요 성과, 수상 및 인증 실적, ESG 평가 결과, 주요 투자 및 프로젝트
#구성 요청 사항:
1. 핵심 성과 지표 선정, 2. 인포그래픽 아이디어, 3. 스토리텔링 방식 제안, 4. 레이아웃 구성안

(5) ESG 영역별 성과 보고

환경, 사회, 지배구조 각 영역의 성과를 객관적이고 투명하게 보고하는 것이 중요하다. 생성형 AI는 각 영역별 성과 데이터를 분석하고, 이를 이해하기 쉽게 설명하는 보고서 본문을 작성할 수 있다.

[영역별 성과 보고 프롬프트 예시]

 각 ESG 영역별 성과를 보고서 본문으로 작성해 주세요.
#환경(E) 영역:
1. 기후 변화 대응, 2. 자원 순환, 3. 환경 영향 저감 등
#사회(S) 영역:
1. 인권 및 노동, 2. 안전 보건, 3. 동반 성장 등
#지배구조(G) 영역:
1. 이사회 운영, 2. 윤리 경영, 3. 리스크 관리 등
#작성 원칙:
1. 객관적 사실 중심, 2. 정량/정성 성과 균형, 3. 도표와 그래프 활용, 4. 향후 계획 포함

(6) 데이터 시각화

ESG 성과를 효과적으로 전달하기 위해서는 적절한 데이터 시각화가 필수적이다. 생성형 AI는 데이터의 특성과 전달하고자 하는 메시지를 고려하여 최적의 시각화 방식을 제안할 수 있다.

[데이터 시각화 프롬프트 예시]

 다음 ESG 데이터의 시각화 방안을 제안해 주세요.
#데이터 유형:
1. 시계열 추세 데이터, 2. 비교 분석 데이터, 3. 구성비 데이터, 4. 상관관계 데이터
#요청 사항:
1. 데이터별 적합한 차트 유형, 2. 컬러 팔레트 추천, 3. 주석 및 설명 포인트, 4. 레이아웃 구성안

(7) 표지 이미지 제작

ESG 보고서 작성을 위해서는 표지, 하이라이트 페이지 등 보고서 여러 페이지에 적합한 이미지를 삽입할 필요가 있다. 이를 위해 이미지 생성형 AI를 활용할 수 있다. 미드저니와 같은 유료 프로그램도 있지만, ChatGPT에 내장되어 있는 DALL·E 3, 마이크로소프트의 MS Designer, 구글 Image FX 등 무료 프로그램도 많이 있다. Genspark AI에서는 하나의 프롬프트로 FLUX 1, FLUX 1.1, Recraft V3 등 4가지 모델을 자동 선택하여 4가지의 상이한 이미지를 생성해 주기도 한다.

아래 이미지는 ChatGPT 4o와 허깅페이스에서 제공하고 있는 FLUX.1로 만들어 본 결과이다.

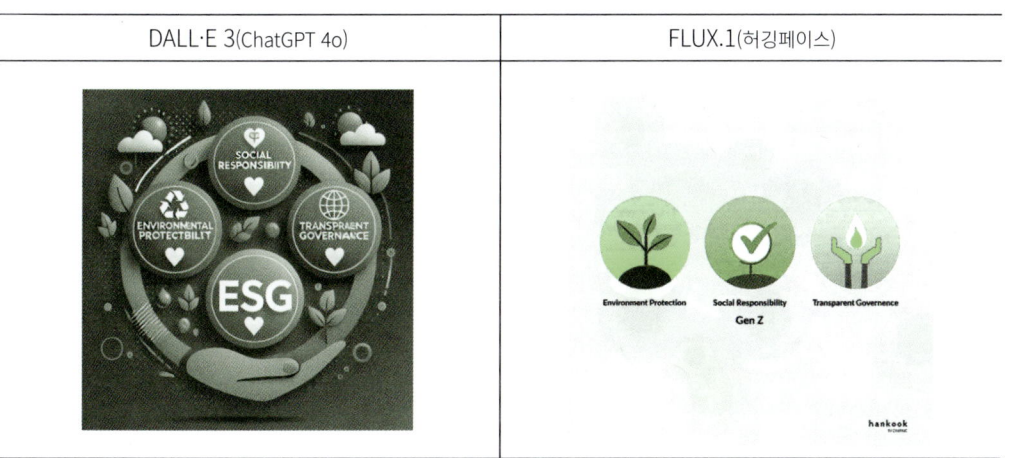

생성형 AI를 활용한 표지 이미지 제작 사례

프롬프트는 다음과 같다.

 "한국화장품의 ESG 활동을 상징적으로 보여 주는 동적인 인포그래픽 스타일. 환경 보호, 사회적 책임, 투명한 거버넌스를 강조하는 세 개의 원형 아이콘이 조화롭게 배치되어 있으며, 젊고 밝은 색상으로 Z세대와 친근하게 소통할 수 있는 스타일. 각 요소가 심플하면서도 이해하기 쉽게 구성된 모습"

(8) 데이터 검증

ESG 보고서의 신뢰성을 확보하기 위해서는 철저한 데이터 검증이 필요하다. 생성형 AI는 보고서에 포함된 데이터의 정확성, 일관성, 완전성을 검증하고, 오류나 불일치를 찾아내는 데 활용될 수 있다.

(9) 내용 적정성 검토

데이터 검증과 함께 보고 내용의 적정성을 검토하는 것도 중요하다. 생성형 AI는 글로벌 보고 기준과의 부합성, 업계 관행과의 정합성, 표현의 적절성 등을 종합적으로 검토할 수 있다.

[내용 검토 프롬프트 예시]

> ESG 보고서 초안의 적정성을 다음 관점에서 검토해 주세요.
> #검토 관점:
> 1. 보고 기준 준수: GRI Standards 부합성, SASB 요구 사항 충족도, TCFD 권고안 반영 여부
> 2. 표현의 적절성: 용어 사용의 일관성, 표현의 객관성, 과장/허위 진술 여부
> 3. 법적 리스크: 규제 위반 가능성, 책임 소재 명확성, 민감 정보 포함 여부
> #개선 요청 사항:
> 1. 영역별 보완 필요 사항, 2. 구체적 수정 제안, 3. 참고할 만한 우수 사례

(10) 제3자 검증 지원

ESG 보고서의 신뢰성 제고를 위한 제3자 검증 과정에서도 생성형 AI를 활용할 수 있다. 검증 기관이 요구하는 자료를 체계적으로 준비하고, 검증 과정에서 제기되는 질의 사항에 효율적으로 대응할 수 있다.

[검증 지원 프롬프트 예시]

> ESG 보고서 제3자 검증을 위한 준비 사항을 정리해 주세요.
> #준비 항목:
> 1. 검증 범위별 증빙 자료, 2. 데이터 산출 근거, 3. 내부 통제 절차
> 4. 담당자 인터뷰 준비
> #대응 전략:
> 1. 주요 예상 질의 사항, 2. 답변 준비 사항, 3. 개선 계획 수립

(11) 이해관계자 소통 도구로 활용

발간된 ESG 보고서는 다양한 이해관계자와의 소통 도구로 활용된다. 생성형 AI는 이해관계자별 관심 사항을 고려하여 보고서의 주요 내용을 재구성하고, 맞춤형 커뮤니케이션 자료를 제작하는 데 활용될 수 있다.

[커뮤니케이션 자료 제작 프롬프트 예시]

> ESG 보고서를 기반으로 다음 이해관계자별 커뮤니케이션 자료를 작성해 주세요.
> #대상별 자료:

1. 투자자 프레젠테이션: 핵심 성과와 목표, 리스크 관리 현황, 미래 전략 방향
2. 임직원 요약 자료: 주요 성과와 의의, 개선 필요 사항, 참여 방안
3. 외부 홍보자료: 보도자료, SNS 콘텐츠, 인포그래픽

(12) 성과 모니터링 및 개선

ESG 보고서 발간 이후에도 생성형 AI를 활용하여 보고 내용에 대한 반응을 모니터링하고, 차기 보고서 개선을 위한 시사점을 도출할 수 있다.

[피드백 분석 프롬프트 예시]

ESG 보고서에 대한 외부 반응을 분석해 주세요.
#분석 대상:
1. 언론 보도 내용, 2. 전문가 평가, 3. SNS 반응, 4. 이해관계자 피드백
#도출 요청 사항:
1. 주요 긍정/부정 의견, 2. 보완 필요 영역, 3. 차기 보고서 개선점

(13) 글로벌 평가 대응

ESG 평가 기관의 평가 대응에도 보고서의 내용을 효과적으로 활용할 수 있다. 생성형 AI는 각 평가 기관의 평가 항목과 보고서 내용을 매핑하고, 필요한 추가 자료를 효율적으로 준비하는 데 도움을 줄 수 있다.

[평가 대응 프롬프트 예시]

ESG 평가 기관별 대응 자료를 준비해 주세요.
#평가 기관별:
1. MSCI ESG Ratings, 2. Sustainalytics, 3. KCGS, 4. CDP
#준비 사항:
1. 평가 항목-보고서 매핑, 2. 보완 자료 필요 항목, 3. 점수 개선 전략
4. 대응 일정 계획

향후 발전 방향

생성형 AI 기술의 발전에 따라 ESG 보고서 작성의 자동화 수준은 더욱 높아질 것으로 예상된다. 데이터 수집부터 콘텐츠 작성, 디자인까지 보고서 작성의 전 과정에서 AI의 활

용이 확대될 것이다.

향후에는 정적인 연차 보고서 형태에서 벗어나, ESG 성과를 실시간으로 업데이트하고 공유하는 동적인 보고 체계로 발전할 것으로 전망된다. 생성형 AI는 이러한 실시간 보고 체계를 구현하는 데 핵심적인 역할을 할 것이다.

또한, 이해관계자별 관심 사항과 필요에 따라 보고 내용을 실시간으로 재구성하고 제공하는 맞춤형 보고 체계가 확산될 것이다. 생성형 AI는 개별 이해관계자의 특성을 학습하고, 최적화된 보고 내용을 제공하는 데 활용될 것이다.

4. AI×ESG 융합을 통한 비즈니스 참여와 수익화 전략

1) AI×ESG 융합 시대의 참여 기회

AI와 ESG의 융합은 기업 경영의 새로운 패러다임을 넘어 다양한 비즈니스 기회를 창출하고 있다. 특히 기업들의 ESG 경영 도입이 가속화되면서, AI 기술을 활용한 ESG 솔루션과 서비스에 대한 수요가 급증하고 있다. 이러한 시장 변화는 새로운 직무의 등장과 함께 다양한 창업 기회를 제공하고 있다.

(1) 직무별 활용 방안과 창업 기회

AI×ESG 융합 시대에는 기존 직무의 혁신적 변화와 함께 새로운 전문 직무가 등장하고 있다. ESG 데이터 분석가는 AI 기술을 활용하여 방대한 ESG 데이터를 수집하고 분석하며, 이를 통해 기업의 지속 가능성을 평가하고 개선 방안을 도출한다. 이들은 단순한 데이터 처리를 넘어 산업별 특성을 고려한 심층 분석과 인사이트 도출 능력이 요구된다.

AI 솔루션 개발자들은 ESG 경영을 위한 다양한 도구와 플랫폼을 개발한다. 특히 생성형 AI의 발전으로 ESG 보고서 자동화, 환경 영향 예측, 이해관계자 소통 등 새로운 솔루션 개발 기회가 확대되고 있다. 이러한 솔루션은 기업의 ESG 성과 관리와 의사 결정을 지원하는 핵심 도구로 자리 잡고 있다.

ESG 전략 전문가의 역할도 AI 기술의 도입으로 더욱 고도화되고 있다. 이들은 AI 분석을 통해 도출된 인사이트를 바탕으로 기업의 ESG 전략을 수립하고, 실행 가능한 로드맵을 제시한다. 특히 산업별 특성과 기업의 상황을 고려한 맞춤형 전략 수립이 중요해지고 있다.

(2) 투자와 컨설팅 비즈니스

AI×ESG 융합은 투자 및 컨설팅 분야에서도 새로운 비즈니스 모델을 창출하고 있다. ESG 평가 서비스는 AI 기술을 활용하여 기업의 ESG 성과를 객관적으로 평가하고, 이를 투자 의사 결정에 반영한다. 특히 실시간 데이터 분석과 동적 평가 모델의 도입으로 평가의 정확성과 시의성이 크게 향상되고 있다.

AI 기반 ESG 투자 자문 서비스는 전통적인 재무 분석에 ESG 요소를 통합하여 보다 종합적인 투자 전략을 제시한다. 머신러닝 알고리즘을 활용한 리스크-수익 분석은 투자자들에게 새로운 통찰력을 제공하며, ESG 요소가 투자 성과에 미치는 영향을 정교하게 분석할 수 있게 한다.

ESG 리스크 관리 컨설팅은 AI 기술을 활용하여 기업이 직면할 수 있는 ESG 관련 리스크를 선제적으로 파악하고 대응 방안을 수립한다. 특히 기후 변화 리스크, 공급망 리스크, 평판 리스크 등 다양한 ESG 리스크에 대한 통합적 관리 방안을 제시한다.

새롭게 부상하는 탄소 배출권 시장에서도 AI 기술은 핵심적인 역할을 한다. AI 기반 탄소 배출권 거래 플랫폼은 배출량 예측, 가격 분석, 거래 매칭 등을 자동화하여 시장의 효율성을 높이고 있다.

2) 유망 분야와 진출 전략

AI와 ESG의 융합은 다양한 산업 분야에서 혁신적인 비즈니스 기회를 창출하고 있다.

(1) 성장 가능성이 높은 분야

환경 모니터링 및 예측 시스템 분야는 AI 기술의 활용도가 가장 높은 영역 중 하나로 부상하고 있다. 센서 데이터와 AI 분석을 결합한 실시간 환경 모니터링 시스템은 기업의 환경 영향을 정확하게 측정하고 예측할 수 있게 한다. 특히 기후 변화 대응과 탄소중립 달성을 위한 솔루션 수요가 급증하면서, 이 분야의 성장 잠재력은 더욱 커지고 있다.

공급망 ESG 관리는 기업의 지속 가능성 확보를 위한 핵심 과제로 대두되고 있다. AI 기술은 복잡한 글로벌 공급망에서 ESG 리스크를 식별하고, 협력사의 ESG 성과를 효과적으로 관리할 수 있게 한다. 특히 생성형 AI의 발전으로 공급망 전반의 ESG 데이터를 수집, 분석하여 의미 있는 인사이트를 도출하는 것이 가능해졌다.

ESG 보고서 자동화 분야도 큰 성장이 예상된다. 생성형 AI 기술의 발전으로 ESG 데이터 수집부터 보고서 작성까지의 프로세스를 대폭 효율화할 수 있게 되었다. 특히 다양한 글로벌 표준과 규제 요구 사항을 충족하면서도, 기업의 특성을 반영한 맞춤형 보고서 생성이 가능해지고 있다.

(2) 차별화 및 진입 장벽 극복

이러한 유망 분야에 성공적으로 진출하기 위해서는 명확한 차별화 전략이 필요하다. 우선 산업별 특화 기술과 알고리즘 개발이 중요하다. 일반적인 AI 솔루션을 넘어, 각 산업의 특성과 요구 사항을 정확히 반영한 맞춤형 솔루션을 제공해야 한다. 예를 들어, 제조업의 경우 생산 공정의 환경 영향 분석과 최적화에 특화된 솔루션이 필요할 것이다.

데이터 확보와 품질 관리는 AI×ESG 비즈니스의 핵심 경쟁력이다. ESG 데이터는 아직 표준화가 미흡하고 신뢰성 있는 데이터 확보가 어려운 경우가 많다. 따라서 자체적인 데이터 수집 체계를 구축하고, 데이터의 품질을 지속적으로 관리하는 것이 중요하다. 특히 산업별 특성을 반영한 맞춤형 데이터 수집 방법론 개발이 필요하다.

규제 준수와 인증 획득도 중요한 진입 장벽이 될 수 있다. ESG 관련 규제가 강화되면서, 솔루션 제공 업체도 높은 수준의 규제 준수가 요구된다. 특히 금융 분야의 경우, 엄격한 규제 요구 사항을 충족해야 하며, 관련 인증 획득이 사업 확장의 핵심 요소가 된다.

협력 네트워크 구축은 시장 진입과 확장을 위한 중요한 전략이다. ESG 생태계의 다양한 이해관계자들과의 협력 관계를 구축하고, 이를 통해 시장 진입 장벽을 낮출 수 있다. 특히 학계, 연구기관, 산업 협회 등과의 협력을 통해 기술력과 신뢰성을 확보하는 것이 중요하다.

이러한 차별화 전략과 진입 장벽 극복 방안은 각 기업의 상황과 목표 시장의 특성에 따라 유연하게 적용되어야 한다. 특히 빠르게 변화하는 AI 기술과 ESG 규제 환경에 대한 지속적인 모니터링과 대응이 필요하다.

3) 수익 모델 발굴과 사업화 전략

AI×ESG 융합 비즈니스의 성공을 위해서는 지속 가능한 수익 모델 구축이 핵심이다. 단순한 기술 제공을 넘어, 고객에게 실질적 가치를 전달하고 이를 수익으로 연결하는 체계적인 사업화 전략이 필요하다.

(1) 서비스 상품화와 운영 최적화

SaaS(Software as a Service) 기반 구독 모델은 AI×ESG 솔루션의 대표적인 수익 모델로 자리 잡고 있다. 고객은 초기 투자 부담 없이 필요한 서비스를 구독형으로 이용할 수 있으며, 서비스 제공자는 안정적인 수익을 확보할 수 있다. 특히 기업 규모나 사용량에 따른 차등 요금제를 통해 다양한 고객층을 확보할 수 있다.

API 서비스는 고객사의 기존 시스템과 AI×ESG 솔루션을 유연하게 연동할 수 있게 한다. 예를 들어, ESG 데이터 분석 API를 제공하여 고객사가 자체 시스템에서 직접 ESG 분석 기능을 활용할 수 있게 하는 것이다. API 호출 횟수나 데이터 처리량에 따른 과금 모델을 적용하여 사용량 기반의 수익을 창출할 수 있다.

맞춤형 컨설팅 패키지는 AI×ESG 솔루션과 전문 컨설팅 서비스를 결합한 고부가가치 상품이다. 기업의 ESG 현황 진단부터 전략 수립, 시스템 구축, 성과 관리까지 통합적인 서비스를 제공한다. 특히 산업별, 기업 규모별로 차별화된 패키지를 구성하여 고객의 니즈에 정확히 부합하는 서비스를 제공할 수 있다.

(2) 마케팅 및 영업 전략

AI×ESG 솔루션의 효과적인 시장 진입을 위해서는 명확한 타겟 고객 선정이 중요하다. 초기에는 특정 산업이나 고객군에 집중하여 전문성과 레퍼런스를 확보하는 것이 효과적이다. 예를 들어, 환경 규제가 강한 제조업이나 ESG 공시 의무가 있는 상장기업을 우선 타겟으로 선정할 수 있다.

성공적인 레퍼런스 구축은 시장 확장의 핵심이다. 초기 고객사의 성공 사례를 체계적으로 구축하고 이를 마케팅에 활용하는 것이 중요하다. 특히 정량적인 성과 지표와 함께 고객사의 실제 사용 경험을 스토리텔링 형태로 전달하면 효과적이다.

파트너십 전략도 중요한 성공 요인이다. 컨설팅 기업, SI 업체, 산업 협회 등 다양한 파트너와의 협력을 통해 시장 진입과 확장을 가속화할 수 있다. 특히 글로벌 시장 진출을 위해서는 현지 파트너와의 전략적 제휴가 효과적이다.

온/오프라인 마케팅은 통합적으로 접근해야 한다. 디지털 마케팅을 통해 잠재 고객을 발굴하고, 전문 세미나 컨퍼런스 참여를 통해 직접적인 고객 접점을 만드는 것이 효과적이다. 특히 ESG 전문성을 강조한 콘텐츠 마케팅은 브랜드 신뢰도 구축에 중요하다.

고객 성공 관리는 지속적인 수익 창출을 위한 핵심 요소이다. 단순한 기술 지원을 넘어, 고객의 ESG 목표 달성을 위한 전략적 파트너로서의 역할이 중요하다. 정기적인 성과 리뷰와 개선 제안을 통해 고객과의 장기적인 관계를 구축해야 한다.

각각의 수익 모델과 사업화 전략은 시장 상황과 기업의 역량에 따라 최적화되어야 한다. 특히 초기에는 핵심 역량에 집중하여 안정적인 수익 기반을 구축하고, 점진적으로 서비스 영역을 확장해 나가는 것이 바람직하다.

4) 성공을 위한 핵심 역량

AI×ESG 융합 비즈니스에서 성공하기 위해서는 기술, 도메인 전문성, 사업 운영 역량이 균형 있게 갖춰져야 한다. 특히 빠르게 진화하는 AI 기술과 ESG 규제 환경에 대응하기 위해서는 지속적인 역량 강화가 필수적이다.

(1) 기술 및 ESG 전문성 확보

AI 기술 역량은 솔루션의 경쟁력을 좌우하는 핵심 요소다. 머신러닝, 딥러닝, 자연어 처리 등 기본적인 AI 기술뿐만 아니라, 최신 생성형 AI 기술에 대한 이해와 활용 능력이 필요하다. 특히 ESG 데이터의 특성을 고려한 알고리즘 개발과 최적화 능력이 중요하다. 예를 들어, 비정형 ESG 데이터 처리를 위한 자연어 처리 기술이나, 환경 데이터 분석을 위한 시계열 예측 모델 개발 능력 등이 요구된다.

ESG 도메인 전문성은 실효성 있는 솔루션 개발의 기반이 된다. ESG 관련 규제와 표준에 대한 깊은 이해, 산업별 ESG 이슈와 리스크 요인 분석 능력, 지속 가능 경영 전략 수립 경험 등이 필요하다. 특히 환경(E), 사회(S), 지배구조(G) 각 영역의 전문성과 함께, 이들 간의 연계성을 이해하고 통합적인 접근이 가능해야 한다.

(2) 데이터 관리와 품질 보증

데이터 분석 및 처리 능력은 AI×ESG 솔루션의 신뢰성을 결정하는 중요한 요소다. ESG 데이터는 출처가 다양하고 형식이 상이한 경우가 많아, 이를 효과적으로 수집, 정제, 통합하는 능력이 필요하다. 특히 데이터의 품질 관리와 검증 체계를 구축하여 분석 결과의 신뢰성을 확보하는 것이 중요하다.

규제 대응 능력도 핵심 역량이다. ESG 관련 규제는 국가별, 산업별로 상이하며 지속적으로 변화하고 있다. 이러한 규제 환경 변화를 모니터링하고, 솔루션에 신속하게 반영할 수 있는 체계를 갖춰야 한다. 특히 데이터 보안과 개인정보 보호 관련 규제 준수는 필수적이다.

(3) 사업 운영과 리더십

프로젝트 관리 역량은 성공적인 솔루션 구축과 운영을 위해 필수적이다. AI×ESG 프로젝트는 기술 개발, 데이터 관리, 고객 요구 사항 반영 등 다양한 요소가 복합적으로 얽혀 있어, 체계적인 프로젝트 관리 능력이 요구된다. 특히 애자일(Agile) 방법론을 활용한 유연한 프로젝트 운영이 효과적이다.

커뮤니케이션 스킬은 다양한 이해관계자와의 협력을 위해 중요하다. 기술팀과 도메인 전문가 간의 원활한 소통, 고객과의 요구 사항 조율, 파트너사와의 협력 등 다양한 상황에서 효과적인 커뮤니케이션이 필요하다. 특히 ESG의 전문적인 내용을 고객이 이해하기 쉽게 전달하는 능력이 중요하다.

(4) 지속적인 혁신과 학습

빠르게 발전하는 AI 기술과 변화하는 ESG 환경에 대응하기 위해서는 지속적인 학습과 혁신이 필요하다. 기술 트렌드 모니터링, 새로운 ESG 이슈 연구, 경쟁사 동향 분석 등을 통해 시장 변화에 선제적으로 대응해야 한다. 특히 조직 내 학습 문화를 조성하고, 구성원들의 역량 개발을 지원하는 체계적인 프로그램이 필요하다.

  이러한 핵심 역량들은 개별적으로 존재하는 것이 아니라, 서로 긴밀하게 연계되어 있다. 따라서 각 역량 간의 균형을 유지하면서, 조직의 상황과 목표에 맞춰 단계적으로 강화해 나가는 전략이 필요하다. 특히 초기에는 핵심 역량에 집중하여 시장에서의 경쟁력을 확보하고, 이를 기반으로 점진적으로 역량을 확장해 나가는 것이 바람직하다.

Part 4.

AI×ESG: 탄소 가치를 돈으로 바꾸는 혁신 전략

1. 탄소중립 위기에서 찾는 새로운 사업 기회

2. 탄소 배출권 거래 시장: AI 분석과 거래로 가치 창출

3. 디지털 ESG 동맹, 탄소 사업의 협력 가치 증대

4. 정부의 탄소중립 정책: 기업의 성장 재원 확보

5. 지역 기반 탄소 사업: 특화 전략과 경제적 성과

6. 기후 테크와 AI: 기술 혁신으로 신시장 개척

7. 신재생에너지: AI 최적화와 지속 가능 비즈니스

1. 탄소중립 위기에서 찾는 새로운 사업 기회

1) 기후 변화 위기와 탄소중립의 필요성

지구 온난화는 지구의 평균 기온이 점점 높아지는 현상을 말한다. 마치 온실처럼 지구를 둘러싼 대기가 태양열을 가두어 지구의 온도가 상승하는 것이다. 이는 석탄, 석유와 같은 화석 연료 사용으로 인해 발생하는 이산화탄소, 메탄 등 온실가스가 주요 원인이다. 지구 온난화는 단순히 지구가 더워지는 것에 그치지 않는다. 극심한 기온 변화, 해수면 상승, 잦은 자연재해 등으로 이어져 인류의 생존을 위협한다. 농작물 생산량 감소, 물 부족, 생태계 파괴 등 심각한 문제를 일으킨다. 우리나라도 폭염, 집중호우, 태풍 등 기후 변화의 영향을 직접적으로 경험하고 있다.

이러한 위기를 극복하기 위해 전 세계는 '탄소중립'을 목표로 한다. 탄소중립은 대기 중 온실가스 농도가 인간 활동에 의해 더 증가되지 않도록 순 배출량이 0이 되도록 하는 것으로 '넷제로(Net-Zero)'라고도 부른다. 특정 기간에 인간 활동에 의한 온실가스 배출량이 전 지구적 흡수량과 균형을 이룰 때 탄소중립이 달성된다.

2) ESG 경영의 기업 지속 가능성 전략화

ESG 경영은 기업이 환경(Environmental), 사회(Social), 지배구조(Governance) 세 가지 요소를 고려하여 지속 가능한 경영을 추구하는 것을 의미한다.

과거 기업의 주된 목표는 이윤 창출이었지만, 이제는 환경 보호, 사회적 책임, 투명한 지배구조 등 비재무적인 요소까지 고려해야 한다. ESG 경영은 기업의 지속 가능성을 위한 필수 전략으로 자리매김한다. 소비자들은 환경 보호와 사회적 책임을 다하는 기업의 제품을 선호한다. 투자자들은 ESG 경영을 잘하는 기업에 투자하여 장기적인 수익을 창출하고자 한다. 정부는 ESG 관련 정책을 통해 기업의 지속 가능한 경영을 유도한다.

ESG 경영을 통해 기업은 다양한 긍정적인 효과를 얻을 수 있다.

> ① 기업 이미지 개선: 사회적 책임을 다하는 기업으로 인식되어 브랜드 가치를 높인다.
> ② 투자 유치: ESG 경영 성과가 우수한 기업은 투자자들에게 매력적인 투자처가 된다.
> ③ 경쟁력 강화: 환경 규제 강화, 소비자 인식 변화 등에 선제적으로 대응하여 경쟁 우위를 확보한다.
> ④ 리스크 관리: 환경 문제, 사회적 문제 등으로 인한 기업의 리스크를 예방하고 관리한다.

ESG 경영은 기업의 지속 가능한 성장을 위한 필수적인 요소이다. 탄소중립 시대, ESG 경영을 통해 기업은 사회적 책임을 다하고 지속 가능한 미래를 만들어 갈 수 있다.

3) AI×ESG 융합 탄소중립 선도 방안

인공지능(AI)은 탄소중립 시대의 게임 체인저다. AI는 인간의 뇌처럼 복잡한 문제를 해결하고 학습하는 능력을 가진 컴퓨터 시스템을 말한다. 이러한 AI는 방대한 데이터를 분석하고 예측하는 능력을 통해 ESG 경영을 효율적으로 지원하고 탄소중립 목표 달성을 앞당길 수 있다.

좀 더 자세히 살펴보면, AI는 에너지 분야에서 에너지 사용량을 분석하고 예측하여 에너지 효율을 높이는 데 기여한다.

또한, 태양광, 풍력 등 재생에너지 발전량 예측 및 관리를 통해 에너지 전환을 가속화한다. 스마트 그리드 시스템 구축에도 활용되어 에너지 생산과 소비를 효율적으로 관리할 수 있도록 지원한다.

산업 분야에서는 탄소 포집 기술의 효율성을 높이는 데 활용된다. 탄소 포집은 산업 현장에서 발생하는 이산화탄소를 모아 저장하거나 재활용하는 기술이다. AI는 이 과정을 최적화하여 탄소 배출량을 감소시키는 데 기여한다. 또한, 친환경 소재 개발을 지원하고, 제조 공정을 혁신하여 탄소 배출량을 최소화할 수 있도록 돕는다.

수송 분야에서는 친환경 교통 시스템 구축, 자율주행 기술 고도화, 전기차 충전 인프라 최적화를 통해 탄소 배출량을 줄이는 데 활용된다. 예를 들어, AI 기반 교통 시스템은 실시간 교통량을 분석하여 최적의 경로를 안내함으로써 차량의 연료 소비를 줄이고 탄소 배출량 감소에 기여할 수 있다.

건물 분야에서는 에너지 효율적인 건물 설계 및 관리 시스템 구축에 활용된다. AI는 건물의 에너지 사용 패턴을 분석하고, 에너지 소비를 최소화하는 방안을 제시한다. 또한, 스마트 빌딩 기술을 통해 조명, 냉난방 등을 자동으로 조절하여 에너지 효율성을 높인다.

농축수산 분야에서는 스마트 팜, 스마트 양식 등 지속 가능한 농축수산업을 위한 기술 개발을 지원한다. AI는 농작물 생육 환경을 분석하고, 최적의 생육 조건을 유지할 수 있도록 돕는다. 또한, 병충해 예방, 생산량 예측 등을 통해 농업 생산성을 높이는 데 기여한다.

AI는 ESG 경영의 효율성을 높이는 데에도 중요한 역할을 한다. ESG 데이터 분석 및 관리, ESG 성과 측정 및 개선, ESG 관련 의사 결정 지원 등을 통해 기업의 ESG 경영을 지원한다. 예를 들어, AI는 기업의 탄소 배출량, 에너지 사용량, 폐기물 발생량 등을 분석하여 ESG 경영 현황을 진단하고 개선 방안을 제시할 수 있다.

결론적으로 AI×ESG 융합은 탄소중립 시대를 선도하는 핵심 전략이다. AI 기술을 통해 ESG 경영을 혁신하고 탄소중립 목표를 효과적으로 달성할 수 있다.

4) 국가·지자체별 탄소중립·녹색 성장 계획

지구 온난화와 기후 변화에 대응하기 위해 한국 정부는 2050년까지 탄소중립을 달성한다는 목표를 수립했다. 이는 지구 온난화를 산업화 이전 대비 2°C 이하로 유지하고, 1.5°C까지 제한하기 위해 노력하는 파리 협약의 목표와도 부합한다. 파리 협약은 각 국가가 자국의 상황에 맞는 온실가스 감축 목표(NDC)를 설정하고 이행할 것을 요구하며, 5년마다 목표를 검토하고 강화해야 한다.

한국 정부는 2030년까지 온실가스 배출량을 2018년 대비 40% 감축하는 것을 목표로 하는 NDC를 제출했으며, 이를 이행하기 위해 '기후 위기 대응을 위한 탄소중립·녹색 성장 기본법', 약칭 '탄소중립 기본법'을 제정한다.

하지만 기후 변화의 심각성이 더욱 커짐에 따라, 국제 사회는 더욱 강력한 기후 행동을 요구하고 있다. 이에 따라 한국 정부는 2025년에 2035년을 목표 연도로 하는 새로운 NDC (NDC 2035)를 UN에 제출해야 한다. NDC 2035는 2030 NDC 목표보다 더욱 높은 수준의 감축 목표를 포함 제출한다.

국가가 설정한 2050년 탄소중립 목표와 2030년 중간 목표는 중앙 정부뿐만 아니라 지방자치단체에서도 적극적으로 실현해야 하는 과제이다.

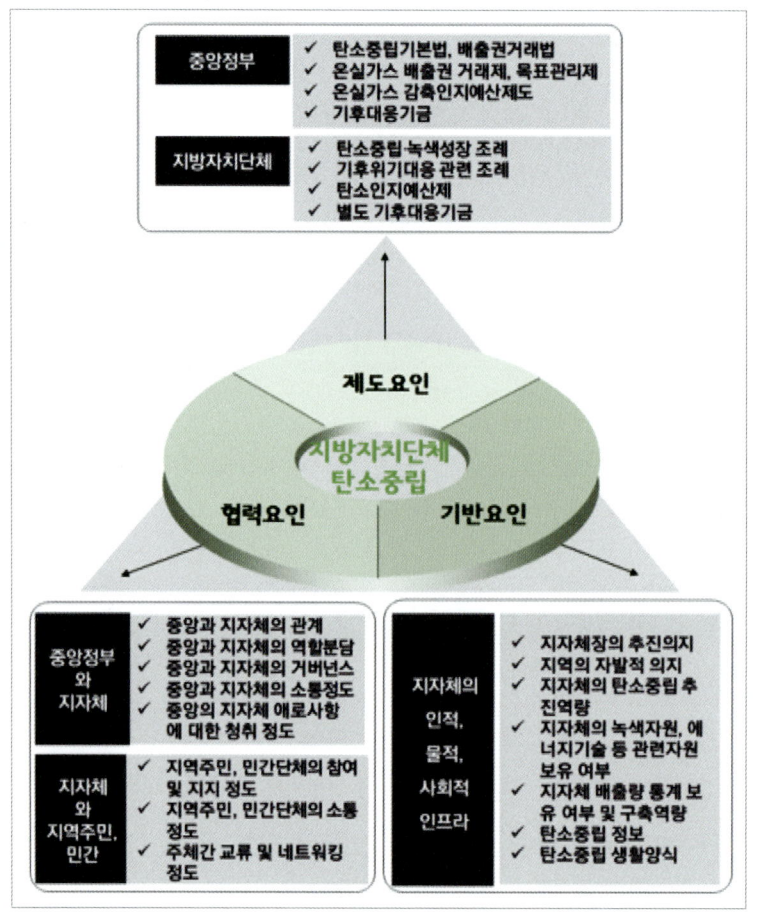

[출처: 국가 온실 감축 지자체 연동]

지방자치단체는 자체적인 탄소중립 이행 계획을 수립하고 지역 특성에 맞는 구체적인 실천 방안을 마련해야 한다. 지방자치단체의 탄소중립 이행 계획 수립은 법적 의무사항으로, 국가 탄소중립 기본 계획에 맞춰 자체 계획을 수립하고 실행해야 한다.

이는 국가가 설정한 온실가스 감축 목표를 지방 차원까지 실현하는 구체적인 이행 과정이며, 지방자치단체는 이러한 국가 목표에 맞춰 지역 내 온실가스 감축 목표를 수립해야 한다.

지방자치단체가 제시할 중장기 감축 목표(NDC)를 기반으로 에너지, 건물, 교통, 산업, 폐기물, 농업 등 다양한 부문에서의 감축 방안을 구체적으로 설정해야 한다. 이를 위해 지방자치단체는 우선 지역 내 온실가스 배출 현황을 정확히 파악하고, 감축 목표 달성을 위한 우선순위를 정해야 한다.

지방자치단체의 탄소중립 이행 계획에는 시·도 계획과 시·군 계획이 포함된다. 광역자치단체인 시·도는 국가의 탄소중립 계획을 포함하며, 시·군 계획은 광역자치단체인 시·도의 탄소중립 계획에 따라 자체적인 탄소중립 시나리오 및 감축 목표를 수립한다. 이 계획은 시·도의 주요 산업, 교통, 건물, 농업 등 다양한 부문에서 온실가스를 줄이기 위한 구체적인 정책을 담는다.

지방자치단체는 지역 관할 내의 온실가스 배출량 감축에 대한 책무를 가지며, 민간 부문의 감축 노력을 유도하고 지원하는 역할을 수행해야 한다. 지방자치단체는 에너지 효율 개선, 신재생에너지 보급, 전기차 및 수소차 보급 지원, 건물 에너지 효율 향상, 산업 공정 개선 등 다양한 분야에서 정책을 시행할 수 있다. 또한, 금융 지원, 세제 혜택, 컨설팅 제공 등을 통해 기업과 시민의 자발적인 참여를 유도해야 한다.

지방자치단체의 탄소중립 이행 계획 수립 과정에 지역 주민의 참여는 필수적이다. 주민들은 정책의 수혜자이자 실행 주체로서, 에너지 이용, 대중교통 이용, 재활용 참여 등은 지역 차원의 온실가스 감축에 중요한 역할을 한다. 지방자치단체는 공청회, 설문 조사, 주민 참여 워크숍 등을 통해 주민 의견을 수렴하고 정책에 반영해야 한다.

공공기관 또한 국가 차원의 탄소중립 목표 달성을 위해 중요한 역할을 담당하며, 자체적으로 온실가스 감축 목표를 설정하고 이행 현황을 보고해야 한다. 공공기관의 감축 목표는 기관별 에너지 사용량, 배출 시설 운영 등을 고려해 구체적으로 수립되어야 한다.

탄소중립 기본법은 탄소중립 사회로의 이행을 위한 기본적인 사항을 규정한다. 탄소중립 사회를 위한 국가와 지방자치단체의 책무, 온실가스 감축 목표 설정, 이행 점검 등을 명시한다. 탄소중립 기본법을 바탕으로 정부는 '국가 탄소중립·녹색 성장 기본 계획'을 수립하여 2050년 탄소중립 목표 달성을 위한 구체적인 로드맵을 제시한다.

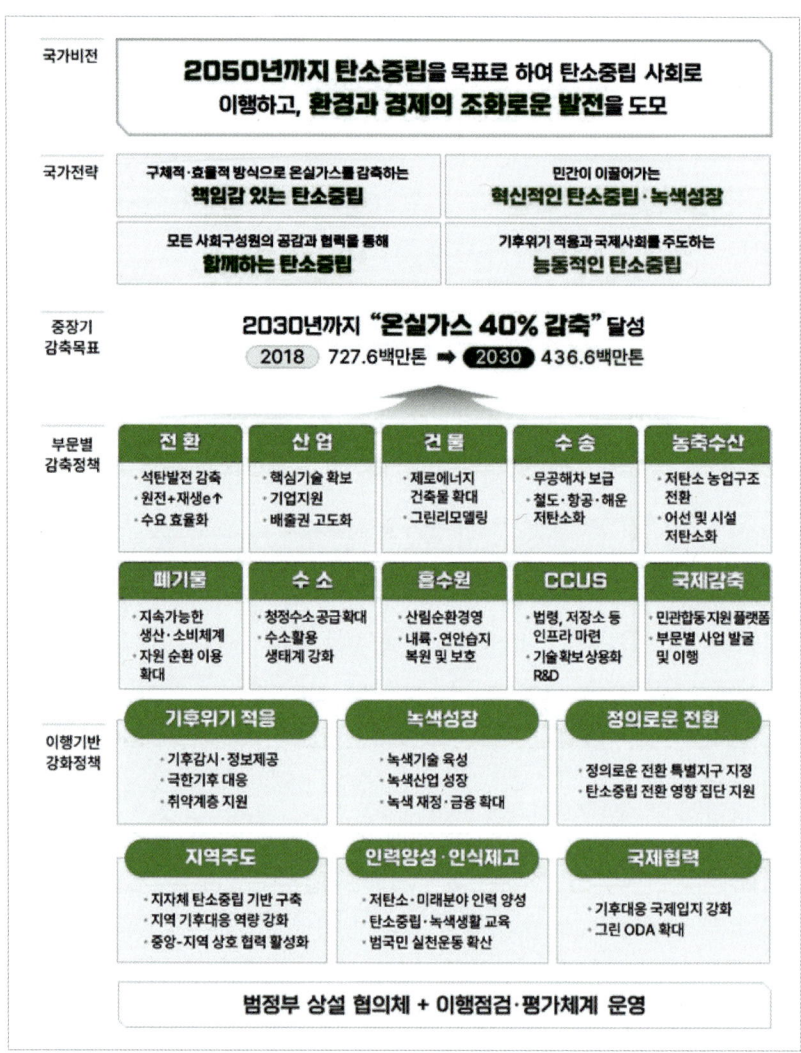

탄소중립녹색 성장위원회 - 출처: 환경일보(http://www.hkbs.co.kr)

이 기본 계획은 에너지 전환, 산업 혁신, 미래 모빌리티 확보, 탄소 흡수원 확대, 순환 경제 활성화 등 5대 기본 방향을 제시한다.

(1) 에너지 전환

화석 연료 기반 에너지 시스템에서 벗어나 재생에너지 중심의 에너지 시스템으로 전환한다. 태양광, 풍력 등 재생에너지 발전 비중을 확대하고, 에너지 효율을 높이는 기술 개발 및 투자를 강화한다.

(2) 산업 혁신

고탄소 산업 구조를 저탄소 산업 구조로 전환한다. 산업 공정 개선, 친환경 기술 개발, 탄소 포집·활용·저장(CCUS) 기술 도입 등을 통해 산업 부문의 탄소 배출량을 감축한다.

(3) 미래 모빌리티 확보

친환경 교통 시스템 구축을 통해 수송 부문의 탄소 배출량을 감축한다. 전기차, 수소차 등 친환경 자동차 보급을 확대하고, 자율주행 기술 개발 및 상용화를 지원한다.

(4) 탄소 흡수원 확대

산림, 갯벌 등 탄소 흡수원을 확대하고 관리를 강화한다. 나무 심기, 숲 가꾸기 등을 통해 산림의 탄소 흡수 능력을 높이고, 갯벌 복원 및 보호를 통해 탄소 흡수원을 확대한다.

(5) 순환 경제 활성화

자원의 재활용 및 재사용을 통해 폐기물 발생량을 줄이고 탄소 배출량을 감축한다. 제품 생산 단계부터 폐기물 발생을 최소화하고, 재활용 기술 개발 및 재활용 산업 육성을 지원한다. 또한, 탄소중립 사회로의 전환 과정에서 발생할 수 있는 사회·경제적 문제에 대비하기 위한 정의로운 전환 방안도 포함한다.

이는 탄소중립 과정에서 소외되는 계층이나 지역이 없도록 지원하고 모든 사회 구성원이 탄소중립 사회의 혜택을 누릴 수 있도록 하는 데 중점을 둔다.

'국가 탄소중립·녹색 성장 기본 계획'은 전국 단위의 탄소중립 전략을 제시한다. 이와 더불어 지역별 특성을 고려한 탄소중립 전략도 중요하다. 이를 위해 17개 시·도는 각 지역의 산업 구조, 에너지 mix, 환경 특성 등을 반영한 '시·도 탄소중립·녹색 성장 기본 계획'을 수립했다.

각 지방자치단체인 시·군·구는 '시·도 탄소중립·녹색 성장 기본 계획'을 기반으로 2025년 초반에 자체적인 기본 계획을 수립했다. 시·군·구는 이 기본 계획에 따라 탄소중립을 위한 구체적인 실천 방안을 마련하고 이행해야 하며, 1년마다 이행 상황을 점검받아야 한다.

이를 통해 지역 주도의 탄소중립 이행 체계를 구축하고, 지역 특성에 맞는 탄소 감축 목표를 설정하며, 지역별 핵심 과제를 선정하여 추진한다.

5) 공공 조달의 탄소중립 역할 확대 및 국가 NDC 이행과의 결정적 연관성

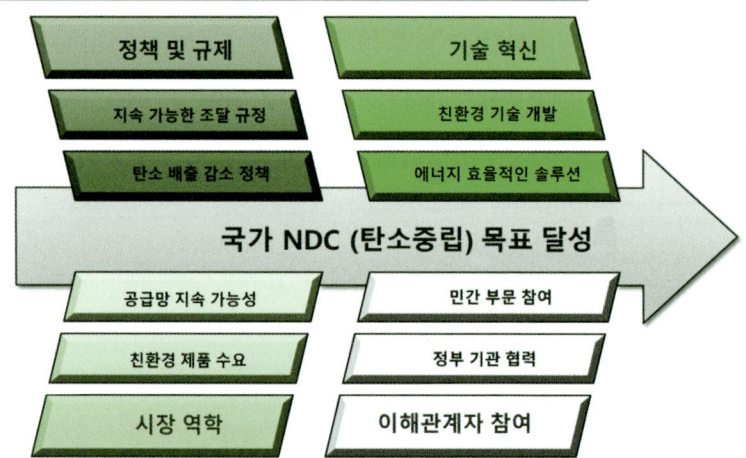

공공 조달은 정부, 지방자치단체, 공공기관 등 공공 부문이 재정 지출을 통해 필요한 물품, 공사, 용역 등을 조달하는 경제 활동을 의미하며, 이는 단순한 물자 구매를 넘어 국가 경제의 건전한 작동과 정책 목표 달성을 지원하는 핵심적인 정책 수단으로 기능한다.

공공 조달 시장은 막대한 규모를 형성하고 있으며, 다양한 수요 기관과 공급 기업이 참여하여 경제 전반에 걸쳐 광범위하고 심대한 영향을 미친다.

특히 전 세계적인 기후 변화 위기에 대응하고 탄소중립 사회로 전환하기 위한 노력에서 공공 조달은 국가 온실가스 감축 목표(NDC) 이행을 효과적으로 견인하고, 시장의 친환경 패러다임 전환을 가속화하는 데 결정적인 역할을 수행하는 핵심 동력으로 부상하고 있다.

(1) 공공 조달 시장의 규모와 참여 주체의 다양성

공공 조달 시장은 중앙 정부 부처, 지방자치단체, 교육기관, 공공기관 등 약 7만 개에

달하는 다양한 수요 기관과, 물품 제조, 건설, 서비스 제공 등 각 분야에 걸쳐 약 60만 개 사에 이르는 방대한 공급 기업으로 구성된 거대한 시장이다.

📗 공공 조달 규모

2023년 기준, 우리나라 공공 조달 시장의 규모는 약 209조 원에 달하며, 이는 우리나라 연간 GDP 2,401조의 약 9%를 차지하는 막대한 규모로서, 국가 경제에서 공공 조달이 차지하는 비중이 매우 크다는 것을 시사한다.

이처럼 공공 조달은 국가 경제의 중요한 부분을 점유하며, 공공 투자를 효율적으로 배분하고, 관련 산업의 성장과 기술 혁신을 촉진하는 데 핵심적인 역할을 담당한다.

(2) 공공 조달을 통한 국가 NDC 이행의 구체적 전략

📗 친환경 제품 및 서비스의 우선적 구매

공공기관은 에너지 효율 등급이 높은 제품, 탄소 배출량이 적은 제품, 재활용이 용이한 제품, 친환경 인증을 획득한 서비스 등 환경 친화적인 제품 및 서비스를 적극적으로 우선 구매하여야 한다.

이는 기업에게 친환경 제품 개발 및 생산에 대한 강력한 시장 수요 신호를 제공함으로써, 기업의 기술 개발 투자와 생산 방식 혁신을 유도하고, 궁극적으로 시장 전체의 친환경 제품 및 서비스 공급 확대를 견인하는 효과를 창출한다.

📗 저탄소 건설 및 지속 가능한 인프라 구축

공공 건설 프로젝트 및 인프라 구축 사업에서는 저탄소 자재의 사용을 의무화하고, 에너지 효율을 극대화하는 설계를 적용하며, 신재생에너지 기반 시설을 적극적으로 도입하여야 한다.

이는 건설 부문에서 발생하는 막대한 탄소 배출량을 직접적으로 감축하는 데 기여할 뿐만 아니라, 장기적으로 지속 가능한 도시 환경을 조성하고, 기후 변화에 강한 사회 기반 시설을 구축하는 데 필수적인 전략이다.

🟩 혁신적인 탄소 감축 기술의 선도적 도입 및 육성

탄소 포집·활용·저장 기술(CCUS), 수소 에너지 기술, 스마트 에너지 관리 시스템, 신재생에너지 발전 기술 등 탄소중립 사회로 나아가기 위한 핵심 기술을 공공 조달을 통해 선도적으로 도입하고, 관련 연구 개발 및 산업 육성을 적극적으로 지원하여야 한다.

이는 미래 사회의 지속 가능한 발전을 견인할 혁신 기술의 초기 시장을 창출하고, 기술 경쟁력을 확보하는 데 중요한 역할을 한다.

🟩 공급망 전반의 ESG 성과 관리 및 지원

공공 조달 과정에서 제품 생산, 운송, 폐기 등 공급망 전반에 걸쳐 ESG(환경, 사회, 지배구조) 성과를 종합적으로 평가하고, 협력 업체의 탄소 배출 감축 노력, 노동 환경 개선, 윤리 경영 등을 적극적으로 지원하고 장려하여야 한다.

이는 기업의 사회적 책임 이행을 촉진하고, 지속 가능한 공급망을 구축하여 공공 조달의 긍정적 효과를 사회 전체로 확산시키는 데 기여한다.

(3) 공공 조달이 국가 NDC 이행에 핵심적인 이유

🟩 막강한 시장 견인 효과

공공 부문의 대규모 구매력은 시장의 판도를 변화시킬 수 있는 강력한 힘을 가지며, 공공 조달에서 친환경 제품 및 서비스에 대한 수요가 증대되면, 기업은 관련 투자와 기술 개발을 확대하고, 생산 방식을 혁신하는 등 적극적으로 대응하게 되며, 이는 시장 전체의 친환경 전환을 가속화하는 결정적인 촉매제 역할을 한다.

🟩 정책 목표의 직접적이고 효율적인 실행

공공 조달은 정부가 설정한 정책 목표를 직접적이고 효율적으로 실행할 수 있는 효과적인 정책 수단이며, 탄소중립 목표 달성, 녹색 성장 촉진, 지속 가능한 사회 구축, 사회적 가치 실현 등 다양한 정책 목표를 공공 조달을 통해 신속하고 가시적인 성과를 창출하며 추진할 수 있다.

📋 **미래 성장 동력으로서의 기술 혁신 및 산업 육성**

공공 조달은 기업에게 혁신적인 기술과 제품을 개발할 강력한 동기를 부여한다.

특히 탄소중립 관련 기술 및 산업은 아직 초기 단계에 있는 경우가 많으므로, 공공 조달을 통해 초기 시장을 형성하고, 기술 개발 및 상용화를 지원하며, 관련 산업 생태계를 조성하는 것이 미래 성장 동력 확보를 위해 매우 중요하다.

📋 **환경 보호와 사회적 가치의 동시 추구**

공공 조달은 단순히 경제적 효율성만을 추구하는 것이 아니라, 환경 보호, 사회적 약자 지원, 윤리 경영 등 다양한 사회적 가치를 동시에 추구할 수 있는 중요한 수단이다. 장애인 기업, 여성 기업, 사회적 기업, 협동조합 등 사회적 경제 기업의 제품 및 서비스를 우선적으로 구매하여 사회적 형평성을 증진하고, 포용적 성장을 달성하는 데 기여할 수 있다.

공공 조달은 국가 NDC 이행을 위한 핵심 정책 수단이자, 기업에게 혁신과 성장의 기회를 제공하는 중요한 시장으로서의 역할을 동시에 수행한다.

따라서 정부는 공공 조달의 전략적 활용을 통해 탄소중립 목표를 달성하고, 지속 가능한 사회로 나아가는 데 박차를 가해야 하며, 기업 역시 공공 조달 시장의 변화에 적극적으로 대응하여 새로운 사업 기회를 창출하고, 미래 경쟁력을 확보해야 한다.

6) AI 기반 탄소중립 솔루션 혁신 가속화

(1) 에너지 분야: 에너지 효율화, 재생에너지 발전 및 저장, 스마트 그리드 구축

탄소중립 시대, 에너지 분야는 가장 큰 변화와 혁신이 요구되는 분야 중 하나이다. 화석 연료 기반의 에너지 시스템에서 벗어나 재생에너지 중심의 시스템으로 전환하고, 에너지 효율을 극대화해야 한다. 이러한 과정에서 인공지능(AI)은 핵심적인 역할을 수행한다.

📋 **에너지 효율화**

AI는 에너지 소비 패턴을 분석하고 예측하여 에너지 효율을 높이는 데 기여한다. 건물, 공장, 가정 등에서 에너지 사용 데이터를 수집하고 분석하여 에너지 낭비 요인을 파악하고 개선 방안을 제시한다.

예를 들어, AI 기반 스마트 빌딩 시스템은 건물 내 온도, 조명, 환기 등을 자동으로 조절하여 에너지 소비를 최적화한다.

☐ 재생에너지 발전 및 저장

태양광, 풍력 등 재생에너지는 기상 조건에 따라 발전량이 변동하기 때문에 안정적인 에너지 생산을 위해서는 정확한 발전량 예측이 중요하다.

AI는 기상 데이터, 발전 시스템 데이터 등을 분석하여 재생에너지 발전량을 예측하고, 에너지 저장 시스템을 효율적으로 운영하는 데 활용된다.

☐ 스마트 그리드 구축

스마트 그리드는 전력망에 정보통신기술(ICT)을 접목하여 에너지 효율을 높이는 차세대 전력망이다.

AI는 스마트 그리드 시스템에서 에너지 생산, 소비, 저장 등을 실시간으로 분석하고 제어하여 전력망의 안정성을 높이고 에너지 효율을 극대화한다.

☐ AI 기반 에너지 솔루션, 탄소중립을 위한 필수 요소

AI 기반 에너지 솔루션은 탄소중립 시대의 필수 요소로 자리매김하고 있다.

에너지 효율화, 재생에너지 발전 및 저장, 스마트 그리드 구축 등 다양한 분야에서 AI 기술을 활용하여 탄소 배출량을 줄이고 지속 가능한 에너지 시스템을 구축할 수 있다.

(2) 산업 분야: 탄소 포집, 활용 및 저장(CCUS), 친환경 소재 개발, 제조 공정 혁신

공장에서 제품을 만들 때 이산화탄소가 많이 발생한다. 탄소중립을 위해서는 이러한 이산화탄소를 줄여야 한다. 탄소 포집, 활용 및 저장(CCUS) 기술은 이산화탄소를 잡아내고, 유용한 물질로 바꾸고, 안전하게 땅속에 저장하는 기술이다.

탄소 포집은 공장 굴뚝이나 발전소에서 나오는 이산화탄소를 모으는 기술이다. SK 이노베이션은 울산CLX 공장에 연간 40만 톤의 이산화탄소를 포집할 수 있는 설비를 구축하여 탄소 배출량 감축에 앞장선다.

탄소 활용은 모아진 이산화탄소를 유용한 물질로 바꾸는 기술이다. 이산화탄소를 이용하여 플라스틱, 건축 자재, 연료 등을 만들 수 있다. 롯데케미칼은 이산화탄소를 원료로 사용하여 플라스틱을 생산하는 기술을 개발하고 있으며, 이를 통해 탄소 배출량을 줄이고 자원 순환을 실현하고자 노력한다.

탄소 저장은 모아진 이산화탄소를 땅속 깊이 저장하는 기술이다. 한국석유공사는 동해 가스전에 이산화탄소를 저장하는 CCS 사업을 추진하며, 이를 통해 연간 약 10만 톤의 이산화탄소를 저장할 계획이다.

AI는 CCUS 기술의 효율성을 높이는 데 중요한 역할을 한다. AI는 이산화탄소 포집, 활용, 저장 과정을 최적화하여 탄소 배출량을 감소시키는 데 기여한다. 또한, 친환경 소재 개발을 지원하고, 제조 공정을 혁신하여 탄소 배출량을 최소화할 수 있도록 돕는다.

(3) 수송 분야: 친환경 교통 시스템 구축, 자율주행, 전기차 충전 인프라 확대

☐ 도로 위를 씽씽 달리는 자동차, 탄소 배출의 주범

수송 분야는 탄소 배출의 주요 원인 중 하나다. 자동차, 비행기, 선박 등 교통수단에서 배출되는 이산화탄소는 지구 온난화를 가속화한다.

하지만 걱정하지 말라! 인공지능(AI) 기술이 탄소 배출량을 줄이는 데 도움을 줄 수 있다. 마치 영화 속 장면처럼, AI는 친환경 교통 시스템을 구축하고, 자율주행 자동차를 운행하며, 전기차 충전을 쉽고 빠르게 만들어 준다.

☐ 친환경 교통 시스템 구축

AI는 도시의 교통 흐름을 분석하고, 신호등을 제어하여 교통 체증을 줄인다. 차량의 이동 시간을 단축하면서 연료 소비와 탄소 배출량을 감소시킨다.

서울시는 AI 기반 스마트 교통 시스템을 도입하여 교통 흐름을 개선하고 탄소 배출량을 줄이고 있다. 네이버는 AI 기반 실시간 내비게이션 서비스를 통해 운전자에게 최적의 경로를 안내하고, 교통 체증을 줄이는 데 기여한다.

자율주행

AI가 운전하는 자율주행 자동차는 사람보다 더 안전하고 효율적인 운전이 가능하다. 급가속, 급제동을 줄여 연료 소비를 최소화하고 탄소 배출량을 감소시킨다.

현대자동차는 AI 기반 자율주행 기술을 개발하고 있으며, 자율주행 택시 시범 운행을 통해 기술을 검증하고 있다. 테슬라는 자율주행 기능을 탑재한 전기차를 판매하고 있으며, 자율주행 기술은 지속적으로 발전하고 있다.

전기차 충전 인프라 확대

전기차는 휘발유나 경유를 사용하지 않아 탄소 배출이 없다. AI는 전기차 충전소 위치를 최적화하고, 충전 시간을 단축하는 데 도움을 준다.

SK는 AI 기반 전기차 충전 플랫폼을 운영하고 있으며, 충전소 위치 최적화 및 충전 예약 서비스를 제공한다. GS칼텍스는 주유소를 전기차 충전소로 전환하고 있으며, AI 기술을 활용하여 충전 효율성을 높이는 방안을 연구하고 있다.

AI, 수송 분야 탄소중립의 핵심 동력

AI 기술은 수송 분야의 탄소중립을 위한 핵심 동력이다. 친환경 교통 시스템 구축, 자율주행, 전기차 충전 인프라 확대 등을 통해 탄소 배출량을 줄이고 지속 가능한 교통 시스템을 만들어 갈 수 있다.

정부 정책 및 기업의 노력

정부는 친환경 교통 시스템 구축, 자율주행 기술 개발, 전기차 충전 인프라 확대 등을 위한 정책을 추진하고 있다. 기업들도 탄소중립 목표 달성을 위해 AI 기술 도입 및 친환경 교통 시스템 구축에 적극적으로 참여하고 있다.

(4) 건물 분야: 에너지 효율적인 건물 설계 및 관리, 스마트 빌딩

☐ 우리가 살고 있는 건물, 에너지 먹는 하마

우리가 매일 생활하는 건물은 생각보다 많은 에너지를 소비하며, 탄소중립을 위해서는 건물 부문의 에너지 절감이 매우 중요하다. 실제로 국가 전체 에너지 소비량에서 건물이 차지하는 비중은 상당하며, 이에 정부는 건축물의 에너지 효율 향상을 위한 정책을 강화하고 있다.

대표적으로 제로 에너지 건축물(ZEB) 인증 의무화 대상을 공공 부문에서 시작하여 민간 부문으로 단계적으로 확대하고 있으며, 2025년부터는 민간 공동주택과 일정 규모 이상의 비주거 건물에도 적용되는 등 법적 의무가 강화되고 있다. 제로 에너지 건축물이란 단열 강화, 고효율 설비 사용 등을 통해 건물 자체의 에너지 소요량을 최소화하고, 태양광 등 신재생에너지 설비를 통해 에너지 자립률을 높이는 건축물을 의미한다.

이러한 법적 의무화 흐름과 탄소중립 목표 달성을 위해 에너지 효율적인 건물 설계 및 관리는 이제 선택이 아닌 필수가 되었다. 예를 들어, 서울 강남구에 위치한 '삼성동 아이파크 타워'는 건물 외벽에 태양광 패널을 설치하고, AI 기반 에너지 관리 시스템을 도입하여 에너지 효율을 높인 사례로 볼 수 있다.

이처럼 AI 기반 에너지 관리 시스템은 마치 건물의 에너지 사용을 꼼꼼하게 관리하는 '똑똑한 관리인'처럼 작동하여, 불필요한 에너지 낭비를 줄이고 최적의 에너지 효율을 유지함으로써 친환경적인 건물을 만드는 데 핵심적인 역할을 수행한다.

☐ 에너지 효율적인 건물 설계

AI는 건물 설계 단계에서부터 에너지 효율을 높이는 데 활용된다. 건물의 위치, 형태, 창문 크기 등을 분석하여 햇빛을 최대한 활용하고, 냉난방 에너지를 줄이는 최적의 설계를 제시한다. 마치 건물이 스스로 숨을 쉬는 것처럼, 자연과 조화를 이루면서 에너지를 절약하는 건축 디자인이 가능해진다.

에코델타시티에 건설 중인 '스마트 빌리지'는 AI 기반 에너지 관리 시스템을 통해 에너지 소비를 최적화하고, 친환경적인 주거 환경을 조성할 계획이다.

🟩 에너지 절약, 스마트하게 관리하기

AI는 건물 내부의 에너지 사용량을 실시간으로 분석하고 제어하여 에너지 낭비를 막는다. 사람들의 활동량, 날씨 변화 등을 감지하여 냉난방, 조명 등을 자동으로 조절한다. 마치 건물이 스스로 생각하는 것처럼, AI는 에너지 사용을 최적화하고, 효율적인 에너지 관리 시스템을 구축한다.

네이버는 사옥 '그린팩토리'에 AI 기반 에너지 관리 시스템을 도입하여 에너지 사용량을 20% 절감했다. SK텔레콤은 AI 기반 스마트 빌딩 솔루션을 개발하여 건물 에너지 관리 시스템을 구축하고 에너지 효율을 높이고 있다.

🟩 스마트 빌딩, 미래의 건축

스마트 빌딩은 AI, IoT 등 첨단 기술을 활용하여 건물의 에너지 효율을 높이고, 편리하고 안전한 환경을 제공하는 미래형 건축물이다. 마치 살아 있는 생명체처럼, 스마트 빌딩은 스스로 에너지를 관리하고, 사람들에게 최적의 환경을 제공한다.

LG CNS는 '마곡 LG사이언스파크'에 AI 기반 스마트 빌딩 기술을 적용하여 에너지 효율을 높이고, 안전한 환경을 조성했다. 삼성전자는 '수원 삼성디지털시티'에 AI 기반 스마트 빌딩 시스템을 구축하여 에너지 사용량을 절감하고, 업무 효율성을 높였다.

🟩 AI 기술, 건물 분야 탄소중립의 핵심 동력

AI 기술은 건물 분야의 탄소중립을 위한 핵심 동력이다. 에너지 효율적인 건물 설계 및 관리, 스마트 빌딩 구축 등을 통해 건물에서 사용하는 에너지를 줄이고, 탄소 배출량 감축에 기여할 수 있다.

(5) 농축수산 분야: 스마트 팜, 지속 가능한 농업 기술, 스마트 양식

🟩 농축수산업 탄소 배출을 줄이는 조력자

농축수산업은 식량 생산을 책임지는 중요한 분야이지만, 동시에 온실가스 배출의 주요 원인 중 하나이다. 농작물 재배, 가축 사육, 물고기 양식 등에서 발생하는 메탄, 이산화탄소 등은 지구 온난화에 영향을 미친다.

하지만 이제 걱정하지 않아도 된다! AI는 농부, 어부, 축산업자들이 탄소 배출을 줄이고 지속 가능한 농축수산업을 만들어 갈 수 있도록 돕는 똑똑한 조력자가 될 수 있다.

스마트 팜, 농사의 미래

스마트 팜은 AI, 빅데이터, IoT 등 첨단 기술을 활용하여 농작물 생육 환경을 제어하고 생산성을 높이는 지능형 농장이다. 마치 농장에 컴퓨터 두뇌를 심어 놓은 것처럼, 스마트 팜은 온도, 습도, 빛 등을 자동으로 조절하여 최적의 생육 환경을 조성한다.

경기도의 한 스마트 팜에서는 AI 기반 자동화 시스템을 통해 농작물 생산량을 20% 증가시키고, 에너지 사용량을 15% 절감했다. 전라남도의 한 딸기 농장에서는 AI를 이용하여 딸기 생육 상태를 분석하고, 최적의 수확 시기를 예측하여 생산성을 높였다.

지속 가능한 농업 기술

AI는 농약과 비료 사용량을 줄이는 데에도 기여한다. 농작물 질병을 조기에 진단하고, 토양 상태를 분석하여 필요한 만큼의 농약과 비료를 사용하도록 돕는다. 이는 농업 생산 비용을 절감하고, 환경 오염을 줄이는 데 도움을 준다.

강원도의 한 친환경 농가에서는 AI 기반 병충해 예측 시스템을 도입하여 농약 사용량을 30% 줄였다. 제주도의 한 감귤 농장에서는 AI를 활용하여 토양 상태를 분석하고, 비료 사용량을 최적화하여 생산 비용을 절감했다.

스마트 양식, 물고기를 키우는 새로운 방법

스마트 양식은 AI, IoT 등을 활용하여 물고기 생육 환경을 관리하고 생산성을 높이는 지능형 양식 시스템이다. 마치 양식장에 컴퓨터 두뇌를 심어 놓은 것처럼, 스마트 양식은 수온, 산소량, 먹이 공급 등을 자동으로 조절하여 최적의 양식 환경을 조성한다.

경상남도의 한 스마트 양식장에서는 AI를 이용하여 물고기 생육 상태를 실시간으로 모니터링하고, 질병을 조기에 진단하여 생산성을 높였다. 충청남도의 한 양식장에서는 AI 기반 자동 먹이 공급 시스템을 도입하여 생산 비용을 절감하고, 환경 오염을 줄였다.

☐ AI 기술, 농축수산 분야 탄소중립의 핵심 동력

AI 기술은 농축수산 분야의 탄소중립을 위한 핵심 동력이다. 스마트 팜, 지속 가능한 농업 기술, 스마트 양식 등을 통해 농축수산업의 생산성을 높이면서 탄소 배출량을 줄이고, 지속 가능한 농축수산업을 만들어 갈 수 있다.

☐ 정부 정책 및 기업의 노력

정부는 스마트 팜 확산, 지속 가능한 농업 기술 개발, 스마트 양식 시스템 구축 등을 위한 정책을 추진하고 있다. 기업들도 탄소중립 목표 달성을 위해 AI 기술 도입 및 지속 가능한 농축수산업 모델 개발에 적극적으로 참여하고 있다.

2. 탄소 배출권 거래 시장: AI 분석과 거래로 가치 창출

1) 탄소 배출권 거래제 현황 및 전망

(1) 탄소 배출권 거래제: 탄소가 돈이 되는 시대

"탄소 = Money" 탄소 문맹은 곧 손실을 의미한다. 지구 온난화로 인한 기후 변화에 맞서 탄소 배출량 감축은 더 이상 미룰 수 없는 과제가 된다.

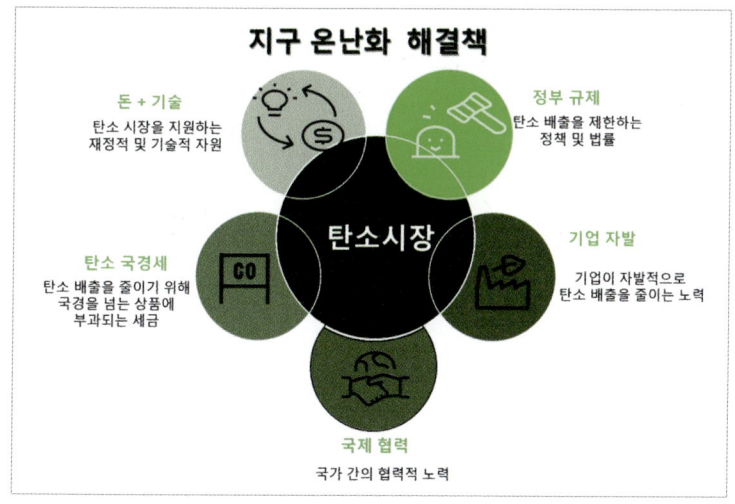

탄소 배출권 거래제는 바로 이 문제 해결을 위한 핵심적인 시장 메커니즘으로, 효율적인 온실가스 감축을 이끌어 낸다. 정부는 기업들에게 탄소 배출 권한을 할당하고, 기업들은 할당된 범위 내에서 온실가스를 배출해야 한다. 만약 배출량이 할당량을 초과하면, 시장에서 다른 기업의 남는 배출권을 '구매'해야 한다. 반대로, 온실가스 감축 노력을 통해 배출권이 남는 기업은 이를 '판매'하여 수익을 얻을 수 있다.

이처럼 탄소는 곧 돈이 되는 시대가 열린다. 기업들은 온실가스 감축을 통해 비용을 절감하고, 나아가 새로운 수익을 창출할 기회를 얻게 된다. 이는 기업들에게 탄소 감축 기술 개발에 적극적으로 투자하도록 유도하며, 궁극적으로 저탄소 사회로의 전환을 가속화하는 중요한 동력이 된다. 이제 탄소를 알지 못하고 변화에 둔감한, 즉 '탄소 문맹'인 기업은 시대의 흐름에 뒤처져 경쟁력을 잃고 손실을 볼 수밖에 없다.

(2) 탄소 시장의 새로운 패러다임: 자발적 참여 확대

최근 탄소 시장은 국가 온실가스 감축 목표(NDC) 달성, 유럽의 CBAM 시행, COP29 등의 영향으로 새로운 국면을 맞이하고 있다. 규제 대상 기업에 국한되었던 과거와 달리, 이제는 규제 대상이 아닌 기업과 개인도 자발적으로 참여하는 자발적 탄소 시장이 급부상하고 있다.

자발적 탄소 시장은 기업이나 개인이 스스로 탄소 배출권을 구매하여 탄소 감축에 기여하는 시장이다. 즉 법적 의무가 아닌 자발적인 의지에 따라 탄소 배출 감축에 참여하는 것이다. 이는 기업의 사회적 책임 이행, ESG 경영 강화, 브랜드 이미지 개선 등에 기여할 수 있다.

(3) 자국 보호 무역주의 심화: 탄소 국경세와 새로운 무역 장벽

자국 보호 무역주의가 심화되면서 탄소 배출권 거래제는 새로운 무역 장벽으로 활용되고 있다. 각국은 자국의 산업 경쟁력을 유지하고 탄소 누출을 방지하기 위해 탄소 국경세 등을 도입하고 있으며, 이는 글로벌 무역 환경에 큰 변화를 가져오고 있다.

EU의 탄소 국경 조정 메커니즘(CBAM)은 역내로 수입되는 철강, 시멘트 등 탄소 집약적 제품에 탄소세를 부과하여 탄소 누출을 방지하고 역내 산업 경쟁력을 보호하는 정책이다.

(4) COP29의 영향: 국제 탄소 시장 확대 및 협력 강화

COP29에서 파리협정 제6조(국제탄소 시장) 이행 규칙이 채택됨에 따라 국가 간 탄소 배출권 거래가 활성화되고, 파리협정 크레딧 메커니즘(PACM)을 통한 새로운 탄소 시장이 형성될 것으로 전망된다.

또한, COP29에서는 1.5℃ 목표 달성을 위한 노력 강화, 각국의 NDC 상향 촉구, 기후 변화 적응 및 피해 최소화 노력 강화, 개도국 재정 지원 확대 등의 결과를 도출했다.

(5) AI×ESG: 탄소 시장의 혁신과 미래 수익 창출의 핵심 전략

AI와 ESG의 결합은 탄소 시장의 혁신을 이끌어 낼 것이다. AI는 탄소 배출량 예측, 배출권 가격 예측, 최적 투자 전략 수립 등을 통해 탄소 시장의 효율성을 높이는 데 기여할 것이다. 또한, ESG는 탄소 감축 기술의 지속 가능성을 평가하고, 투자 리스크를 관리하는 데 도움을 줄 것이다.

탄소 시장은 미래 수익 창출의 핵심 전략이 될 것이다. 기업들은 탄소 배출권 거래, 탄소 감축 기술 투자, ESG 경영 강화 등을 통해 탄소 시장에서 경쟁 우위를 확보하고, 지속 가능한 성장을 이끌어 낼 수 있다.

(6) 기업의 탄소 시장 참여 전략

기업들은 다음과 같은 전략을 통해 탄소 시장에 적극적으로 참여하고 수익을 창출할 수 있다.

국내외 탄소 배출권 거래 시장 참여: 배출권을 구매하거나 판매하여 탄소 배출량을 효율적으로 관리하고 수익을 창출한다.

자발적 탄소 시장 참여: 자발적으로 탄소 배출권을 구매하여 탄소 감축 노력을 인정받고 ESG 경영을 강화한다.

탄소 감축 기술 투자: 에너지 효율화, 재생에너지 사용, 탄소 포집·활용·저장(CCUS) 기술 등 다양한 탄소 감축 기술에 투자하여 배출권 구매 비용을 절감하고 경쟁력을 강화한다.

AI, 블록체인 등 신기술 도입: AI, 블록체인 등 신기술 도입을 통해 탄소 배출권 거래의 효율성을 높이고 리스크를 관리한다.

이처럼 탄소 시장은 기업들에게 탄소 감축 의무 이행과 동시에 새로운 사업 기회를 창출할 수 있는 기회의 장이 될 것이다. 기업들은 변화하는 탄소 시장 환경에 적극적으로 대응하고, AI×ESG를 기반으로 탄소 배출권 거래 전략을 수립하여 지속 가능한 성장을 이끌어 내야 한다.

2) 자발적 탄소 시장 개요 및 미래 전망

(1) 자발적 탄소 시장의 개념

자발적 탄소 시장(Voluntary Carbon Market: VCM)은 기업들이 자신들의 탄소 배출의 일부 또는 전부를 상쇄하기 위해 탄소 크레딧(carbon credits)을 구매하는 시장이다. 탄소 크레딧은 탄소 제거 또는 배출 감소를 통해 발행되며, 이 시장은 현재 대부분 규제를 받지 않고 있다. 즉 기업들은 법적 의무 없이 자발적으로 탄소 크레딧을 구매하여 탄소중립 목표를 달성하고 ESG 경영을 실천할 수 있다

(2) 자발적 탄소 시장과 규제 시장의 비교

탄소 시장은 크게 규제 시장(Compliance markets)과 자발적 탄소 시장으로 구분된다.

[규제 탄소 시장과 자발적 시장 비교표]

구분	규제 탄소 시장 (Compliance Market)	자발적 탄소 시장 (Voluntary Market)
주체	정부, 의무 할당 기업	기업, 단체, 개인 (자발적)
목적	법적 감축 목표 달성	자발적 탄소중립, ESG 경영
동기	규제 준수, 의무 이행	기업 이미지, 사회적 책임
탄소 크레딧	배출 할당량, 정부 승인 상쇄 배출권	민간 표준 인증 크레딧 (VERs)
규제	정부 주도, 법적 강제성 높음	민간 주도, 자율 규약 중심
주요 특징	배출권 거래제(ETS) 기반	프로젝트 기반 탄소 상쇄

□ 규제 시장

'cap-and-trade' 또는 '배출권 거래제(Emission Trading Schemes: ETS)'라고도 불리며, 규제 시장에서 배출 허용량(emission allowances)은 지역, 국가 및 국제기관에 의해 발행된 후 2차 시장에서 거래된다. 규제 시장은 의무적인 제도로, 할당 대상 기업은 배출 허용량을 활용하여 온실가스 배출량을 충당하는 방식으로 제도에 참여해야 한다.

□ 자발적 탄소 시장

기업이 자신들의 탄소 배출의 일부 또는 전부를 상쇄하기 위해 탄소 크레딧을 구매하는 시장이다. 자발적 탄소 시장은 일반적으로 기업의 사회적 책임 목표를 달성하기 위한

목적으로 운영되며, 기업, 정부 및 기타 국가가 자발적으로 탄소 크레딧을 구매한다. 또한, 일부 관할권에서는 ETS 또는 탄소세 체제에 따라 준수 의무의 일정 비율을 자발적 탄소 시장에서 구매한 탄소 크레딧으로 충족할 수 있도록 허용하기도 한다.

(3) 자발적 탄소 시장의 성장 동력

파리협정 목표를 달성하기 위해서는 기업들의 자발적 온실가스 감축 노력이 필수적이다. 최근 넷제로 선언 등 자발적으로 기후 변화에 대한 약속을 이행하는 기업이 늘어나면서 자발적 탄소 시장은 유례없는 성장을 보이고 있다.

포춘 글로벌 500대 기업에 대한 조사에 따르면, 기후 변화에 대한 약속을 한 기업의 수는 2019년 23%에서 2022년 42%로 증가했다. 맥킨지(2021)는 탄소 크레딧에 대한 글로벌 수요가 2030년까지 연간 1.5~2기가톤, 2050년까지 7~13기가톤까지 증가할 것으로 전망했다. 이는 2020년 대비 2030년 15배, 2050년 100배까지 증가한 수치이다.

자발적 탄소 시장 시장 규모는 2030년 최소 50~300억 달러, 최대 500억 달러로 증가할 것으로 예상된다.

(4) 자발적 탄소 시장의 미래 전망

지속적인 성장: 기업들의 넷제로 선언 등이 증가함에 따라 자발적 탄소 시장 시장 규모는 향후 크게 증가할 것으로 전망된다.

프로젝트 다양화: 재생에너지, 산림 보존, 메탄 감축, 직접 공기 포집(DAC) 기술, 바이오 연료 생산 등 다양한 탄소 감축 프로젝트가 등장할 것으로 예상된다.

품질 관리 및 투명성 강화: 프로젝트의 품질 관리, 투명성 확보, 국제 표준 마련 등을 통해 시장의 신뢰성을 높이는 노력이 중요해질 것이다.

블록체인 기술 활용: 블록체인 기술을 활용하여 탄소 배출권 거래의 투명성과 효율성을 높이는 방안이 모색될 것이다.

AI 활용: AI를 활용하여 탄소 배출량 예측, 배출권 가격 예측, 최적 투자 전략 수립 등을 지원하는 서비스가 등장할 것이다.

(5) 자발적 탄소 시장 참여의 이점

기업 이미지 개선: 자발적 탄소 시장 참여는 기업의 사회적 책임 이행과 ESG 경영 노력을 보여 주는 것으로, 긍정적인 기업 이미지를 구축하고 브랜드 가치를 높일 수 있다.

탄소중립 목표 달성: 자발적 탄소 시장은 기업들이 탄소 배출량을 상쇄하고 탄소중립 목표를 달성하는 데 도움을 줄 수 있다.

새로운 사업 기회 창출: 자발적 탄소 시장은 탄소 감축 기술을 보유한 기업들에게 새로운 사업 기회를 제공한다.

3) AI×ESG 기반 탄소 배출권 거래 전략 수립

(1) AI로 탄소 배출권 거래의 효율성 제고

인공지능(AI)은 탄소 배출권 거래 시장에서 다양하게 활용되어 효율성을 높일 수 있다.

탄소 배출량 예측: AI는 빅데이터 분석을 통해 기업의 탄소 배출량을 정확하게 예측할 수 있다. 이를 통해 기업들은 배출권 구매 및 판매 계획을 효율적으로 수립하고, 탄소 감축 목표를 설정하는 데 도움을 받을 수 있다.

배출권 가격 예측: AI는 과거 데이터, 시장 동향, 정책 변화 등을 분석하여 배출권 가격 변동을 예측할 수 있다. 이는 기업들이 최적의 시점에 배출권을 구매하거나 판매하여 수익을 극대화하는 데 도움을 준다.

탄소 감축 기술 효과 분석: AI는 다양한 탄소 감축 기술의 효과를 분석하고, 최적의 기술 도입 전략을 수립하는 데 도움을 줄 수 있다. 이는 기업들이 투자 효율성을 높이고 탄소 감축 목표를 효과적으로 달성하는 데 기여한다.

리스크 관리: AI는 탄소 배출권 시장의 리스크를 예측하고 관리하는 데 도움을 줄 수 있다. 예를 들어, AI는 탄소 국경세 도입, 정책 변화, 기술 혁신 등으로 인한 시장 변동성을 예측하고, 기업들이 선제적으로 대응할 수 있도록 지원한다.

(2) ESG, 지속 가능한 탄소 감축 투자를 위한 기준

ESG는 탄소 배출권 거래 시장에서 투자 대상을 평가하는 중요한 기준이 된다. ESG 평가는 기업의 환경, 사회, 지배구조 성과를 측정하고 지속 가능성을 평가하는 것이다.

환경(E): 탄소 배출량, 에너지 효율성, 폐기물 관리, 환경 오염 방지 등을 평가한다.

사회(S): 인권, 노동 환경, 지역사회 기여, 제품 안전 등을 평가한다.

지배구조(G): 이사회 구성, 주주 권리 보호, 투명한 경영 등을 평가한다.

ESG 평가를 통해 기업들은 탄소 감축 기술의 환경적, 사회적 영향을 고려하여 지속 가능한 투자를 할 수 있다. 또한, ESG 정보 공개를 통해 투명성을 확보하고 투자자들의 신뢰를 얻을 수 있다.

(3) AI×ESG 기반 탄소 배출권 거래 전략: 시너지 효과 창출

AI와 ESG를 결합하면 더욱 효과적인 탄소 배출권 거래 전략을 수립할 수 있다.

AI 기반 최적 투자 전략: AI는 탄소 배출량 예측, 배출권 가격 예측, 시장 분석 등을 통해 최적의 투자 시점과 투자 규모를 결정하는 데 도움을 준다.

ESG 기반 지속 가능한 투자: ESG 평가를 통해 탄소 감축 기술의 환경적, 사회적 영향을 평가하고, 장기적인 관점에서 지속 가능한 투자를 유도한다.

(4) 탄소 배출권 시장 분석 및 예측: AI 기반 데이터 분석 활용

AI는 빅데이터 분석을 통해 탄소 배출권 시장을 분석하고 예측하여 투자 위험을 줄이는 데 기여한다.

시장 분석: 탄소 배출권 가격 변동 요인, 시장 규모, 거래 동향 등을 분석하여 시장 상황을 정확하게 파악한다.

시장 예측: 과거 데이터, 시장 동향, 정책 변화 등을 분석하여 미래 시장 상황을 예측하고, 투자 전략 수립에 필요한 정보를 제공한다.

4) 기업별 탄소 배출권 거래 참여 방안

(1) 탄소 배출권 거래 시장 참여: 적극적인 참여를 통한 탄소 감축

기업들은 국내외 탄소 배출권 거래 시장에 적극적으로 참여하여 배출권을 구매하거나 판매할 수 있다. 또한, 자발적으로 탄소 배출권을 구매하여 탄소 감축 노력을 인정받고 ESG 경영을 강화할 수 있다.

(2) 탄소 감축 기술 투자: 지속 가능한 성장을 위한 투자

탄소 배출권 거래제는 기업들이 탄소 감축 기술에 투자하도록 유도한다. 에너지 효율화, 재생에너지 사용, 탄소 포집·활용·저장(CCUS) 기술 등 다양한 탄소 감축 기술에 투자하여 배출권 구매 비용을 절감하고, 경쟁력을 강화할 수 있다.

(3) ESG 경영 강화: 기업 가치 향상 및 이해관계자 신뢰 구축

ESG 경영은 기업의 지속 가능한 성장을 위한 필수 전략이다. 환경 보호, 사회적 책임, 지배구조 개선 등을 통해 기업의 가치를 높이고, 투자자들의 신뢰를 얻을 수 있다.

(4) 정보 공개 및 투명성 확보: 신뢰 구축을 위한 필수 조건

탄소 배출량, 탄소 감축 노력, ESG 경영 활동 등에 대한 정보를 투명하게 공개하여 이해관계자들과 소통하고, 신뢰를 구축해야 한다.

(5) 전문 인력 양성: 탄소중립 시대를 이끌어갈 인재 확보

탄소 배출권 거래, 탄소 감축 기술, ESG 경영 등 관련 분야의 전문 인력을 양성하여 기업의 탄소중립 역량을 강화해야 한다.

3. 디지털 ESG 동맹, 탄소 사업의 협력 가치 증대

1) 디지털 ESG 얼라이언스 개요

(1) 디지털 ESG 얼라이언스, 기업의 어벤져스

디지털 ESG 얼라이언스는 IT 전문 기업과 ESG 전문 기업들이 연합하여 기업들의 ESG 경영을 지원하는 '어벤져스'와 같은 협력체이다. 마치 영화 '어벤져스'에서 아이언맨, 캡틴 아메리카, 토르 등 각기 다른 능력을 가진 영웅들이 모여 위기를 극복하듯, 디지털 ESG 얼라이언스는 다음과 같은 역할을 수행한다.

ESG 전략 수립: ESG 경영 전략 컨설팅을 제공하고, 기업의 ESG 목표 설정 및 로드맵 구축을 지원한다.

ESG 데이터 관리: AI, 빅데이터 기술을 활용하여 ESG 데이터를 수집, 분석, 관리하고, 이를 기반으로 의사 결정을 지원한다.

탄소 배출량 감축: 탄소 배출량 측정, 모니터링, 감축 전략 수립 및 실행을 지원하고, 탄소 배출권 거래 시스템 구축을 돕는다.

공급망 관리: ESG 관점에서 공급망을 평가하고, 지속 가능한 공급망 구축을 위한 솔루션을 제공한다.

ESG 보고 및 공시: ESG 보고서 작성, 검증, 공시를 지원하고, 국내외 ESG 정보 공개 표준 및 규제에 대한 정보를 제공한다.

ESG 교육 및 역량 강화: 기업 임직원 대상 ESG 교육 프로그램을 제공하고, ESG 전문 인력 양성을 지원한다.

(2) 규제에 대응하기 위한 디지털 LCA의 필요성

EU는 제품의 생산부터 폐기까지 전 과정에 대한 정보를 담은 디지털 제품 여권(DPP)을 도입한다. DPP는 제품의 환경적 영향을 투명하게 공개하는 것을 목표로 한다. 소비자는 제품 포장지에 인쇄된 QR코드를 스캔하여 DPP에 저장된 제품 정보를 확인할 수 있다.

이에 대응하기 위해서는 제품의 원료 채취부터 폐기까지 전 과정에서 발생하는 환경 영향을 평가하는 디지털 LCA(전 과정 평가)가 필수적이다.

(3) 디지털 ESG 얼라이언스가 제공하는 구독형 서비스

디지털 ESG 얼라이언스는 기업들이 LCA 시스템을 구축하고 ESG 규제에 대응할 수 있도록 돕는다. 특히 중소기업들은 돈이 부족하고 디지털 기술 전문 인력이 부족하여 어려움을 겪는 경우가 많다. 디지털 ESG 얼라이언스는 이러한 중소기업들을 위해 다음과 같은 구독형 서비스를 제공한다.

디지털 LCA 구축 지원: 별도의 시스템 구축 없이 기업별 컨설팅을 통해 1:1 맞춤형 LCA 시스템 구축을 지원한다.

ESG 규제 대응 지원: 국내외 ESG 규제 동향 분석 및 정보 제공, 규제 준수를 위한 컨설팅 및 솔루션을 제공한다.

ESG 교육 및 훈련: ESG 관련 교육 프로그램 및 훈련 자료를 제공하여 기업의 ESG 역량 강화를 지원한다.

2) AI·디지털 기술 기반 지속 가능 전략

(1) 디지털 기술, ESG 경영에 어떻게 활용될까?

AI, 빅데이터, 블록체인 등 디지털 기술은 ESG 경영을 위한 강력한 도구이다.

AI: 방대한 ESG 데이터를 분석하고, 탄소 배출량 예측, 에너지 효율화, 공급망 관리 등 다양한 분야에서 활용될 수 있다.

빅데이터: ESG 관련 리스크 예측, ESG 경영 성과 측정, 이해관계자 요구 파악 등에 활용된다.

블록체인: ESG 정보의 투명성과 신뢰성을 높이는 데 기여한다.

(2) 디지털 ESG 얼라이언스가 만들어 갈 미래

디지털 ESG 얼라이언스는 ESG 경영을 위한 혁신적인 협력 모델이다. 디지털 기술을 활용하여 ESG 경영을 더욱 효율적으로 실천하고, 지속 가능한 미래를 만들어 갈 수 있다.

(3) 디지털 전환을 통한 ESG 경영 혁신

디지털 전환은 ESG 경영 혁신의 핵심 동력이다. 디지털 기술을 통해 ESG 데이터를 효율적으로 관리하고 분석하여 ESG 경영의 효율성을 높일 수 있다. 또한, 디지털 기술은 ESG 정보의 투명성을 높이고 이해관계자와의 소통을 강화하는 데에도 기여한다.

4. 정부의 탄소중립 정책: 기업의 성장 재원 확보

1) 국내 탄소중립 목표 및 정책 체계

한국의 탄소중립 목표는 2050년까지 탄소 순 배출량을 0으로 만드는 것이다. 지구 온난화로 인한 기후 변화는 전 세계적인 문제이며, 한국도 예외는 아니다. 극심한 기온 변화, 해수면 상승, 잦은 자연재해 등은 이미 우리의 삶에 직접적인 영향을 미치고 있으며, 미래 세대에게 더 큰 위협으로 다가올 것이다.

탄소중립은 이러한 기후 위기에 대응하기 위한 필수적인 과제이며, 한국은 2050년까지 탄소중립을 달성하여 지속 가능한 사회를 구축하고자 노력하고 있다. 정부는 탄소중립을 국가적 목표로 설정하고, 이를 달성하기 위한 다양한 정책을 추진하고 있다.

(1) 2050 탄소중립녹색 성장위원회 설립

탄소중립 정책을 총괄하는 기구를 설립하여 정책의 일관성을 유지하고 추진력을 확보하고 있다. 위원회는 탄소중립 관련 정책을 심의·의결하고, 관련 부처 간의 협력을 조정하며, 탄소중립 이행 상황을 점검하는 역할을 수행한다. 또한, 시민사회, 기업, 전문가 등 다양한 이해관계자의 의견을 수렴하여 정책에 반영하고 있다.

(2) 탄소중립 기본법 제정

탄소중립 사회로의 이행을 위한 법적 근거를 마련하고, 탄소중립 정책의 기본 원칙을 명확히 하였다. 탄소중립 기본법은 탄소중립 사회로의 이행을 위한 국가의 책무, 탄소중립 이행 계획 수립, 탄소 배출 감축 목표 설정, 탄소 흡수원 확대, 기후 변화 적응 등에 대한 내용을 담고 있다. 이 법은 탄소중립 정책 추진의 법적 기반을 마련하고, 정책의 예측 가능성과 안정성을 확보하는 데 기여하고 있다.

(3) 국가 온실가스 감축 목표 (NDC)

2030년까지 온실가스 배출량을 2018년 대비 40% 감축하는 목표를 설정하였다. 이는 파리협정에 따른 한국의 감축 목표이며, 국제 사회에 대한 책임을 이행하고 기후 변화 대응에 적극적으로 참여하는 의지를 보여 준다.

NDC 달성을 위해 정부는 에너지 전환, 산업 구조 혁신, 수송 부문 탄소 감축, 탄소 흡수원 확대 등 다양한 정책을 추진하고 있다.

(4) 장기 저탄소 발전 전략 (LEDS)

2050년까지 탄소중립을 달성하기 위한 경제·사회 전 부문의 탄소 감축 및 흡수 계획을 담고 있다. LEDS는 에너지, 산업, 건물, 수송, 폐기물, 농축산, 산림 등 각 부문별 탄소 감축 목표와 이행 방안을 제시하고 있으며, 탄소중립 사회로의 전환을 위한 장기적인 비전을 제시한다.

2) 해외 탄소중립 정책 분석 및 시사점

해외 주요국들은 한국보다 앞서 탄소중립 목표를 선언하고 다양한 정책을 추진해 왔으며, 그들의 경험과 정책 사례는 한국의 탄소중립 정책 수립에 중요한 시사점을 제공한다.

다만, 각국의 정책은 기후 변화 대응 노력, 경제 상황 변화, 기술 발전 속도, 그리고 특히 미국의 경우, 정권 변화에 따라 크게 달라질 수 있으며, ESG 관련 규제 강화와 더불어 규제의 일시적 연기 현상도 나타나고 있어 최신 동향을 면밀히 파악하고 이를 기업의 ESG 경영 전략에 반영하는 것이 중요하다.

이러한 규제 연기는 기업에게 준비할 수 있는 시간적 여유를 제공하는 것으로 해석될 수 있다.

(1) 유럽연합(EU)

유럽연합은 기후 변화 대응에 있어 선도적인 역할을 해 왔으며, 2050년 탄소중립 목표를 법제화한 최초의 지역이다. EU는 탄소 배출권 거래제(EU ETS)를 운영하며, 2030년까지 온실가스 순 배출량을 1990년 대비 최소 55% 감축하는 목표를 설정했다.

최근 EU는 탄소 국경 조정 메커니즘(CBAM)을 본격적으로 시행하여, 탄소 누출을 방지하고 EU 산업의 경쟁력을 강화하고 있다. CBAM은 EU로 수입되는 특정 제품의 생산 과정에서 발생하는 탄소 배출량에 대해 EU ETS와 유사한 가격을 부과하는 제도이다.

EU는 또한, 'Fit for 55' 패키지를 통해 재생에너지 확대, 에너지 효율 향상, 수소 에너지 개발 등 다양한 정책을 추진하고 있으며, 2030년까지 재생에너지 비중을 늘리고, 에너지 효율을 개선하며, 수소 경제를 활성화하기 위한 구체적인 목표와 실행 계획을 수립하여 추진하고 있다.

다만, EU 기업들은 CSRD, CSDDD 등의 복잡한 ESG 규제로 인한 비용 및 행정 부담을 호소하고 있으며, 글로벌 경쟁 환경에서 미국, 중국 등 주요국의 규제 유예 또는 완화 움직임과 대비되어 유럽의회 및 각국 정상들이 지속 가능성 목표 유지와 함께 규제 현실화를 촉구하고 있다. 이에 따라 EU는 2025년 Omnibus Package를 통해 ESG 규제 적용 시기를 연기하고 규제를 간소화하는 등 규제의 현실화를 추진하고 있다.

이는 규제의 완전한 완화가 아닌, 기업의 준비 기간을 확보하기 위한 일시적인 조치로 해석될 수 있다.

(2) 미국

도널드 트럼프 대통령의 재임하에, 미국의 기후 변화 대응 정책은 이전과는 다른 방향으로 전개되고 있다.

트럼프 행정부는 파리협정에서 공식적으로 탈퇴하였으며, 이는 국제 사회의 기후 변화 대응 노력에 중대한 영향을 미치고 있다. 트럼프 행정부는 국내적으로도 청정 전력 계획(Clean Power Plan)과 같은 주요 기후 변화 대응 정책을 폐지하거나 완화하였으며, 화석 연료 산업을 지원하고 규제를 완화하는 정책을 추진하고 있다.

이러한 정책 변화는 미국의 온실가스 감축 노력을 약화시키고, 기후 변화 대응에 대한 국제적인 협력에 부정적인 영향을 미칠 수 있다는 우려를 낳고 있다.

미국에서는 안티 ESG 움직임이 가속화되고 있으며, 2024년 한 해 동안 165개의 안티 ESG 법안이 발의되어 이 중 19개가 통과되는 등 ESG를 둘러싼 법적, 정치적 갈등이 격화되고 있다. 블랙록의 래리 핑크(Larry Fink) CEO마저 2023년 6월 "ESG 용어가 정치화됐다"며 "ESG 용어 사용을 중단하겠다"고 선언하기도 했다.

다만, 미국 내 일부 주정부와 국제 규제 기관은 연방 차원의 규제 완화와는 대조적인 흐름으로 ESG 기준을 강화하려는 움직임을 보이고 있다. 캘리포니아주, 뉴욕주 등 일부 주에서는 기업의 탄소 배출량 공개를 의무화하고, 화석 연료 기업에 과거 온실가스 배출 책임을 부과하는 법안을 통과시키는 등 ESG 규제를 강화하고 있다.

이는 연방 정부 차원의 규제 완화 움직임에도 불구하고, ESG 규제 강화의 필요성에 대한 공감대가 여전히 존재함을 시사한다.

(3) 중국

중국은 세계 최대 탄소 배출국으로서, 2030년까지 탄소 배출량을 정점으로 감축세로 전환하고, 2060년까지 탄소중립을 달성한다는 목표를 발표했다. 중국은 경제 성장과 탄소 감축을 동시에 달성하기 위해 에너지 효율 향상, 산업 구조 전환, 재생에너지 확대, 탄소 시장 활용 등 다양한 정책을 추진하고 있다.

중국은 전국 탄소 배출권 거래제를 도입하여 운영하고 있으며, 재생에너지 발전 비중을 확대하고, 전기차 보급을 늘리는 등 에너지 구조 전환을 가속화하고 있다. 또한, 탄소 포집·활용·저장(CCUS) 기술 개발, 수소 에너지 활용 등 미래 기술 확보에도 힘쓰고 있다.

(4) 일본

일본은 2050년까지 탄소중립 사회를 실현한다는 목표를 설정하고, 이를 위해 에너지 절약, 재생에너지 확대, 수소 에너지 활용, CCUS 기술 개발 등 다양한 정책을 추진하고 있다. 일본은 '그린 성장 전략'을 통해 산업 구조 전환과 경제 성장을 동시에 추구하며, 수소, 해상 풍력, 차세대 태양광 등을 핵심 분야로 육성하고 있다.

일본 정부는 탄소 가격 메커니즘 도입을 통해 기업의 탄소 감축 노력을 유도하고 있으며, 에너지 효율 향상을 위한 규제 강화, 건물 및 수송 부문의 탈탄소화 정책 등을 추진하고 있다.

(5) 기타 주요국

이 외에도 캐나다, 영국, 한국, 독일 등 여러 국가가 2050년 탄소중립 목표를 설정하고, 다양한 정책을 추진하고 있다. 각국은 자국의 경제 구조, 에너지 수급 현황, 기술 수준 등을 고려하여 탄소세 도입, 배출권 거래제 활용, 재생에너지 보급 확대, 친환경 교통 시스템 구축 등 다양한 정책을 시행하고 있다.

(6) 시사점

해외 주요국들의 탄소중립 정책은 한국에 다음과 같은 시사점을 제공한다.

☐ ESG는 기업 생존과 성장을 위한 필수 전략

ESG는 더 이상 선택이 아닌 기업의 생존과 성장을 좌우하는 핵심 전략이며, 기후 위기 대응, 투자 기준 변화, 소비자 인식 전환, 법제도 강화 등 ESG 중심으로 재편되는 외부 환경에 적극적으로 대응해야 한다.

☐ 명확한 목표 설정 및 강력한 정책 추진

2050년 탄소중립 목표 달성을 위한 구체적인 로드맵을 수립하고, 이를 달성하기 위한 강력하고 일관된 정책을 추진해야 한다.

☐ 다각적인 정책 수단 활용

탄소 가격 메커니즘, 규제, 기술 개발 지원, 국제 협력 등 다양한 정책 수단을 종합적으로 활용하여 탄소 감축 효과를 극대화해야 한다.

☐ 기술 혁신 및 산업 경쟁력 강화

탄소중립 기술 개발에 대한 투자 확대, 친환경 산업 육성 등을 통해 새로운 성장 동력을 확보하고, 산업 경쟁력을 강화해야 한다.

🟩 공정한 전환

탄소중립 사회로의 전환 과정에서 발생할 수 있는 사회적 불평등, 산업 구조 변화 등의 문제를 해결하기 위한 정책적 노력이 필요하다.

🟩 미국 정책 변화 및 ESG 규제 반작용에 대한 면밀한 분석 및 대응

미국의 정책 변화와 함께 EU를 중심으로 나타나는 ESG 규제 연기 움직임을 면밀히 분석하고, 이는 기업에게 주어지는 준비 기간으로 활용하여 장기적인 ESG 경영 체계를 구축해야 한다.

해외 주요국의 정책 사례를 분석하여 한국의 상황에 맞는 정책 방향을 설정하고, 국제 협력을 강화하여 탄소중립 목표 달성을 위한 시너지를 창출해야 한다. 특히 선진국의 기술 개발 및 투자 전략, 정책 지원 방안 등을 참고하여 한국의 경쟁력을 강화하고 국제 사회에서 리더십을 발휘할 수 있도록 노력해야 한다.

3) 국내 탄소중립 정책 개선 및 협력 방안

한국의 탄소중립 정책은 현재까지 다양한 성과를 거두었지만, 급변하는 국제 정세와 기후 변화의 심각성을 고려하여 지속적인 개선이 필요하다.

(1) 탄소 배출 감축 목표 강화

국제적인 흐름과 기후 변화의 심각성을 고려하여 NDC2035는 국가 온실가스 감축 목표 2030NDC 보다 상향해야 한다. 현재의 감축 목표는 국제 사회의 요구 수준에 미치지 못한다는 비판이 있으며, 더욱 야심찬 목표를 설정하여 국제 사회의 기후 변화 대응 노력에 적극적으로 동참해야 한다.

(2) 재생에너지 확대 및 에너지 효율 향상

재생에너지 발전 비중을 높이고, 에너지 효율을 개선하기 위한 기술 개발 및 투자를 확대해야 한다. 분산형 에너지 시스템을 구축하고, 스마트 그리드 기술을 활용하여 에너지 관리 효율성을 높여야 한다. 또한, 에너지 소비 효율을 높이기 위한 건물 단열, 고효율 가전제품 보급 등의 정책도 적극적으로 추진해야 한다.

(3) 탄소 포집·저장·활용 기술 (CCUS) 개발

CCUS 기술 개발 및 상용화를 위한 정책 지원을 강화해야 한다. CCUS 기술은 탄소중립 달성을 위한 핵심 기술 중 하나이며, 기술 개발과 함께 경제성 확보 및 안전성 검증이 중요하다. 정부는 CCUS 기술 개발에 대한 연구 개발 투자를 확대하고, 실증 사업 및 상용화를 지원해야 한다.

(4) 산업 구조 혁신 및 녹색 기술 개발

고탄소 산업 구조를 저탄소 산업 구조로 전환하고, 녹색 기술 개발 및 투자를 지원해야 한다. 녹색 기술은 탄소중립을 위한 핵심 동력이며, 정부는 녹색 기술 개발에 대한 투자를 확대하고, 기업들의 녹색 기술 도입을 지원해야 한다. 또한, 녹색 산업 육성을 통해 새로운 성장 동력을 창출하고 일자리를 창출해야 한다.

(5) 국제 협력 강화

선진국과의 기술 협력, 개발도상국에 대한 지원 등 국제 협력을 강화해야 한다. 기후변화는 전 지구적인 문제이며, 국제 협력을 통해 탄소중립 목표 달성을 위한 시너지를 창출해야 한다. 선진국과의 기술 협력을 통해 탄소 감축 기술을 도입하고, 개발도상국의 탄소 감축 노력을 지원하여 지구촌 공동의 목표 달성에 기여해야 한다.

4) 기업 지원 정책 체계 구축 방안

기업은 탄소중립 달성의 주요 주체이며, 기업의 적극적인 참여를 유도하기 위해서는 정부의 정책적 지원이 필수적이다.

(1) 금융 지원

녹색 금융을 확대하고, 탄소 감축 기술 개발 및 설비 투자에 대한 금융 지원을 강화해야 한다. 녹색 채권 발행을 지원하고, 탄소중립 관련 기업에 대한 투자를 확대해야 한다. 또한, 탄소 감축 프로젝트에 대한 금융 지원을 확대하고, 기업들의 녹색 투자를 유도해야 한다.

(2) 세금 감면

탄소 감축 설비 투자에 대한 세금 감면 혜택을 확대해야 한다. 탄소 감축 기술 도입 기업에 대한 세금 감면, 탄소 배출권 거래 시장 참여 기업에 대한 세금 감면 등을 통해 기업들의 탄소 감축 투자를 유도해야 한다. 세금 감면은 기업들의 투자 부담을 완화하고, 탄소 감축 기술 도입을 촉진하는 효과적인 정책 수단이다.

(3) 규제 완화

기업의 탄소 감축 활동을 저해하는 규제를 완화하고, 탄소중립 기술 도입을 위한 제도적 기반을 마련해야 한다. 탄소중립 기술 도입에 대한 인센티브를 제공하고, 규제 샌드박스 등을 통해 새로운 기술 도입을 지원해야 한다. 또한, 기업들의 탄소 감축 노력을 지원하기 위한 컨설팅, 정보 제공 등의 서비스를 제공해야 한다.

(4) 인력 양성

탄소중립 관련 전문 인력 양성을 위한 교육 프로그램을 확대하고, 기업의 인력 채용을 지원해야 한다. 탄소중립 전문 인력 양성을 위한 교육 과정을 개설하고, 기업의 전문 인력 채용을 위한 지원금을 제공해야 한다. 또한, 재직자들을 위한 탄소중립 관련 교육 프로그램을 제공하여 기업의 탄소중립 역량을 강화해야 한다.

정부는 기업의 탄소중립 이행을 지원하기 위한 다양한 정책을 추진하고 있으며, 앞으로도 지속적인 정책 개발 및 지원을 통해 기업의 적극적인 참여를 유도하고 탄소중립 목표 달성에 기여해야 한다.

5. 지역 기반 탄소 사업: 특화 전략과 경제적 성과

1) 지역 특화 기후 테크×AI 육성 방안

탄소중립은 단순히 온실가스 배출량을 줄이는 것이 아니라, 경제, 사회, 환경 등 모든 분야를 아우르는 지속 가능한 발전 전략이다. 특히 지역의 특성을 고려한 탄소중립 전략은 지역 경제 활성화와 균형 있는 성장을 이끌어 낼 수 있는 중요한 열쇠다. 마치 다양한 색깔의 실로 아름다운 천을 짜듯, 지역별 특성을 잘 살린 탄소중립 전략은 더욱 풍요롭고 지속 가능한 대한민국을 만들어 갈 것이다.

(1) 지역 특성을 고려한 기후 테크×AI 육성 및 지원 정책

획일적인 탄소중립 전략은 지역의 다양성을 무시하고 오히려 불균형을 초래할 수 있다. 마치 모든 사람에게 똑같은 약을 처방하는 것처럼, 지역의 특성을 고려하지 않은 정책은 효과를 거두기 어렵다. 따라서 지역의 산업 구조, 에너지 사용량, 자연환경 등을 면밀히 분석하고, 이에 맞는 맞춤형 전략을 수립해야 한다.

(2) 지역 특성 분석 및 진단

산업 구조 분석: 지역 내 주요 산업 분야, 탄소 배출량, 에너지 사용량 등을 분석하여 탄소 감축 잠재력을 파악한다.

예를 들어, 제조업 중심 지역은 공정 개선, 에너지 효율화, 탄소 포집 기술 도입 등에 집중하고, 농업 중심 지역은 저탄소 농법 도입, 바이오매스 에너지 활용, 탄소 흡수원 확대 등에 주력해야 한다.

에너지 사용량 분석: 지역 내 에너지 소비량, 에너지원별 사용 비중, 에너지 효율 등을 분석하여 에너지 전환 및 효율화 방안을 모색한다. 예를 들어, 도시 지역은 건물 에너지

효율 개선, 친환경 교통 시스템 구축, 신재생에너지 보급 확대 등에 집중하고, 농촌 지역은 농업용 에너지 효율화, 에너지 자립 마을 조성 등에 힘써야 한다.

자연환경 분석: 지역의 기후, 지형, 생태계 등 자연환경을 분석하여 탄소 흡수원 확대, 기후 변화 적응 등의 전략을 수립한다. 예를 들어, 산림이 풍부한 지역은 산림 관리 및 복원을 통해 탄소 흡수량을 늘리고, 해안 지역은 갯벌, 해조류 등 해양 생태계를 보호하고 활용하여 탄소 흡수 및 기후 변화 적응력을 높여야 한다.

(3) 지역 맞춤형 탄소중립 전략 수립

지역 특성에 맞는 탄소 감축 목표 설정: 지역의 탄소 배출 현황, 감축 잠재력, 경제적·사회적 여건 등을 종합적으로 고려하여 현실적이고 달성 가능한 목표를 설정한다.

핵심 분야 선정 및 집중 투자: 지역 특성에 맞는 핵심 분야를 선정하고, 해당 분야에 집중적으로 투자하여 탄소 감축 효과를 극대화한다. 예를 들어, 제주도는 풍력 자원을 활용한 재생에너지 발전에, 울산은 산업 부문의 탄소 배출량 감축에, 서울은 도시형 탄소중립 모델 구축에 집중 투자할 수 있다.

단계별 이행 계획 수립: 단기, 중장기 목표를 설정하고, 각 단계별 이행 계획을 구체적으로 수립하여 정책 추진의 효율성을 높인다.

지역 주민 참여 및 의견 수렴: 지역 주민, 기업, 전문가 등 다양한 이해관계자의 의견을 적극적으로 수렴하고, 탄소중립 정책에 대한 공감대를 형성한다.

(4) 기후 테크×AI 기술 육성 및 지원

지역 특성에 맞는 기술 개발: 지역의 문제 해결에 특화된 기후 테크 및 AI 기술을 개발하고, 이를 위한 연구 개발 및 투자를 지원한다. 예를 들어, 해안 지역은 파력 발전 기술, 해수 담수화 기술, 해양 탄소 흡수 기술 등을 개발하고, 산업 단지가 밀집한 지역은 에너지 효율화 기술, 탄소 포집·저장·활용 기술, 스마트 공장 기술 등을 개발할 수 있다.

산·학·연 협력 체계 구축: 지역 대학, 연구소, 기업 간 협력 체계를 구축하여 기술 개발 시너지를 창출하고, 개발된 기술의 사업화를 지원한다.

전문 인력 양성: 기후 테크 및 AI 분야 전문 인력 양성을 위한 교육 프로그램을 운영하

고, 지역 기업에 대한 취업 연계를 지원한다.

기술 도입 및 확산 지원: 지역 기업들이 기후 테크 및 AI 기술을 도입하고 활용할 수 있도록 컨설팅, 교육, 금융 지원 등을 제공한다.

탄소중립 달성의 액셀러레이터: 기후 AI

(5) 지역 기반 혁신 생태계 조성

혁신 거점 조성: 지역 내 혁신 거점을 조성하여 기업, 대학, 연구소 등 혁신 주체들의 집적을 유도하고, 협력 및 교류를 활성화한다.

창업 지원: 기후 테크 및 AI 분야 창업을 지원하고, 초기 기업의 성장을 위한 인큐베이팅 프로그램을 운영한다.

투자 유치: 벤처 캐피탈, 엔젤 투자자 등을 유치하여 기후 테크 및 AI 분야 투자를 활성화한다.

규제 개선: 기후 테크 및 AI 기술 개발 및 사업화를 저해하는 규제를 개선하고, 새로운 기술 도입을 위한 제도적 기반을 마련한다.

네트워킹 및 정보 공유: 혁신 주체 간 네트워킹 및 정보 공유를 위한 플랫폼을 구축하고, 정기적인 포럼, 세미나 등을 개최한다.

2) 지역 혁신 생태계 조성 방안

지역 기반 혁신 생태계는 탄소중립 시대 지역 경쟁력 강화의 핵심 동력이다. 마치 숲 속의 다양한 생물들이 서로 유기적으로 연결되어 건강한 생태계를 이루듯, 지역 내 다양한 혁신 주체들이 서로 협력하고 경쟁하며 새로운 가치를 창출하는 역동적인 생태계를 조성해야 한다.

(1) 혁신 주체 간 협력 네트워크 강화

클러스터 구축: 지역 내 기업, 대학, 연구소, 지자체 등 혁신 주체들을 하나로 묶는 클러스터를 구축하여 공동 연구, 기술 개발, 사업화 등을 지원한다.

정보 공유 플랫폼 구축: 탄소중립 관련 정보, 기술, 정책 등을 공유하고, 혁신 주체 간 소통을 활성화하기 위한 온라인 플랫폼을 구축한다. 워크숍, 세미나, 포럼 등 정기적인 교류 프로그램을 통해 혁신 주체 간 네트워킹을 강화하고 협력 기회를 제공한다.

(2) 기업 지원 인프라 확충

시험·인증 시설 지원: 탄소중립 기술 개발 및 실증을 위한 시험·인증 시설을 구축하고, 기업들이 활용할 수 있도록 지원한다.

데이터센터 구축: 탄소 배출량, 에너지 사용량 등 탄소중립 관련 데이터를 수집, 분석, 활용할 수 있는 데이터센터를 구축하고, 기업들에게 데이터 기반 의사 결정을 지원한다.

전문 컨설팅 지원: 탄소중립 전략 수립, 기술 도입, 사업화 등에 대한 전문 컨설팅을 제공하여 기업들의 탄소중립 이행을 지원한다.

(3) 투자 유치 및 금융 지원 강화

투자 유치 활동: 국내외 투자자들을 대상으로 지역의 탄소중립 정책, 투자 환경, 유망 기술 등을 적극적으로 홍보하고 투자 유치 활동을 전개한다.

녹색 금융 지원: 탄소 감축 기술 개발, 설비 투자 등에 필요한 자금을 조달할 수 있도록 녹색 금융 상품 개발 및 지원을 확대한다.

크라우드 펀딩 활용: 지역 주민, 시민 단체 등이 참여하는 크라우드 펀딩을 통해 탄소중립 프로젝트에 대한 자금 조달을 지원한다.

(4) 규제 개선 및 행정 지원

규제 샌드박스 활용: 새로운 탄소중립 기술 및 서비스 도입을 위한 규제 샌드박스를 운영하여 기업들의 실증 및 사업화를 지원한다.

행정 절차 간소화: 탄소중립 관련 인허가, 승인 등 행정 절차를 간소화하고, one-stop 서비스를 제공하여 기업들의 편의를 증진한다.

지역 특성에 맞는 규제 개선: 지역 특성을 고려하여 탄소중립 관련 규제를 유연하게 적용하고, 지역 기업들의 의견을 반영하여 규제를 개선한다.

(5) 인력 양성 및 교육

맞춤형 교육 프로그램 운영: 지역 산업 특성에 맞는 탄소중립 전문 인력 양성을 위한 교육 프로그램을 개발하고 운영한다.

산·학 연계 교육: 지역 대학과 기업 간 연계를 통해 현장 실무 중심의 교육 프로그램을 개발하고, 기업 맞춤형 인재 양성을 지원한다.

재직자 교육: 탄소중립 관련 기술, 정책, 트렌드 등에 대한 재직자 교육을 제공하여 기업들의 탄소중립 역량을 강화한다.

(6) 지역 주민 참여 확대

교육 및 홍보: 탄소중립의 중요성, 지역 탄소중립 정책, 개인의 실천 방안 등에 대한 교육 및 홍보를 강화하여 지역 주민들의 인식을 제고한다.

시민 참여 플랫폼 구축: 탄소중립 관련 아이디어 제안, 의견 수렴, 정보 공유 등을 위한 시민 참여 플랫폼을 구축하고, 지역 주민들의 참여를 활성화한다.

탄소중립 시범 마을 조성: 탄소중립 생활 실천, 에너지 자립, 공동체 활동 등을 통해 탄소중립을 선도하는 시범 마을을 조성하고, 지역 주민들의 참여를 유도한다.

3) 지역 경제 활성화 및 일자리 창출

 탄소중립은 지역 경제에 새로운 활력을 불어넣고, 양질의 일자리를 창출하는 기회를 제공한다. 마치 메마른 땅에 씨앗을 뿌려 푸른 숲을 가꾸듯, 탄소중립을 향한 노력은 지역 경제를 성장시키고 지속 가능한 일자리를 만들어 낼 것이다.

(1) 친환경 산업 육성

 재생에너지 산업: 태양광, 풍력, 지열, 수력 등 재생에너지 발전 시설 건설 및 운영, 관련 기술 개발, 부품 제조 등을 통해 지역 경제를 활성화하고 일자리를 창출한다.

 수소 에너지 산업: 수소 생산, 저장, 운송, 활용 등 수소 에너지 산업 생태계를 조성하고, 관련 기술 개발 및 인력 양성을 지원한다.

 에너지 효율화 산업: 건물 에너지 효율 개선, 고효율 가전제품 및 설비 보급, 에너지 관리 시스템 구축 등을 통해 에너지 효율화 산업을 육성한다.

 친환경 교통: 전기차, 수소차, 자율주행차 등 친환경 교통 시스템 구축 및 관련 산업 육성을 통해 탄소 배출량 감축과 일자리 창출을 동시에 추구한다.

(2) 녹색 기술 개발 및 사업화

 탄소 포집·활용·저장(CCUS) 기술: 탄소 포집, 활용, 저장 기술 개발 및 상용화를 지원하고, 관련 산업 육성을 통해 탄소 배출 감축과 경제 성장을 동시에 달성한다.

 바이오 기술: 바이오매스 에너지 생산, 탄소 흡수, 환경 정화 등 바이오 기술 개발 및 사업화를 지원한다.

 순환 경제: 폐기물 재활용, 재제조, 업사이클링 등 순환 경제 시스템 구축을 통해 자원 활용 효율을 높이고, 새로운 산업 및 일자리를 창출한다.

(3) 탄소중립 관련 서비스 산업 육성

 에너지 컨설팅: 기업, 가정 등을 대상으로 에너지 효율 진단, 탄소 배출량 감축 컨설팅 등 에너지 컨설팅 서비스를 제공한다.

환경 교육 및 컨설팅: 탄소중립 교육 프로그램 개발 및 운영, 환경 컨설팅 서비스 제공 등을 통해 지역 주민들의 인식을 제고하고, 탄소중립 실천을 유도한다.

녹색 금융: 탄소중립 관련 투자, 융자, 보험 등 녹색 금융 서비스를 제공하고, 지역 내 녹색 투자를 활성화한다.

(4) 지역 특성을 활용한 특화 전략 추진

지역 특산물 활용: 지역 특산물을 활용한 바이오 에너지 생산, 친환경 제품 개발 등을 통해 지역 경제를 활성화하고 탄소 배출량을 감축한다.

관광 산업 연계: 친환경 관광 상품 개발, 탄소 배출량 감축 노력 등을 통해 지역 관광 산업 경쟁력을 강화하고, 지속 가능한 관광 모델을 구축한다.

지역 특성에 맞는 일자리 창출: 지역 특성을 고려하여 재생에너지 발전, 탄소중립 기술 개발, 친환경 농업, 녹색 관광 등 다양한 분야에서 일자리를 창출한다.

지역별 탄소중립 전략은 단순히 환경 문제 해결을 넘어 지역 경제 활성화, 일자리 창출, 삶의 질 향상 등 다양한 편익을 가져다줄 수 있다. 지역 특성을 고려한 맞춤형 전략을 통해 탄소중립 시대 지역의 지속 가능한 발전을 이끌어야 한다.

6. 기후 테크와 AI: 기술 혁신으로 신시장 개척

1) 부처별 기후 테크×AI 관련 사업 및 예산 현황

탄소중립이라는 국가적 목표를 달성하기 위해서는 정부 각 부처의 노력이 필수적이다. 마치 여러 개의 엔진이 하나의 비행기를 움직이듯, 각 부처는 서로 협력하고 조화를 이루며 탄소중립을 향해 나아가야 한다. 특히 기후 테크와 AI 기술은 탄소중립을 가속화하는 핵심 동력이며, 각 부처는 이러한 기술 혁신을 선도하기 위해 다양한 사업을 추진하고 있다.

(1) 과학기술 정보통신부

AI 기반 기후 변화 예측 및 대응 시스템 개발: 기후 변화 예측 정확도를 높이고, 극한 기후 현상에 대한 효과적인 대응 방안을 마련하기 위해 AI 기술을 활용한다.

탄소 배출량 감축 AI 솔루션 개발: 산업, 건물, 교통 등 다양한 분야에서 탄소 배출량을 줄일 수 있는 AI 솔루션 개발을 지원한다.

기후 변화 대응 AI 인력 양성: 기후 변화 예측, 탄소 감축, AI 기술 개발 등 관련 분야의 전문 인력 양성을 위한 교육 프로그램을 운영한다.

(2) 환경부

AI 기반 환경 오염 감시 및 예측 시스템 구축: 대기, 수질, 토양 등 환경 오염을 실시간으로 감시하고 예측하여 환경 문제에 선제적으로 대응한다.

탄소 배출권 거래제 운영 및 고도화: AI 기술을 활용하여 탄소 배출권 거래 시장의 효율성과 투명성을 높이고, 거래 데이터 분석을 통해 정책 효과를 제고한다.

녹색 기술 개발 및 사업화 지원: 탄소 포집·활용·저장(CCUS) 기술, 친환경 소재 개발, 폐기물 재활용 기술 등 녹색 기술 개발 및 사업화를 지원한다.

(3) 산업통상자원부

AI 기반 에너지 효율화 기술 개발: 산업 현장, 건물, 가정 등에서 에너지 사용량을 줄일 수 있는 AI 기반 에너지 효율화 기술 개발을 지원한다.

스마트 에너지 관리 시스템 구축: AI 기술을 활용하여 에너지 생산, 소비, 저장 등을 효율적으로 관리하는 스마트 에너지 관리 시스템 구축을 지원한다.

신재생에너지 발전 및 확산: 태양광, 풍력 등 신재생에너지 발전 기술 개발 및 보급 확대를 지원하고, AI 기술을 활용하여 발전 효율성을 높인다.

(4) 국토교통부

AI 기반 스마트 시티 구축: 도시 내 에너지 사용, 교통, 환경 등을 통합적으로 관리하고, AI 기술을 활용하여 도시의 지속 가능성을 높이는 스마트 시티 구축을 지원한다.

친환경 교통 시스템 구축: 전기차, 수소차 등 친환경 자동차 보급 확대, 자율주행 기술 개발, AI 기반 교통 시스템 구축 등을 통해 교통 부문의 탄소 배출량을 감축한다.

녹색 건축 기술 개발 및 확산: 에너지 효율을 높이고 탄소 배출량을 줄이는 녹색 건축 기술 개발 및 확산을 지원한다.

(5) 농림축산식품부

AI 기반 스마트 팜 구축: 농작물 생육 환경을 최적화하고, 생산성을 높이는 AI 기반 스마트 팜 구축을 지원한다.

저탄소 농업 기술 개발 및 확산: 탄소 배출량을 줄이는 친환경 농법, 농업용 에너지 효율화 기술 등을 개발하고 확산한다.

탄소 흡수원 확대: 산림, 농경지 등 탄소 흡수원을 확대하고, AI 기술을 활용하여 탄소 흡수량을 정확하게 측정하고 관리한다.

(6) 해양수산부

AI 기반 해양 환경 감시 및 예측 시스템 구축: 해양 오염, 해양 생태계 변화 등을 실시간으로 감시하고 예측하여 해양 환경 보호 및 지속 가능한 해양 자원 관리를 지원한다.

친환경 선박 기술 개발 및 보급: 탄소 배출량을 줄이는 친환경 선박 기술 개발 및 보급을 지원하고, AI 기술을 활용하여 선박 운영 효율성을 높인다.

해양 에너지 개발 및 활용: 해양 에너지 자원 (파력, 조력 등) 개발 및 활용을 지원하고, AI 기술을 활용하여 발전 효율성을 높인다.

각 부처는 기후 테크×AI 혁신을 통해 탄소중립 목표 달성에 기여하고 있으며, 앞으로도 지속적인 투자와 협력을 통해 더 큰 시너지를 창출할 것으로 기대된다.

2) AI×ESG 기술 적용 우수 사례 분석

각 부처는 다양한 기후 테크×AI 관련 사업을 추진하고 있으며, AI×ESG 기술 적용을 통해 혁신적인 성과를 달성하고 있다. 몇 가지 우수 사례를 살펴보자.

(1) AI 기반 스마트 팜

농림축산식품부는 AI 기반 스마트 팜 구축을 지원하여 농작물 생육 환경을 최적화하고 생산성을 높이고 있다. AI는 온도, 습도, 빛, 토양 상태 등을 실시간으로 분석하고, 농작물 생육에 최적화된 환경을 조성한다. 또한, 병충해 예측, 생육 상태 진단, 자동화된 시스템 관리 등을 통해 농약 및 비료 사용량을 줄이고, 농업 생산성을 높이는 데 기여한다.

(2) AI 기반 스마트 시티

국토교통부는 AI 기반 스마트 시티 구축을 지원하여 도시 내 에너지 사용, 교통, 환경 등을 효율적으로 관리하고 있다. AI는 도시 내 교통 흐름을 분석하여 교통 체증을 줄이고, 에너지 사용량을 예측하여 에너지 효율을 높이며, 환경 오염을 감시하여 도시 환경을 개선하는 데 활용된다.

(3) AI 기반 해양 환경 감시

해양수산부는 AI 기반 해양 환경 감시 시스템을 구축하여 해양 오염, 해양 생태계 변화 등을 실시간으로 감시하고 있다. AI는 해양 환경 데이터를 분석하여 해양 오염 발생 가능성을 예측하고, 오염 물질 확산 경로를 예측하며, 해양 생태계 변화를 감지하여 해양 환경 보호에 기여한다.

(4) AI 기반 탄소 배출권 거래 시장

환경부는 AI 기술을 활용하여 탄소 배출권 거래 시장의 효율성과 투명성을 높이고 있다. AI는 탄소 배출량 예측, 배출권 가격 예측, 거래 데이터 분석 등을 통해 시장 안정화 및 정책 효과 제고에 기여한다.

(5) AI 기반 산업 에너지 효율화

산업통상자원부는 AI 기반 에너지 효율화 기술 개발을 지원하여 산업 현장에서 에너지 사용량을 줄이고 있다. AI는 생산 공정 데이터를 분석하여 에너지 소비 패턴을 파악하고, 에너지 효율을 높이는 최적의 운영 방안을 제시한다.

이러한 우수 사례들은 AI×ESG 기술이 탄소중립 목표 달성에 효과적으로 활용될 수 있음을 보여 준다. 앞으로 더욱 다양한 분야에서 AI×ESG 기술이 적용되어 혁신적인 성과를 창출할 것으로 기대된다.

3) 부처 간 협력 체계 강화 및 시너지 창출 방안

탄소중립은 복잡하고 다양한 분야를 포괄하는 문제이기 때문에, 단일 부처의 노력만으로는 해결하기 어렵다. 마치 여러 악기가 조화를 이루어 아름다운 음악을 연주하듯, 각 부처는 서로 협력하고 정보를 공유하며 시너지를 창출해야 한다.

(1) 정보 공유 및 공동 연구

탄소중립 관련 정보 플랫폼 구축: 각 부처가 보유한 탄소중립 관련 정보, 기술, 정책, 데이터 등을 공유하고 활용할 수 있는 통합 플랫폼을 구축한다.

부처 간 공동 연구 활성화: 탄소중립 관련 공동 연구 주제를 발굴하고, 연구 인력 및 자원을 공유하며, 연구 성과를 공동으로 활용한다.

정기적인 학술회의 및 워크숍 개최: 탄소중립 관련 최신 동향, 연구 성과, 정책 정보 등을 공유하고, 부처 간 협력 방안을 논의하기 위한 정기적인 학술회의 및 워크숍을 개최한다.

(2) 협력 사업 추진

부처 간 협력 사업 발굴: 탄소중립 목표 달성을 위해 부처 간 협력이 필요한 사업을 발굴하고, 공동으로 사업을 기획 및 추진한다.

사업 추진 체계 구축: 부처 간 협력 사업 추진을 위한 전담 조직을 구성하고, 명확한 역할 분담 및 의사 결정 체계를 구축한다.

성과 평가 및 환류: 협력 사업의 성과를 객관적으로 평가하고, 평가 결과를 바탕으로 사업을 개선하고 발전시킨다.

(3) 인력 교류 및 교육

부처 간 인력 교류: 탄소중립 관련 전문 인력을 부처 간에 교류하여 정책 이해도를 높이고, 협력 네트워크를 강화한다.

공동 교육 프로그램 운영: 탄소중립 관련 공동 교육 프로그램을 개발 및 운영하여 부처 간 인식을 공유하고, 협력 역량을 강화한다.

전문 교육 과정 개설: 탄소중립 관련 전문 교육 과정을 개설하여 각 부처의 전문 인력을 양성하고, 탄소중립 정책 전문성을 강화한다.

(4) 민관 협력 강화

민관 협력 플랫폼 구축: 기업, 시민단체, 학계, 연구기관 등 민간 부문과 협력을 강화하기 위한 플랫폼을 구축하고, 정기적인 협의체를 운영한다.

민간 참여 활성화: 탄소중립 관련 정책 수립, 사업 추진, 기술 개발 등에 민간 부문의 참여를 확대하고, 의견을 적극적으로 수렴한다.

인센티브 제공: 기업, 시민단체 등 민간 부문의 탄소중립 노력을 장려하고 지원하기 위한 인센티브 제도를 마련한다.

(5) 국제 협력 강화

국제 공동 연구 및 기술 개발: 해외 주요국 및 국제 기구와 탄소중립 관련 공동 연구를 추진하고, 기술 개발 및 정책 정보를 공유한다.

국제 협력 네트워크 구축: 탄소중립 관련 국제 협력 네트워크를 강화하고, 국제적인 탄소 감축 노력에 적극적으로 참여한다.

개발도상국 지원: 개발도상국의 탄소 감축 노력을 지원하고, 기후 변화 적응을 위한 기술 및 재정 지원을 제공한다.

각 부처의 적극적인 협력과 시너지 창출을 통해 대한민국은 탄소중립 사회를 향해 더욱 빠르게 나아갈 수 있을 것이다.

7. 신재생에너지: AI 최적화와 지속 가능 비즈니스

1) 태양광 발전 사업 모델 다각화

지구 온난화의 주범인 탄소 배출을 줄이기 위해 전 세계가 노력한다. 그 중심에 '신재생에너지'가 있다. 석탄, 석유처럼 언젠가는 고갈될 자원도 아니고, 환경 오염 걱정도 없는 착한 에너지이다. 신재생에너지에는 태양광, 풍력, 수력, 지열, 수소 등 여러 가지가 있다. 그중에서도 가장 핫하면서 설치가 간단한 '태양광 발전'에 대해 알아보자.

(1) 태양광 발전 현황

태양광 발전은 햇빛을 이용해서 전기를 만드는 기술이다. 햇빛만 있으면 전기를 만들 수 있다. 최근에는 기술이 발전하면서 태양광 발전 효율도 높아지고, 설치 비용도 점점 저렴해지고 있다. 덕분에 우리 주변에서 태양광 발전 시설을 쉽게 찾아볼 수 있게 되었다. 아파트 옥상, 주택 지붕, 심지어는 자전거 도로, 도로 방음벽에도 태양광 패널이 설치되어 있다.

(2) 숫자로 보는 태양광 발전

2023년 기준, 국내 태양광 발전 설비 용량은 약 20GW에 달한다. 이는 원자력 발전소 20기와 맞먹는 규모이다. 2022년에는 태양광 발전을 통해 약 27,000GWh의 전력을 생산했다. 이는 우리나라 전체 전력 생산량의 약 4%를 차지한다.

(3) 태양광 발전의 미래

정부는 2030년까지 재생에너지 발전 비중을 20%까지 늘리겠다는 목표를 가지고 있다. 특히 태양광 발전은 가장 중요한 신재생에너지원으로 꼽히고 있으며, 앞으로 더욱 빠르게 성장할 것으로 예상된다. 미래에는 건물 일체형 태양광 발전 시스템 (BIPV)이 더욱 보편화될 것이다. 건물 외벽이나 창문에 태양광 패널을 설치하여 건물 디자인과 에너지 효율을 동시에 잡는 기술이다. 도로, 철도, 저수지 등 유휴 공간을 활용한 태양광 발전 시설도 늘어날 것이다. AI, 사물 인터넷(IoT) 등 첨단 기술과의 융합을 통해 태양광 발전 효율을 높이고, 안정적인 에너지 생산을 위한 기술 개발도 활발하게 이루어질 것이다.

(4) 태양광 발전, 탄소중립을 위한 열쇠

태양광 발전은 탄소를 배출하지 않는 친환경 에너지원이다. 석탄, 석유와 같은 화석 연료를 대체하여 탄소 배출량을 줄이고, 지구 온난화를 막는 데 중요한 역할을 한다. 태양광 발전은 우리 모두가 탄소중립 사회를 만드는 데 참여할 수 있는 가장 쉬운 방법 중 하나이다. 햇빛이라는 무한한 자원을 이용해서 깨끗한 에너지를 만들고, 지구를 지키는 일에 동참한다.

2) 영농형 태양광, 농업과 에너지 생산의 공존

(1) 영농형 태양광의 등장

태양광 발전은 넓은 땅이 필요하다. 하지만 땅은 한정되어 있고, 농사를 지어야 할 땅에 태양광 패널을 설치하면 식량 생산이 줄어들 수 있다. 이러한 문제를 해결하기 위해 등장한 것이 바로 영농형 태양광이다. 영농형 태양광은 농지를 활용하여 태양광 발전을 하면서 동시에 농작물을 재배하는 방식이다. 땅도 활용하고, 전기도 생산하고, 농사도 짓고 일석삼조!

(2) 영농형 태양광의 장점

농가 소득 증대: 농작물을 재배하면서 태양광 발전을 통해 전기를 생산하고 판매하여 농가 소득을 높일 수 있다.

농촌 경제 활성화: 농촌 지역에 새로운 소득원을 창출하고, 일자리를 늘려 농촌 경제를 활성화하는 데 도움을 줄 수 있다.

토지 이용 효율성 향상: 농지를 효율적으로 활용하여 에너지 생산과 농업을 동시에 할 수 있다.

환경 보호: 탄소 배출량을 줄이고, 지구 온난화를 막는 데 기여할 수 있다.

(3) 영농형 태양광의 미래

영농형 태양광은 농업과 에너지 생산을 결합한 혁신적인 모델이다. 앞으로 기술 개발과 정책 지원을 통해 더욱 발전할 것으로 예상된다.

고효율 태양광 패널 개발: 농작물 생육에 필요한 햇빛을 충분히 확보하면서도 발전 효율을 높일 수 있는 태양광 패널 개발이 중요하다.

스마트 팜 기술 접목: 영농형 태양광과 스마트 팜 기술을 결합하여 농업 생산성을 높이고 에너지 효율성을 극대화할 수 있다.

AI 기반 최적화: AI 기술을 활용하여 태양광 패널 배치, 농작물 생육 환경 조절, 에너지 생산 및 관리 등을 최적화할 수 있다.

(4) 에너플러스, 영농형 태양광 기술 선도

영농형 태양광 분야에서 뛰어난 기술력을 자랑하는 기업, 바로 에너플러스이다. 에너플러스는 농업과 에너지 생산의 조화로운 공존을 가능하게 하는 혁신적인 기술을 개발했다.

에너팜: 농지에 최적화된 태양광 발전 시스템이다. 농작물 생육에 필요한 햇빛을 충분히 확보하면서도 효율적인 발전을 할 수 있도록 설계되었다. 에너팜 기술은 농가의 소득 증대와 탄소중립 목표 달성에 기여한다.

제로팜: 비닐하우스형 스마트 팜을 위한 맞춤형 태양광 발전 시스템이다. 비닐하우스 지붕에 태양광 패널을 설치하여 에너지를 생산하고, 스마트 팜 운영에 필요한 전력을 자체적으로 공급할 수 있도록 한다. 덕분에 에너지 비용을 절감하고, 농작물 생산량을 늘릴 수 있다.

에너팜과 제로팜은 에너플러스가 자랑하는 특허 기술이다. 끊임없는 연구 개발과 혁신을 통해 영농형 태양광 분야를 선도하는 에너플러스는 농업과 에너지 산업의 미래를 밝히고 있다.

3) 기업의 탄소중립을 위한 태양광 구독 서비스

탄소중립 시대, 기업들은 탄소 배출량을 줄이고 친환경 경영을 실천해야 하는 과제에 직면해 있다. 특히 최근 몇 년 사이 70% 이상 급등한 전기 요금은 기업의 생산 비용 부담을 크게 가중시키고 있다.

우리나라의 전기 요금은 다른 주요 국가들에 비해 상대적으로 저렴한 수준으로 평가되어 왔기에, 향후 추가적인 요금 인상 가능성이 높아 기업들의 부담은 더욱 커질 수밖에 없는 구조이다. 이러한 상황에서 막대한 초기 투자 비용과 관리 부담 때문에 탄소중립 실현을 망설이는 기업이 많다. 이러한 기업들에 태양광 구독 서비스는 전기 요금 절감을 통한 탄소 감축과 더불어 탄소중립을 향한 효과적인 해결책이 될 수 있다.

(1) 태양광 구독 서비스의 의미

태양광 구독 서비스는 기업이 태양광 발전 설비를 직접 설치하지 않고, 구독료를 지급하여 태양광 에너지를 사용하는 서비스이다. 초기 투자 비용 없이 태양광 에너지를 이용할 수 있으며, 설비 설치, 운영, 유지 보수 등을 전문 업체가 담당하므로 관리 부담이 적다.

설치 방법	RE100 태양광 구독 서비스	기업 자체 설치 운영	지붕 임대형
내용	자가 유휴지(지붕, 주차장 등)에 태양광업체가 무료 설치, 태양광 발전량만큼 저렴한 전기료 납부	자기공간에 자가 설치	태양광업체가 유휴지(지붕, 주차장 등)임대하여 태양광 발전 설치 운영
비용	설치비 無(소유권: 기업)	설치비 부담 큼(소유권: 기업)	설치비 無(소유권: 외부)
태양광 소유권	자체 기업	자체 기업	외부 태양광업체
유휴지 임대 수익	無	無	지붕임대 수익
탄소 배출 감축 인정	인정 有	인정 有	인정 不
잉여 전력 판매	수익 발생 가능(잉여전기 판매)	수익발생 가능(잉여전기 판매)	無
전기 요금 상승 부담	부담 적음 (20년간 저렴한 전기료)	부담 적음	전기료 상승에 부담 커짐
SBTi, RE100 탄소 배출 인정 가능	인정	인정	인정 불가
운영 관리	전문 태양광기업 운영 관리 (비용 無)	기업 자체 운영 관리 (비용 발생)	임대한 전문 태양광기업 운영 관리
사고 대비 보험	전문 태양광기업 부담 (비용 無)	기업 자체 보험 가입 (비용 발생)	임대한 전문 태양광기업에서 가입

(2) 태양광 구독 서비스의 장점

초기 투자 비용 절감: 태양광 발전 설비 설치에 필요한 막대한 초기 투자 비용 없이 태양광 에너지를 사용할 수 있다.

전기 요금 절감 및 예측 가능성 증대: 구독 서비스를 통해 기존 전력 구매 비용을 절감할 수 있으며, 장기적으로 안정적인 요금으로 에너지를 확보하여 전기 요금 인상에 따른 경영 불확실성을 줄일 수 있다.

관리 부담 완화: 태양광 발전 설비 설치, 운영, 유지 보수 등을 전문 업체가 담당하므로 기업은 관리 부담 없이 태양광 에너지를 이용할 수 있다.

안정적인 에너지 공급: 전문 업체가 태양광 발전 시스템을 관리하므로 안정적인 에너지 공급이 가능하다.

탄소 배출량 감축: 태양광 에너지 사용으로 탄소 배출량을 감축하고, 친환경 기업 이미지를 구축할 수 있다.

ESG 경영 강화: 태양광 구독 서비스 도입을 통해 ESG 경영을 실천하고, 지속 가능한 성장을 위한 경쟁력을 확보할 수 있다.

(3) 태양광 구독 서비스의 미래

태양광 구독 서비스는 앞으로 더욱 발전하여 기업들의 탄소중립 이행을 지원하는 중요한 역할을 할 것으로 예상된다.

AI 기반 서비스 고도화: AI 기술을 활용하여 태양광 발전량 예측, 에너지 사용량 분석, 설비 고장 예측 등을 통해 서비스 효율성을 높일 수 있다.

다양한 서비스 모델 개발: 기업의 에너지 사용량, 사업 특성 등을 고려한 맞춤형 태양광 구독 서비스 모델 개발이 필요하다.

RE100 이행 지원: 태양광 구독 서비스를 통해 RE100(Renewable Energy 100%) 이행을 지원하고, 기업들의 탄소중립 목표 달성을 도울 수 있다.

공공 부문으로의 확장: 2025년 11월 28일부터 공영주차장 신재생에너지 설비 설치가 의무화됨에 따라, 초기 예산 투입이 어려운 정부, 지자체, 공공기관이 예산 투자 없이 의무를 이행할 수 있는 최적의 해결책으로 활용될 수 있다.

4) AI 기반 신재생에너지 고도화

AI는 신재생에너지 발전 효율을 높이고, 안정적인 에너지 생산을 가능하게 하며, 궁극적으로 탄소중립 목표 달성에 기여할 수 있는 핵심 기술이다.

(1) AI 기반 발전량 예측 및 최적화

날씨, 계절, 시간 등 다양한 변수를 고려하여 신재생에너지 발전량을 정확하게 예측하고, 발전 시스템 운영을 최적화한다.

AI 기반 에너지 저장 시스템(ESS) 관리: 에너지 저장량 예측, 충·방전 최적화, 배터리 수명 관리 등을 통해 ESS 효율성을 높인다.

스마트 그리드 연동: AI 기반 스마트 그리드 시스템을 통해 신재생에너지 발전량 변동에 효과적으로 대응하고, 안정적인 에너지 공급을 확보한다.

(2) AI 기반 설비 관리 및 유지 보수

발전 설비 고장 예측 및 진단: AI 기술을 활용하여 발전 설비의 이상 징후를 조기에 감지하고, 고장 발생 가능성을 예측하여 사전 예방 정비를 수행한다.

자동화된 유지 보수: AI 기반 로봇, 드론 등을 활용하여 발전 설비 점검 및 유지 보수 작업을 자동화하고, 효율성을 높인다.

실시간 모니터링 및 제어: AI 기반 발전 시스템 모니터링 및 제어 시스템을 구축하여 발전 효율을 높이고, 안정적인 에너지 생산을 확보한다.

(3) AI 기반 신재생에너지 확산 및 통합 관리

입지 선정 최적화: AI 기술을 활용하여 신재생에너지 발전 시설 입지 선정을 최적화하고, 발전 효율을 극대화한다.

에너지 공유 플랫폼 구축: AI 기반 에너지 공유 플랫폼을 구축하여 개인, 기업 간 에너지 거래를 활성화하고, 에너지 사용 효율성을 높인다.

신재생에너지 통합 관리 시스템 구축: AI 기반 신재생에너지 통합 관리 시스템을 구축하여 다양한 에너지원을 효율적으로 관리하고, 안정적인 에너지 공급을 확보한다.

AI 기반 신재생에너지 발전 시스템은 탄소중립 시대의 지속 가능한 에너지 솔루션이다. AI 기술의 발전과 함께 신재생에너지 발전은 더욱 고도화될 것이며, 탄소중립 목표 달성에 크게 기여할 것이다.

이처럼 AI×ESG는 탄소중립 시대를 이끌어 갈 핵심 전략이며, 탄소 배출권 거래, 신재생에너지 확대, 정부 정책, 기업의 노력 등 다양한 측면에서 혁신을 이끌어 내고 있다. 특히 영농형 태양광과 같은 혁신적인 기술은 농업과 에너지 생산의 조화로운 공존을 가능하게 하고, 농촌 경제 활성화와 탄소중립 목표 달성에 기여할 수 있다. 앞으로 AI×ESG는 더욱 발전하여 지속 가능한 사회를 만드는 데 크게 기여할 것이다.

참고 문헌

I. 참고 문헌

- https://www.winssolutions.org/20-sustainability-trends-to-watch-now-and-in-2025/
- https://rhino.energy/esg-pl/the-future-of-esg-top-trends-shaping-real-estate-in-2025
- https://us.sganalytics.com/blog/esg-investing-trends/
- https://www.winssolutions.org/what-are-the-most-important-esg-trends-for-2025/
- https://modulabs.co.kr/blog/2025-ai-trend/
- https://www.chatbase.co/blog/ai-trends
- https://botpress.com/blog/top-artificial-intelligence-trends
- https://www.infotech.com/research/ss/ai-trends-2025
- https://www.forbes.com/sites/bernardmarr/2024/09/24/the-10-biggest-ai-trends-of-2025-everyone-must-be-ready-for-today/
- https://www.esgmatrix.com/news/top-esg-and-sustainability-trends
- https://impactreporting.co.uk/the-future-of-esg-reporting-key-2025-trends/
- https://carbontrail.net/blog/5-esg-trends-in-2025/
- https://www.aitimes.com/news/articleView.html?idxno=164495 (AITimes, 2024.10.22.)
- https://www.analyticsinsight.net/generative-ai/top-generative-ai-trends-for-2025
- https://futurecio.tech/gartner-identifies-the-top-10-strategic-technology-trends-for-2025/
- https://campustechnology.com/articles/2024/10/23/agentic-ai-named-top-tech-trend-for-2025.aspx
- https://insideainews.com/2024/01/15/2024-trends-in-data-technologies-foundation-models-and-confidential-computing/
- https://www.retail-week.com/tech/how-retailers-are-harnessing-ai-powered-personalisation/7047420.article
- https://chirpn.com/insight-details/guide-to-responsible-development-of-ai-systems/

- 금융위원회. (2023). "ESG 금융추진단 제3차 회의 발표자료". 금융위원회 공식 웹사이트.
- 한국거래소(KRX). (2023). "ESG 공시와 지속 가능 경영 가이드라인".
- 한국산업기술진흥원(KIAT). (2023). 지속 가능한 공급망 관리와 ESG 경영 전략.
- 윤석민. (2023). 지속 가능한 ESG 경영: 기업 사례와 실천 방안. 서울: ESG출판사.
- 김하늘. (2022). ESG 공급망 관리의 경제적 효과. 서울: 지속 가능연구원.
- 이정우. (2021). 중소기업을 위한 ESG 전략: 실전 가이드. 서울: 한국경제연구소.
- 박민수. (2020). 탄소중립과 ESG 경영의 미래. 서울: 녹색경제출판사.
- 장윤영. (2019). ESG와 글로벌 규제 대응 전략. 서울: 글로벌비즈니스출판사.

- Eccles, R. G., & Serafeim, G. (2021). Sustainability, Shareholder Value, and ESG. Cambridge: Harvard Business Review Press.
- Freeman, R. E. (2020). Strategic Management: A Stakeholder Approach. Cambridge: Cambridge University Press.
- Elkington, J. (2018). The Triple Bottom Line: Does It All Add Up?. London: Earthscan Publications.
- Willard, B. (2021). The New Sustainability Advantage: Seven Business Case Benefits of a Triple Bottom Line. Gabriola Island: New Society Publishers.
- Carroll, A. B., & Buchholtz, A. K. (2014). Business and Society: Ethics, Sustainability, and Stakeholder Management. Stamford: Cengage Learning.

- Kolk, A. (2022). Corporate Social Responsibility and Global Supply Chains. London: Routledge.
- Esty, D. C., & Winston, A. (2009). Green to Gold: How Smart Companies Use Environmental Strategy to Innovate, Create Value, and Build Competitive Advantage. New York: Wiley.
- International Labour Organization (ILO). (2023). "Guidelines for Decent Work in Supply Chains".
- United Nations Global Compact (UNGC). (2023). "Principles for Responsible Supply Chain Management".
- European Commission. (2023). "Corporate Sustainability Reporting Directive (CSRD) Overview".
- Carbon Disclosure Project (CDP). (2023). "Supply Chain Emissions and Transparency Report".
- International Sustainability Standards Board (ISSB). (2023). "IFRS Sustainability Disclosure Standards".

- Mark Craddock, AI & ESG: A Critical Analysis of Technology's Role in Sustainable Business, 2024.10.26.
- KPMG, ESG in the age of AI, 2024.8
- EY.com, Artificial intelligence ESG stakes, 2023.
- Karen Hao: Training a single AI model can emit as much carbon as five cars in their lifetimes (2019).
- C3.ai, How AI Is Turning ESG Into a Business Opportunity, 2023.9.11.
- Leffer, L. (2023) The AI Boom Could Use a Shocking Amount of Electricity, viewed 16 January 2024: https://www.scientificamerican.com/article/the-ai-boom-could-use-a-shocking-amount-of-electricity/ 전자신문 (2024.8)
- James Temple, MIT Technology Review, Andrew Ng's new model lets you play around with solar geoengineering to see what would happen, 2024, 8.23
- https://www.bcg.com/press/16july2024-genai-investment-high-maturity-companies-projecting-three-times-higher-roi
- 신화통신, China Focus: AI Algorithm Maps out Detailed Carbon Emissions for City Managers, 2024.4.25.
- https://www.precicon.com.sg/success-stories/success-stories-energy-management-system/pioneering-sustainability-success-stories-from-singapore-companies/
- https://2030.builders/8-ways-ai-can-contribute-to-environmental-conservation/ (2023. 10.3)
- https://disruptionhub.com/how-does-tesla-use-ai-in-cars/(2024.1.25.)
- https://magellanx.co/AI for Workplace Safety: How to Prevent Industrial Hazards in 2023.
- https://www.aptask.com/the-future-of-recruitment-leveraging-ai-for-inclusive-staffing/
- https://resultscx.com/ai-in-cx/
- https://vorecol.com/blogs/blog-the-role-of-artificial-intelligence-in-enhancing-corporate-governance-opportunities-and-challenges(2024.8.28.)
- https://www.allenandbrooks.com/2024/06/10/the-role-of-technology-and-ai-in-corporate-governance/ (2024.6.10.)
- https://vorecol.com/The Impact of Artificial Intelligence on Risk Analysis and Management Software(2024.8.28.)
- https://www.esgtoday.com/AI-Based ESG Data Collection Startup ESG Flo Raises $5.25 Million(2023.11.1.)
- https://esgpedia.io/AI in ESG: Speeding up the world's transition to Net Zero(2023.10.16.)
- https://thestartupmag.com/Top 15 ESG Startups to Watch in 2024(2024.5.3.)

- Global 기업의 지속 가능 경영보고서 (2022-2024)
- 국내 업종별 대표 기업의 지속 가능 경영보고서 (2022-2024)
- https://trends.google.co.kr/trends/explore?date=today%205-y&q=ESG%20%EB%B3%B4%EA%B3%A0%EC%84%9C&hl=ko (구글 트렌드, 2024.09.23)
- https://news.kbs.co.kr/news/pc/view/view.do?ncd=8043024 (KBS, 2024.8.25.)
- 한국금융연구원, 금융브리프, "ESG 공시규제 관련 글로벌 현황과 대응 방안" (2024.02.17)

- 법무법인 지평, 통상자문센터, "유럽연합이 추진하는 '지속 가능성제표'는 국제거래를 어떻게 바꿀까?" (2024.04.30)
- 법무법인 화우, ESG센터, "美SEC, 기후공시 의무화 규정 확정" (2024.05)
- 대한경영학회, "재무지표 관점에서 바라본, ESG요소가 기업가치에 미치는 영향" (2024.5호)
- Ashurst, Insight: "Government publishes an update on UK Sustainability Disclosure Requirements (SDR) and Sustainability Reporting Standards (SRS)" (영국 ESG 공시, 2024.05.22.)
- Mayer/Brown, Insight: "Japan mulls ISSB-based sustainability disclosure, mandatory after 2027" (일본 ESG 공시, 2024.06.24.)
- https://www.esgtoday.com/singapore-to-introduce-mandatory-climate-reporting-beginning-2025/ (ESGtoday, 싱가포르 ESG 공시, 2024,02.28)
- https://www.esgeconomy.com/news/articleView.html?idxno=5821 (ESG경제, 중국 ESG 공시, 2024.02.14.)
- https://greenium.kr/news/34339/ (greenium, ESG 공시, 2024.07.03.)
- https://news.duke-energy.com/releases/duke-energy-teams-with-accenture-and-microsoft-to-develop-first-of-its-kind-methane-emissions-monitoring-platform (Duke에너지, 2021.08.23.)
- https://www.investkorea.org/ik-kr/cntnts/i-115/web.do?clickArea=krmain00009 (KOTRA, Invest코리아, 2024.10)
- https://kosis.kr/statHtml/statHtml.do?orgId=127&tblId=DT_092_115_2009_S027&vw_cd=MT_ZTITLE&list_id=N1_3&scrId=&seqNo=&lang_mode=ko&obj_var_id=&itm_id=&conn_path=MT_ZTITLE&path=%252FstatisticsList%252FstatisticsListIndex.do (kosis, ICT수출입통계, 2024.10)
- https://www.index.go.kr/unity/potal/main/EachDtlPageDetail.do?idx_cd=2782 (e-나라지표, 2024.10)
- https://www.esgeconomy.com/news/articleView.html?idxno=6378 (ESG경제, 탈탄소철강, 2024.04.17.)
- Marekt.us기관, "Semiconductor memory market report" (2024.08)
- SNE Research기관, "Global EV and Battery Monthly Tracker (2024.08)
- Global Information기관, "Global Secondary Battery Market 2024-2028" (2024.03)
- 산업통상자원부, 보도자료, "K-자동차, 지난해 사상 최초로 709억 달러 수출 대기록" (2024.01.16.)
- https://www.hankyung.com/article/2023122599791 (한경, 2023.12.26.)

II. 참고 문헌

정부 간행물 및 보고서
- 2050 탄소중립 추진전략, 탄소중립위원회,
- 한국판 뉴딜 종합계획, 관계 부처 합동,
- 제3차 에너지기본 계획, 산업통상자원부
- 제4차 신재생에너지 기본 계획, 산업통상자원부,
- 스마트시티 추진전략, 국토교통부,
- 기후 변화 적응 기본 계획, 환경부

정부 부처 보도자료
- 과학기술 정보통신부 보도자료, "AI 학습용 데이터 구축 사업 확대 추진", 2024.03.15.
- 산업통상자원부 보도자료, "RE100 이행 지원 방안 발표", 2024.02.22.
- 환경부 보도자료, "탄소중립 선도 기업 지원 사업 추진", 2024.04.10.
- 국토교통부 보도자료, "스마트시티 챌린지 사업 성과 발표", 2024.05.17.
- 농림축산식품부 보도자료, "스마트 팜 혁신밸리 조성 사업 추진 현황", 2024.06.21.
- 해양수산부 보도자료, "해양쓰레기 저감 종합대책 발표", 2024.07.12.
- 중소벤처기업부 보도자료, "그린뉴딜 유망기업 100 선정", 2024.08.09.

- 금융위원회 보도자료, "ESG 금융 활성화 방안 발표", 2024.09.06.

지자체 및 공공기관 보도자료
- 서울특별시 보도자료, "서울형 탄소중립 도시 조성 계획 발표", 2024.10.05.
- 부산광역시 보도자료, "해양 스마트시티 조성 추진", 2024.11.12.
- 인천광역시 보도자료, "AI 기반 도시 관리 시스템 구축", 2024.12.19.
- 한국에너지공단 보도자료, "신재생에너지 보급 지원 사업 확대", 2024.01.25.
- 한국환경공단 보도자료, "AI 기반 환경오염 감시 시스템 구축", 2024.02.14.

국내 언론 보도
- 매일경제, "AI, 탄소중립 시대 '게임 체인저' 될까", 2024.03.08.
- 조선일보, "ESG 경영, 기업 생존의 필수 조건", 2024.04.15.
- 중앙일보, "태양광 발전, 농촌의 새로운 성장 동력", 2024.05.22.
- 동아일보, "스마트시티, 도시 문제 해결의 핵심", 2024.06.29.
- 한국경제, "기후 변화 대응, 혁신 기술이 답이다", 2024.07.19.
- 서울경제, "ESG 투자, 지속 가능한 미래를 위한 선택", 2024.08.16.

해외 언론 보도
- The New York Times, "How AI Can Help Fight Climate Change", 2024.09.23.
- Bloomberg, "ESG Investing Is Going Mainstream", 2024.10.10.
- Reuters, "Solar Power Is Now Cheaper Than Coal", 2024.11.17.
- The Guardian, "Smart Cities: The Future of Urban Living", 2024.12.24.

학술 논문 및 연구 자료
- "인공지능 기반 태양광 발전량 예측 기술 동향", 에너지기술연구원, 2023.
- "스마트 에너지 관리 시스템 구축 및 운영 방안", 한국에너지공단, 2024.
- "영농형 태양광 발전 시스템의 경제성 분석", 농촌진흥청, 2022.
- "기후 변화 적응을 위한 디지털 트윈 기술 활용 방안", 국토연구원, 2023.
- "ESG 경영 도입의 효과 및 성공 전략", 한국생산성본부, 2024.

기업 웹사이트 및 자료
- GS건설 햇들원
- SK텔레콤 ESG 경영
- 네이버 그린팩토리
- 현대자동차 수소전기차
- LG전자 ESG 경영
- 에너플러스 영농형 태양광

기타
- 유튜브 채널 'ESG 경영', "ESG 경영, 기업의 지속 가능한 성장 전략", 2024.03.10.
- 네이버 블로그 '탄소중립', "탄소중립 시대, 우리의 역할은 무엇일까?", 2024.04.20.
- TED 강연, "AI and the Future of Energy", 2024.05.30.
- 다큐멘터리, "2050 탄소중립, 대한민국의 도전", 2024.06.10.
- 팟캐스트, "ESG 경영, 기업의 미래를 바꾸다", 2024.07.20.

AI ESG 핵심 용어집
- https://m.site.naver.com/1J3Ec

탄소가 돈이 되는 시대!
AI*ESG 비즈니스 트렌드

2025년 6월 19일	1판	1쇄	인 쇄
2025년 6월 30일	1판	1쇄	발 행

지 은 이 : 이승용·이현구·김현희·정기섭 공저

펴 낸 이 : 박　　정　　태

펴 낸 곳 : **주식회사 광문각출판미디어**

10881
파주시 파주출판문화도시 광인사길 161
광문각 B/D 3층
등　　록 : 2022. 9. 2 제2022-000102호
전 화(代) : 031-955-8787
팩　　스 : 031-955-3730
E - mail : kwangmk7@hanmail.net
홈페이지 : www.kwangmoonkag.co.kr

ISBN : 979-11-93205-63-1　　13320

값 : 18,000원